HINDI

WOORDENSCHAT

NEDERLANDS
HINDI

De meest bruikbare woorden
Om uw woordenschat uit te breiden en
uw taalvaardigheid aan te scherpen

9000 woorden

Thematische woordenschat Nederlands-Hindi - 9000 woorden

Door Andrey Taranov

Woordenlijsten van T&P Books zijn bedoeld om u woorden van een vreemde taal te helpen leren, onthouden, en bestudering. Dit woordenboek is ingedeeld in thema's en behandelt alle belangrijk terreinen van het dagelijkse leven, bedrijven, wetenschap, cultuur, etc.

Het proces van het leren van woorden met behulp van de op thema's gebaseerde aanpak van T&P Books biedt u de volgende voordelen:

- Correct gegroepeerde informatie is bepalend voor succes bij opeenvolgende stadia van het leren van woorden
- De beschikbaarheid van woorden die van dezelfde stam zijn maakt het mogelijk om woordgroepen te onthouden (in plaats van losse woorden)
- Kleine groepen van woorden faciliteren het proces van het aanmaken van associatieve verbindingen, die nodig zijn bij het consolideren van de woordenschat
- Het niveau van talenkennis kan worden ingeschat door het aantal geleerde woorden

T&P Books Publishing
www.tpbooks.com

ISBN: 978-1-78616-554-1

Dit boek is ook beschikbaar in e-boek formaat.
Gelieve www.tpbooks.com te bezoeken of de belangrijkste online boekwinkels.

HINDI WOORDENSCHAT
nieuwe woorden leren

T&P Books woordenlijsten zijn bedoeld om u te helpen vreemde woorden te leren, te onthouden, en te bestuderen. De woordenschat bevat meer dan 9000 veel gebruikte woorden die thematisch geordend zijn.

- De woordenlijst bevat de meest gebruikte woorden
- Aanbevolen als aanvulling bij welke taalcursus dan ook
- Voldoet aan de behoeften van de beginnende en gevorderde student in vreemde talen
- Geschikt voor dagelijks gebruik, bestudering en zelftestactiviteiten
- Maakt het mogelijk om uw woordenschat te evalueren

Bijzondere kenmerken van de woordenschat

- De woorden zijn gerangschikt naar hun betekenis, niet volgens alfabet
- De woorden worden weergegeven in drie kolommen om bestudering en zelftesten te vergemakkelijken
- Woorden in groepen worden verdeeld in kleine blokken om het leerproces te vergemakkelijken
- De woordenschat biedt een handige en eenvoudige beschrijving van elk buitenlands woord

De woordenschat bevat 256 onderwerpen zoals:

Basisconcepten, getallen, kleuren, maanden, seizoenen, meeteenheden, kleding en accessoires, eten & voeding, restaurant, familieleden, verwanten, karakter, gevoelens, emoties, ziekten, stad, dorp, bezienswaardigheden, winkelen, geld, huis, thuis, kantoor, werken op kantoor, import & export, marketing, werk zoeken, sport, onderwijs, computer, internet, gereedschap, natuur, landen, nationaliteiten en meer ...

INHOUDSOPGAVE

UITSPRAAKGIDS

Letter	Hindi voorbeeld	T&P fonetisch alfabet	Nederlands voorbeeld

Klinkers

अ	अक्सर	[a]; [ɑ], [ə]	acht; formule
आ	आगमन	[a:]	aan, maart
इ	इनाम	[i]	bidden, tint
ई	ईश्वर	[i], [i:]	bidden, lila
उ	उठना	[ʊ]	hoed, doe
ऊ	रूपर	[u:]	fuut, uur
ऋ	ऋग्वेद	[r, rʲ]	bericht
ए	एकता	[e:]	twee, ongeveer
ऐ	ऐनक	[aj]	byte, majoor
ओ	ओला	[o:]	rood, knoop
औ	औरत	[au]	blauw
अं	अंजीर	[ŋ]	optelling, jongeman
अः	अ से अः	[h]	het, herhalen
ऑ	ऑफिस	[ɒ]	Fries - 'hanne'

Medeklinkers

क	कमरा	[k]	kennen, kleur
ख	खिड़की	[kh]	deukhoed, Stockholm
ग	गरज	[g]	goal, tango
घ	घर	[gh]	[g] met aspiratie
ङ	डाकू	[n]	optelling, jongeman
च	चक्कर	[ʧ]	Tsjechië, cello
छ	छात्र	[ʧh]	aspiraat [tsch]
ज	जाना	[ʤ]	jeans, jungle
झ	झलक	[ʤ]	jeans, jungle
ञ	विज्ञान	[n]	cognac, nieuw
ट	मटर	[t]	tomaat, taart
ठ	ठेका	[th]	luchthaven, stadhuis
ड	डंडा	[d]	Dank u, honderd
ढ	ढलान	[d]	Dank u, honderd
ण	क्षण	[n]	De retroflexe nasaal
त	ताकत	[t]	tomaat, taart
थ	थकना	[th]	luchthaven, stadhuis
द	दरवाज़ा	[d]	Dank u, honderd
ध	धोना	[d]	Dank u, honderd
न	नाई	[n]	nemen, zonder

Letter	Hindi voorbeeld	T&P fonetisch alfabet	Nederlands voorbeeld
प	पिता	[p]	parallel, koper
फ	फल	[f]	feestdag, informeren
ब	बच्चा	[b]	hebben
भ	भाई	[b]	hebben
म	माता	[m]	morgen, etmaal
य	याद	[j]	New York, januari
र	रीछ	[r]	roepen, breken
ल	लाल	[l]	delen, luchter
व	वचन	[v]	beloven, schrijven
श	शिक्षक	[ʃ]	shampoo, machine
ष	भाषा	[ʃ]	shampoo, machine
स	सोना	[s]	spreken, kosten
ह	हज़ार	[h]	het, herhalen

Aanvullende medeklinkers

क़	क़लम	[q]	kennen, kleur
ख़	ख़बर	[h]	het, herhalen
ड	लड़का	[r]	roepen, breken
ढ	पढ़ना	[r]	roepen, breken
ग़	ग़लती	[ɣ]	liegen, gaan
ज़	ज़िन्दगी	[z]	zeven, zesde
झ़	ट्रेझर	[ʒ]	journalist, rouge
फ़	फ़ौज	[f]	feestdag, informeren

AFKORTINGEN
gebruikt in de woordenschat

Nederlandse afkortingen

abn	-	als bijvoeglijk naamwoord
bijv.	-	bijvoorbeeld
bn	-	bijvoeglijk naamwoord
bw	-	bijwoord
enk.	-	enkelvoud
enz.	-	enzovoort
form.	-	formele taal
inform.	-	informele taal
mann.	-	mannelijk
mil.	-	militair
mv.	-	meervoud
on.ww.	-	onovergankelijk werkwoord
ontelb.	-	ontelbaar
ov.	-	over
ov.ww.	-	overgankelijk werkwoord
telb.	-	telbaar
vn	-	voornaamwoord
vrouw.	-	vrouwelijk
vw	-	voegwoord
vz	-	voorzetsel
wisk.	-	wiskunde
ww	-	werkwoord

Nederlandse artikelen

de	-	gemeenschappelijk geslacht
de/het	-	gemeenschappelijk geslacht, onzijdig
het	-	onzijdig

Hindi afkortingen

f	-	vrouwelijk zelfstandig naamwoord
f pl	-	vrouwelijk meervoud
m	-	mannelijk zelfstandig naamwoord
m pl	-	mannelijk meervoud

BASISBEGRIPPEN

Basisbegrippen Deel 1

1. Voornaamwoorden

ik	मैं	main
jij, je	तुम	tum
hij, zij, het	वह	vah
wij, we	हम	ham
jullie	आप	āp
zij, ze	वे	ve

2. Begroetingen. Begroetingen. Afscheid

Hallo! Dag!	नमस्कार!	namaskār!
Hallo!	नमस्ते!	namaste!
Goedemorgen!	नमस्ते!	namaste!
Goedemiddag!	नमस्ते!	namaste!
Goedenavond!	नमस्ते!	namaste!
gedag zeggen (groeten)	नमस्कार कहना	namaskār kahana
Hoi!	नमस्कार!	namaskār!
groeten (het)	अभिवादन (m)	abhivādan
verwelkomen (ww)	अभिवादन करना	abhivādan karana
Hoe gaat het?	आप कैसे हैं?	āp kaise hain?
Is er nog nieuws?	क्या हाल है?	kya hāl hai?
Dag! Tot ziens!	अलविदा!	alavida!
Tot snel! Tot ziens!	फिर मिलेंगे!	fir milenge!
Vaarwel! (inform.)	अलिवदा!	alivada!
Vaarwel! (form.)	अलविदा!	alavida!
afscheid nemen (ww)	अलविदा कहना	alavida kahana
Tot kijk!	अलविदा!	alavida!
Dank u!	धन्यवाद!	dhanyavād!
Dank u wel!	बहुत बहुत शुक्रिया!	bahut bahut shukriya!
Graag gedaan	कोई बात नहीं	koī bāt nahin
Geen dank!	कोई बात नहीं	koī bāt nahin
Geen moeite.	कोई बात नहीं	koī bāt nahin
Excuseer me, ... (inform.)	माफ़ कीजिएगा!	māf kījiega!
Excuseer me, ... (form.)	माफ़ी कीजियेगा!	māfī kījiyega!
excuseren (verontschuldigen)	माफ़ करना	māf karana
zich verontschuldigen	माफ़ी मांगना	māfī māngana
Mijn excuses.	मुझे माफ़ कीजिएगा	mujhe māf kījiega

Het spijt me!	मुझे माफ़ कीजिएगा!	mujhe māf kījiega!
vergeven (ww)	माफ़ करना	māf karana
alsjeblieft	कृप्या	krpya

Vergeet het niet!	भूलना नहीं!	bhūlana nahin!
Natuurlijk!	ज़रूर!	zarūr!
Natuurlijk niet!	बिल्कुल नहीं!	bilkul nahin!
Akkoord!	ठीक है!	thīk hai!
Zo is het genoeg!	बहुत हुआ!	bahut hua!

3. Hoe aan te spreken

meneer	श्रीमान	shrīmān
mevrouw	श्रीमती	shrīmatī
juffrouw	मैम	maim
jongeman	बेटा	beta
jongen	बेटा	beta
meisje	कुमारी	kumārī

4. Kardinale getallen. Deel 1

nul	ज़ीरो	zīro
een	एक	ek
twee	दो	do
drie	तीन	tīn
vier	चार	chār

vijf	पाँच	pānch
zes	छह	chhah
zeven	सात	sāt
acht	आठ	āth
negen	नौ	nau

tien	दस	das
elf	ग्यारह	gyārah
twaalf	बारह	bārah
dertien	तेरह	terah
veertien	चौदह	chaudah

vijftien	पन्द्रह	pandrah
zestien	सोलह	solah
zeventien	सत्रह	satrah
achttien	अठारह	athārah
negentien	उन्नीस	unnīs

twintig	बीस	bīs
eenentwintig	इक्कीस	ikkīs
tweeëntwintig	बाईस	baīs
drieëntwintig	तेईस	teīs

| dertig | तीस | tīs |
| eenendertig | इकत्तीस | ikattīs |

tweeëndertig	बत्तीस	battīs
drieëndertig	तैंतीस	taintīs
veertig	चालीस	chālīs
eenenveertig	इक्तालीस	iktālīs
tweeënveertig	बयालीस	bayālīs
drieënveertig	तैंतालीस	taintālīs
vijftig	पचास	pachās
eenenvijftig	इक्यावन	ikyāvan
tweeënvijftig	बावन	bāvan
drieënvijftig	तिरपन	tirapan
zestig	साठ	sāth
eenenzestig	इकसठ	ikasath
tweeënzestig	बासठ	bāsath
drieënzestig	तिरसठ	tirasath
zeventig	सत्तर	sattar
eenenzeventig	इकहत्तर	ikahattar
tweeënzeventig	बहत्तर	bahattar
drieënzeventig	तिहत्तर	tihattar
tachtig	अस्सी	assī
eenentachtig	इक्यासी	ikyāsī
tweeëntachtig	बयासी	bayāsī
drieëntachtig	तिरासी	tirāsī
negentig	नब्बे	nabbe
eenennegentig	इक्यानवे	ikyānave
tweeënnegentig	बानवे	bānave
drieënnegentig	तिरानवे	tirānave

5. Kardinale getallen. Deel 2

honderd	सौ	sau
tweehonderd	दो सौ	do sau
driehonderd	तीन सौ	tīn sau
vierhonderd	चार सौ	chār sau
vijfhonderd	पाँच सौ	pānch sau
zeshonderd	छह सौ	chhah sau
zevenhonderd	सात सो	sāt so
achthonderd	आठ सौ	āth sau
negenhonderd	नौ सौ	nau sau
duizend	एक हज़ार	ek hazār
tweeduizend	दो हज़ार	do hazār
drieduizend	तीन हज़ार	tīn hazār
tienduizend	दस हज़ार	das hazār
honderdduizend	एक लाख	ek lākh
miljoen (het)	दस लाख (m)	das lākh
miljard (het)	अरब (m)	arab

6. Ordinale getallen

eerste (bn)	पहला	pahala
tweede (bn)	दूसरा	dūsara
derde (bn)	तीसरा	tīsara
vierde (bn)	चौथा	chautha
vijfde (bn)	पाँचवाँ	pānchavān
zesde (bn)	छठा	chhatha
zevende (bn)	सातवाँ	sātavān
achtste (bn)	आठवाँ	āthavān
negende (bn)	नौवाँ	nauvān
tiende (bn)	दसवाँ	dasavān

7. Getallen. Breuken

breukgetal (het)	अपूर्णांक (m)	apūrnānk
half	आधा	ādha
een derde	एक तीहाई	ek tīhaī
kwart	एक चौथाई	ek chauthaī
een achtste	आठवां हिस्सा	āthavān hissa
een tiende	दसवां हिस्सा	dasavān hissa
twee derde	दो तिहाई	do tihaī
driekwart	पौना	pauna

8. Getallen. Eenvoudige berekeningen

aftrekking (de)	घटाव (m)	ghatāv
aftrekken (ww)	घटाना	ghatāna
deling (de)	विभाजन (m)	vibhājan
delen (ww)	विभाजित करना	vibhājit karana
optelling (de)	जोड़ (m)	jor
erbij optellen (bij elkaar voegen)	जोड़ करना	jor karana
optellen (ww)	जोड़ना	jorana
vermenigvuldiging (de)	गुणन (m)	gunan
vermenigvuldigen (ww)	गुणा करना	guna karana

9. Getallen. Diversen

cijfer (het)	अंक (m)	ank
nummer (het)	संख्या (f)	sankhya
telwoord (het)	संख्यावाचक (m)	sankhyāvāchak
minteken (het)	घटाव चिह्न (m)	ghatāv chihn
plusteken (het)	जोड़ चिह्न (m)	jor chihn
formule (de)	फ़ारमूला (m)	fāramūla
berekening (de)	गणना (f)	ganana

tellen (ww)	गिनना	ginana
bijrekenen (ww)	गिनती करना	ginatī karana
vergelijken (ww)	तुलना करना	tulana karana

Hoeveel? (ontelb.)	कितना?	kitana?
som (de), totaal (het)	कुल (m)	kul
uitkomst (de)	नतीजा (m)	natīja
rest (de)	शेष (m)	shesh

enkele (bijv. ~ minuten)	कुछ	kuchh
weinig (bw)	थोड़ा ...	thora ...
restant (het)	बाक़ी	bāqī
anderhalf	डेढ़	derh
dozijn (het)	दर्जन (m)	darjan

middendoor (bw)	दो भागों में	do bhāgon men
even (bw)	बराबर	barābar
helft (de)	आधा (m)	ādha
keer (de)	बार (m)	bār

10. De belangrijkste werkwoorden. Deel 1

aanbevelen (ww)	सिफ़ारिश करना	sifārish karana
aandringen (ww)	आग्रह करना	āgrah karana
aankomen (per auto, enz.)	पहुँचना	pahunchana
aanraken (ww)	छूना	chhūna
adviseren (ww)	सलाह देना	salāh dena

afdalen (on.ww.)	उतरना	utarana
afslaan (naar rechts ~)	मुड़ जाना	mur jāna
antwoorden (ww)	जवाब देना	javāb dena
bang zijn (ww)	डरना	darana
bedreigen (bijv. met een pistool)	धमकाना	dhamakāna

bedriegen (ww)	धोखा देना	dhokha dena
beëindigen (ww)	ख़त्म करना	khatm karana
beginnen (ww)	शुरू करना	shurū karana
begrijpen (ww)	समझना	samajhana
beheren (managen)	प्रबंधन करना	prabandhan karana

beledigen (met scheldwoorden)	अपमान करना	apamān karana
beloven (ww)	वचन देना	vachan dena
bereiden (koken)	खाना बनाना	khāna banāna
bespreken (spreken over)	चर्चा करना	charcha karana

bestellen (eten ~)	ऑर्डर करना	ordar karana
bestraffen (een stout kind ~)	सज़ा देना	saza dena
betalen (ww)	दाम चुकाना	dām chukāna
betekenen (beduiden)	अर्थ होना	arth hona
betreuren (ww)	अफ़सोस जताना	afasos jatāna
bevallen (prettig vinden)	पसंद करना	pasand karana
bevelen (mil.)	हुक्म देना	hukm dena

bevrijden (stad, enz.)	आज़ाद करना	āzād karana
bewaren (ww)	रखना	rakhana
bezitten (ww)	मालिक होना	mālik hona

bidden (praten met God)	दुआ देना	dua dena
binnengaan (een kamer ~)	अंदर आना	andar āna
breken (ww)	तोड़ना	torana
controleren (ww)	नियंत्रित करना	niyantrit karana
creëren (ww)	बनाना	banāna

deelnemen (ww)	भाग लेना	bhāg lena
denken (ww)	सोचना	sochana
doden (ww)	मार डालना	mār dālana
doen (ww)	करना	karana
dorst hebben (ww)	प्यास लगना	pyās lagana

11. De belangrijkste werkwoorden. Deel 2

een hint geven	इशारा करना	ishāra karana
eisen (met klem vragen)	माँगना	māngana
existeren (bestaan)	होना	hona
gaan (te voet)	जाना	jāna

gaan zitten (ww)	बैठना	baithana
gaan zwemmen	तैरना	tairana
geven (ww)	देना	dena
glimlachen (ww)	मुस्कुराना	muskurāna
goed raden (ww)	अंदाज़ा लगाना	andāza lagāna

| grappen maken (ww) | मज़ाक करना | mazāk karana |
| graven (ww) | खोदना | khodana |

hebben (ww)	होना	hona
helpen (ww)	मदद करना	madad karana
herhalen (opnieuw zeggen)	दोहराना	doharāna
honger hebben (ww)	भूख लगना	bhūkh lagana

hopen (ww)	आशा करना	āsha karana
horen (waarnemen met het oor)	सुनना	sunana
huilen (wenen)	रोना	rona
huren (huis, kamer)	किराए पर लेना	kirae par lena
informeren (informatie geven)	खबर देना	khabar dena

instemmen (akkoord gaan)	राज़ी होना	rāzī hona
jagen (ww)	शिकार करना	shikār karana
kennen (kennis hebben van iemand)	जानना	jānana
kiezen (ww)	चुनना	chunana
klagen (ww)	शिकायत करना	shikāyat karana

kosten (ww)	दाम होना	dām hona
kunnen (ww)	सकना	sakana
lachen (ww)	हँसना	hansana

laten vallen (ww)	गिराना	girāna
lezen (ww)	पढ़ना	parhana

liefhebben (ww)	प्यार करना	pyār karana
lunchen (ww)	दोपहर का भोजन करना	dopahar ka bhojan karana
nemen (ww)	लेना	lena
nodig zijn (ww)	आवश्यक होना	āvashyak hona

12. De belangrijkste werkwoorden. Deel 3

onderschatten (ww)	कम मूल्यांकन करना	kam mūlyānkan karana
ondertekenen (ww)	हस्ताक्षर करना	hastākshar karana
ontbijten (ww)	नाश्ता करना	nāshta karana
openen (ww)	खोलना	kholana
ophouden (ww)	बंद करना	band karana
opmerken (zien)	देखना	dekhana

opscheppen (ww)	डींग मारना	dīng mārana
opschrijven (ww)	लिख लेना	likh lena
plannen (ww)	योजना बनाना	yojana banāna
prefereren (verkiezen)	तरजीह देना	tarajīh dena
proberen (trachten)	कोशिश करना	koshish karana
redden (ww)	बचाना	bachāna

rekenen op ...	भरोसा रखना	bharosa rakhana
rennen (ww)	दौड़ना	daurana
reserveren	बुक करना	buk karana
(een hotelkamer ~)		
roepen (om hulp)	बुलाना	bulāna

schieten (ww)	गोली चलाना	golī chalāna
schreeuwen (ww)	चिल्लाना	chillāna

schrijven (ww)	लिखना	likhana
souperen (ww)	रात्रिभोज करना	rātribhoj karana
spelen (kinderen)	खेलना	khelana
spreken (ww)	बोलना	bolana

stelen (ww)	चुराना	churāna
stoppen (pauzeren)	रुकना	rukana

studeren (Nederlands ~)	पढ़ाई करना	parhaī karana
sturen (zenden)	भेजना	bhejana
tellen (optellen)	गिनना	ginana
toebehoren ...	स्वामी होना	svāmī hona

toestaan (ww)	अनुमति देना	anumati dena
tonen (ww)	दिखाना	dikhāna

twijfelen (onzeker zijn)	शक करना	shak karana
uitgaan (ww)	बाहर जाना	bāhar jāna
uitnodigen (ww)	आमंत्रित करना	āmantrit karana
uitspreken (ww)	उच्चारण करना	uchchāran karana
uitvaren tegen (ww)	डाँटना	dāntana

13. De belangrijkste werkwoorden. Deel 4

vallen (ww)	गिरना	girana
vangen (ww)	पकड़ना	pakarana
veranderen (anders maken)	बदलना	badalana
verbaasd zijn (ww)	हैरान होना	hairān hona
verbergen (ww)	छिपाना	chhipāna
verdedigen (je land ~)	रक्षा करना	raksha karana
verenigen (ww)	संयुक्त करना	sanyukt karana
vergelijken (ww)	तुलना करना	tulana karana
vergeten (ww)	भूलना	bhūlana
vergeven (ww)	क्षमा करना	kshama karana
verklaren (uitleggen)	समझाना	samajhāna
verkopen (per stuk ~)	बेचना	bechana
vermelden (praten over)	उल्लेख करना	ullekh karana
versieren (decoreren)	सजाना	sajāna
vertalen (ww)	अनुवाद करना	anuvād karana
vertrouwen (ww)	यकीन करना	yakīn karana
vervolgen (ww)	जारी रखना	jārī rakhana
verwarren (met elkaar ~)	गड़बड़ा जाना	garabara jāna
verzoeken (ww)	माँगना	māngana
verzuimen (school, enz.)	ग़ैर-हाज़िर होना	gair-hāzir hona
vinden (ww)	ढूँढना	dhūrhana
vliegen (ww)	उड़ना	urana
volgen (ww)	पीछे चलना	pīchhe chalana
voorstellen (ww)	प्रस्ताव रखना	prastāv rakhana
voorzien (verwachten)	उम्मीद करना	ummīd karana
vragen (ww)	पूछना	pūchhana
waarnemen (ww)	देखना	dekhana
waarschuwen (ww)	चेतावनी देना	chetāvanī dena
wachten (ww)	इंतज़ार करना	intazār karana
weerspreken (ww)	एतराज़ करना	etarāz karana
weigeren (ww)	इन्कार करना	inkār karana
werken (ww)	काम करना	kām karana
weten (ww)	मालूम होना	mālūm hona
willen (verlangen)	चाहना	chāhana
zeggen (ww)	कहना	kahana
zich haasten (ww)	जल्दी करना	jaldī karana
zich interesseren voor ...	रुचि लेना	ruchi lena
zich vergissen (ww)	गलती करना	galatī karana
zich verontschuldigen	माफ़ी मांगना	māfī māngana
zien (ww)	देखना	dekhana
zijn (ww)	होना	hona
zoeken (ww)	तलाश करना	talāsh karana
zwemmen (ww)	तैरना	tairana
zwijgen (ww)	चुप रहना	chup rahana

14. Kleuren

kleur (de)	रंग (m)	rang
tint (de)	रंग (m)	rang
kleurnuance (de)	रंग (m)	rang
regenboog (de)	इन्द्रधनुष (f)	indradhanush
wit (bn)	सफ़ेद	safed
zwart (bn)	काला	kāla
grijs (bn)	धूसर	dhūsar
groen (bn)	हरा	hara
geel (bn)	पीला	pīla
rood (bn)	लाल	lāl
blauw (bn)	नीला	nīla
lichtblauw (bn)	हल्का नीला	halka nīla
roze (bn)	गुलाबी	gulābī
oranje (bn)	नारंगी	nārangī
violet (bn)	बैंगनी	bainganī
bruin (bn)	भूरा	bhūra
goud (bn)	सुनहरा	sunahara
zilverkleurig (bn)	चाँदी-जैसा	chāndī-jaisa
beige (bn)	हल्का भूरा	halka bhūra
roomkleurig (bn)	क्रीम	krīm
turkoois (bn)	फ़िरोज़ी	fīrozī
kersrood (bn)	चेरी जैसा लाल	cherī jaisa lāl
lila (bn)	हल्का बैंगनी	halka bainganī
karmijnrood (bn)	गहरा लाल	gahara lāl
licht (bn)	हल्का	halka
donker (bn)	गहरा	gahara
fel (bn)	चमकीला	chamakīla
kleur-, kleurig (bn)	रंगीन	rangīn
kleuren- (abn)	रंगीन	rangīn
zwart-wit (bn)	काला-सफ़ेद	kāla-safed
eenkleurig (bn)	एक रंग का	ek rang ka
veelkleurig (bn)	बहुरंगी	bahurangī

15. Vragen

Wie?	कौन?	kaun?
Wat?	क्या?	kya?
Waar?	कहाँ?	kahān?
Waarheen?	किधर?	kidhar?
Waar ... vandaan?	कहाँ से?	kahān se?
Wanneer?	कब?	kab?
Waarom?	क्यों?	kyon?
Waarom?	क्यों?	kyon?
Waarvoor dan ook?	किस लिये?	kis liye?

Hoe?	कैसे?	kaise?
Wat voor …?	कौन-सा?	kaun-sa?
Welk?	कौन-सा?	kaun-sa?

Aan wie?	किसको?	kisako?
Over wie?	किसके बारे में?	kisake bāre men?
Waarover?	किसके बारे में?	kisake bāre men?
Met wie?	किसके?	kisake?

| Hoeveel? | कितना? | kitana? |
| Van wie? (mann.) | किसका? | kisaka? |

16. Voorzetsels

met (bijv. ~ beleg)	के साथ	ke sāth
zonder (~ accent)	के बिना	ke bina
naar (in de richting van)	की तरफ़	kī taraf
over (praten ~)	के बारे में	ke bāre men
voor (in tijd)	के पहले	ke pahale
voor (aan de voorkant)	के सामने	ke sāmane

onder (lager dan)	के नीचे	ke nīche
boven (hoger dan)	के ऊपर	ke ūpar
op (bovenop)	पर	par
van (uit, afkomstig van)	से	se
van (gemaakt van)	से	se

| over (bijv. ~ een uur) | में | men |
| over (over de bovenkant) | के ऊपर चढ़कर | ke ūpar charhakar |

17. Functiewoorden. Bijwoorden. Deel 1

Waar?	कहाँ?	kahān?
hier (bw)	यहाँ	yahān
daar (bw)	वहां	vahān

| ergens (bw) | कहीं | kahīn |
| nergens (bw) | कहीं नहीं | kahīn nahin |

| bij … (in de buurt) | के पास | ke pās |
| bij het raam | खिड़की के पास | khirakī ke pās |

Waarheen?	किधर?	kidhar?
hierheen (bw)	इधर	idhar
daarheen (bw)	उधर	udhar
hiervandaan (bw)	यहां से	yahān se
daarvandaan (bw)	वहां से	vahān se

dichtbij (bw)	पास	pās
ver (bw)	दूर	dūr
in de buurt (van …)	निकट	nikat
vlakbij (bw)	पास	pās

niet ver (bw)	दूर नहीं	dūr nahin
linker (bn)	बायाँ	bāyān
links (bw)	बायीं तरफ़	bāyīn taraf
linksaf, naar links (bw)	बायीं तरफ़	bāyīn taraf

rechter (bn)	दायां	dāyān
rechts (bw)	दायीं तरफ़	dāyīn taraf
rechtsaf, naar rechts (bw)	दायीं तरफ़	dāyīn taraf

vooraan (bw)	सामने	sāmane
voorste (bn)	सामने का	sāmane ka
vooruit (bw)	आगे	āge

achter (bw)	पीछे	pīchhe
van achteren (bw)	पीछे से	pīchhe se
achteruit (naar achteren)	पीछे	pīchhe

| midden (het) | बीच (m) | bīch |
| in het midden (bw) | बीच में | bīch men |

opzij (bw)	कोने में	kone men
overal (bw)	सभी	sabhī
omheen (bw)	आस-पास	ās-pās

binnenuit (bw)	अंदर से	andar se
naar ergens (bw)	कहीं	kahīn
rechtdoor (bw)	सीधे	sīdhe
terug (bijv. ~ komen)	वापस	vāpas

| ergens vandaan (bw) | कहीं से भी | kahīn se bhī |
| ergens vandaan (en dit geld moet ~ komen) | कहीं से | kahīn se |

ten eerste (bw)	पहले	pahale
ten tweede (bw)	दूसरा	dūsara
ten derde (bw)	तीसरा	tīsara

plotseling (bw)	अचानक	achānak
in het begin (bw)	शुरू में	shurū men
voor de eerste keer (bw)	पहली बार	pahalī bār
lang voor ... (bw)	बहुत समय पहले ...	bahut samay pahale ...
opnieuw (bw)	नई शुरुआत	naī shurūāt
voor eeuwig (bw)	हमेशा के लिए	hamesha ke lie

nooit (bw)	कभी नहीं	kabhī nahin
weer (bw)	फिर से	fir se
nu (bw)	अब	ab
vaak (bw)	अकसर	akasar
toen (bw)	तब	tab
urgent (bw)	तत्काल	tatkāl
meestal (bw)	आमतौर पर	āmataur par

trouwens, ... (tussen haakjes)	प्रसंगवश	prasangavash
mogelijk (bw)	मुमकिन	mumakin
waarschijnlijk (bw)	संभव	sambhav

misschien (bw)	शायद	shāyad
trouwens (bw)	इस के अलावा	is ke alāva
daarom ...	इस लिए	is lie
in weerwil van ...	फिर भी ...	fir bhī ...
dankzij ...	... की मेहरबानी से	... kī meharabānī se
wat (vn)	क्या	kya
dat (vw)	कि	ki
iets (vn)	कुछ	kuchh
iets	कुछ भी	kuchh bhī
niets (vn)	कुछ नहीं	kuchh nahin
wie (~ is daar?)	कौन	kaun
iemand (een onbekende)	कोई	koī
iemand	कोई	koī
(een bepaald persoon)		
niemand (vn)	कोई नहीं	koī nahin
nergens (bw)	कहीं नहीं	kahīn nahin
niemands (bn)	किसी का नहीं	kisī ka nahin
iemands (bn)	किसी का	kisī ka
zo (Ik ben ~ blij)	कितना	kitana
ook (evenals)	भी	bhī
alsook (eveneens)	भी	bhī

18. Functiewoorden. Bijwoorden. Deel 2

Waarom?	क्यों?	kyon?
om een bepaalde reden	किसी कारणवश	kisī kāranavash
omdat ...	क्यों कि ,,,	kyon ki ,,,
voor een bepaald doel	किसी वजह से	kisī vajah se
en (vw)	और	aur
of (vw)	या	ya
maar (vw)	लेकिन	lekin
voor (vz)	के लिए	ke lie
te (~ veel mensen)	ज़्यादा	zyāda
alleen (bw)	सिर्फ़	sirf
precies (bw)	ठीक	thīk
ongeveer (~ 10 kg)	करीब	karīb
omstreeks (bw)	लगभग	lagabhag
bij benadering (bn)	अनुमानित	anumānit
bijna (bw)	करीब	karīb
rest (de)	बाक़ी	bāqī
elk (bn)	हर एक	har ek
om het even welk	कोई	koī
veel (grote hoeveelheid)	बहुत	bahut
veel mensen	बहुत लोग	bahut log
iedereen (alle personen)	सभी	sabhī
in ruil voor ...	... के बदले में	... ke badale men

in ruil (bw)	की जगह	kī jagah
met de hand (bw)	हाथ से	hāth se
onwaarschijnlijk (bw)	शायद ही	shāyad hī

waarschijnlijk (bw)	शायद	shāyad
met opzet (bw)	जानबूझकर	jānabūjhakar
toevallig (bw)	संयोगवश	sanyogavash

zeer (bw)	बहुत	bahut
bijvoorbeeld (bw)	उदाहरण के लिए	udāharan ke lie
tussen (~ twee steden)	के बीच	ke bīch
tussen (te midden van)	में	men
zoveel (bw)	इतना	itana
vooral (bw)	ख़ासतौर पर	khāsataur par

Basisbegrippen Deel 2

19. Dagen van de week

maandag (de)	सोमवार (m)	somavār
dinsdag (de)	मंगलवार (m)	mangalavār
woensdag (de)	बुधवार (m)	budhavār
donderdag (de)	गुरुवार (m)	gurūvār
vrijdag (de)	शुक्रवार (m)	shukravār
zaterdag (de)	शनिवार (m)	shanivār
zondag (de)	रविवार (m)	ravivār
vandaag (bw)	आज	āj
morgen (bw)	कल	kal
overmorgen (bw)	परसों	parason
gisteren (bw)	कल	kal
eergisteren (bw)	परसों	parason
dag (de)	दिन (m)	din
werkdag (de)	कार्यदिवस (m)	kāryadivas
feestdag (de)	सार्वजनिक छुट्टी (f)	sārvajanik chhuttī
verlofdag (de)	छुट्टी का दिन (m)	chhuttī ka din
weekend (het)	समाहांत (m)	saptāhānt
de hele dag (bw)	सारा दिन	sāra din
de volgende dag (bw)	अगला दिन	agala din
twee dagen geleden	दो दिन पहले	do din pahale
aan de vooravond (bw)	एक दिन पहले	ek din pahale
dag-, dagelijks (bn)	दैनिक	dainik
elke dag (bw)	हर दिन	har din
week (de)	हफ़ता (f)	hafata
vorige week (bw)	पिछले हफ़्ते	pichhale hafate
volgende week (bw)	अगले हफ़्ते	agale hafate
wekelijks (bn)	समाहिक	saptāhik
elke week (bw)	हर हफ़्ते	har hafate
twee keer per week	हफ़्ते में दो बार	hafate men do bār
elke dinsdag	हर मंगलवार को	har mangalavār ko

20. Uren. Dag en nacht

morgen (de)	सुबह (m)	subah
's morgens (bw)	सुबह में	subah men
middag (de)	दोपहर (m)	dopahar
's middags (bw)	दोपहर में	dopahar men
avond (de)	शाम (m)	shām
's avonds (bw)	शाम में	shām men

nacht (de)	रात (f)	rāt
's nachts (bw)	रात में	rāt men
middernacht (de)	आधी रात (f)	ādhī rāt
seconde (de)	सेकन्ड (m)	sekand
minuut (de)	मिनट (m)	minat
uur (het)	घंटा (m)	ghanta
halfuur (het)	आधा घंटा	ādha ghanta
kwartier (het)	सवा	sava
vijftien minuten	पंद्रह मीनट	pandrah mīnat
etmaal (het)	24 घंटे (m)	chaubīs ghante
zonsopgang (de)	सूर्योदय (m)	sūryoday
dageraad (de)	सूर्योदय (m)	sūryoday
vroege morgen (de)	प्रातःकाल (m)	prātahkāl
zonsondergang (de)	सूर्यास्त (m)	sūryāst
's morgens vroeg (bw)	सुबह-सवेरे	subah-savere
vanmorgen (bw)	इस सुबह	is subah
morgenochtend (bw)	कल सुबह	kal subah
vanmiddag (bw)	आज शाम	āj shām
's middags (bw)	दोपहर में	dopahar men
morgenmiddag (bw)	कल दोपहर	kal dopahar
vanavond (bw)	आज शाम	āj shām
morgenavond (bw)	कल रात	kal rāt
klokslag drie uur	ठीक तीन बजे में	thīk tīn baje men
ongeveer vier uur	लगभग चार बजे	lagabhag chār baje
tegen twaalf uur	बारह बजे तक	bārah baje tak
over twintig minuten	बीस मीनट में	bīs mīnat men
over een uur	एक घंटे में	ek ghante men
op tijd (bw)	ठीक समय पर	thīk samay par
kwart voor ...	पौने ... बजे	paune ... baje
binnen een uur	एक घंटे के अंदर	ek ghante ke andar
elk kwartier	हर पंद्रह मीनट	har pandrah mīnat
de klok rond	दिन-रात (m pl)	din-rāt

21. Maanden. Seizoenen

januari (de)	जनवरी (m)	janavarī
februari (de)	फ़रवरी (m)	faravarī
maart (de)	मार्च (m)	mārch
april (de)	अप्रैल (m)	aprail
mei (de)	माई (m)	maī
juni (de)	जून (m)	jūn
juli (de)	जुलाई (m)	julaī
augustus (de)	अगस्त (m)	agast
september (de)	सितम्बर (m)	sitambar
oktober (de)	अक्टूबर (m)	aktūbar
november (de)	नवम्बर (m)	navambar
december (de)	दिसम्बर (m)	disambar

lente (de)	वसन्त (m)	vasant
in de lente (bw)	वसन्त में	vasant men
lente- (abn)	वसन्त	vasant
zomer (de)	गरमी (f)	garamī
in de zomer (bw)	गरमियों में	garamiyon men
zomer-, zomers (bn)	गरमी	garamī
herfst (de)	शरद (m)	sharad
in de herfst (bw)	शरद में	sharad men
herfst- (abn)	शरद	sharad
winter (de)	सर्दी (f)	sardī
in de winter (bw)	सर्दियों में	sardiyon men
winter- (abn)	सर्दी	sardī
maand (de)	महीना (m)	mahīna
deze maand (bw)	इस महीने	is mahīne
volgende maand (bw)	अगले महीने	agale mahīne
vorige maand (bw)	पिछले महीने	pichhale mahīne
een maand geleden (bw)	एक महीने पहले	ek mahīne pahale
over een maand (bw)	एक महीने में	ek mahīne men
over twee maanden (bw)	दो महीने में	do mahīne men
de hele maand (bw)	पूरे महीने	pūre mahīne
een volle maand (bw)	पूरे महीने	pūre mahīne
maand-, maandelijks (bn)	मासिक	māsik
maandelijks (bw)	हर महीने	har mahīne
elke maand (bw)	हर महीने	har mahīne
twee keer per maand	महीने में दो बार	mahine men do bār
jaar (het)	वर्ष (m)	varsh
dit jaar (bw)	इस साल	is sāl
volgend jaar (bw)	अगले साल	agale sāl
vorig jaar (bw)	पिछले साल	pichhale sāl
een jaar geleden (bw)	एक साल पहले	ek sāl pahale
over een jaar	एक साल में	ek sāl men
over twee jaar	दो साल में	do sāl men
het hele jaar	पूरा साल	pūra sāl
een vol jaar	पूरा साल	pūra sāl
elk jaar	हर साल	har sāl
jaar-, jaarlijks (bn)	वार्षिक	vārshik
jaarlijks (bw)	वार्षिक	vārshik
4 keer per jaar	साल में चार बार	sāl men chār bār
datum (de)	तारीख़ (f)	tārīkh
datum (de)	तारीख़ (f)	tārīkh
kalender (de)	कैलेन्डर (m)	kailendar
een half jaar	आधे वर्ष (m)	ādhe varsh
zes maanden	छमाही (f)	chhamāhī
seizoen (bijv. lente, zomer)	मौसम (m)	mausam
eeuw (de)	शताबदी (f)	shatābadī

22. Tijd. Diversen

tijd (de)	वक्त (m)	vakt
ogenblik (het)	क्षण (m)	kshan
moment (het)	क्षण (m)	kshan
ogenblikkelijk (bn)	तुरंत	turant
tijdsbestek (het)	बीता (m)	bīta
leven (het)	जीवन (m)	jīvan
eeuwigheid (de)	शाश्वतता (f)	shāshvatata

epoche (de), tijdperk (het)	युग (f)	yug
era (de), tijdperk (het)	संम्वत् (f)	samvat
cyclus (de)	काल (m)	kāl
periode (de)	काल (m)	kāl
termijn (vastgestelde periode)	समय (m)	samay

toekomst (de)	भविष्य (m)	bhavishy
toekomstig (bn)	आगामी	āgāmī
de volgende keer	अगली बार	agalī bār
verleden (het)	भूतकाल (m)	bhūtakāl
vorig (bn)	पिछला	pichhala
de vorige keer	पिछली बार	pichhalī bār

later (bw)	बाद में	bād men
na (~ het diner)	के बाद	ke bād
tegenwoordig (bw)	आजकाल	ājakāl
nu (bw)	अभी	abhī
onmiddellijk (bw)	तुरंत	turant
snel (bw)	थोड़ी ही देर में	thorī hī der men
bij voorbaat (bw)	पहले से	pahale se

lang geleden (bw)	बहुत समय पहले	bahut samay pahale
kort geleden (bw)	हाल ही में	hāl hī men
noodlot (het)	भाग्य (f)	bhāgy
herinneringen (mv.)	यादगार (f)	yādagār
archief (het)	पुरालेखागार (m)	purālekhāgār

tijdens ... (ten tijde van)	... के दौरान	... ke daurān
lang (bw)	ज़्यादा समय	zyāda samay
niet lang (bw)	ज़्यादा समय नहीं	zyāda samay nahin
vroeg (bijv. ~ in de ochtend)	जल्दी	jaldī
laat (bw)	देर	der

voor altijd (bw)	सदा के लिए	sada ke lie
beginnen (ww)	शुरू करना	shurū karana
uitstellen (ww)	स्थगित करना	sthagit karana

tegelijkertijd (bw)	एक ही समय पर	ek hī samay par
voortdurend (bw)	स्थायी रूप से	sthāyī rūp se
constant (bijv. ~ lawaai)	लगातार	lagātār
tijdelijk (bn)	अस्थायी रूप से	asthāyī rūp se

soms (bw)	कभी-कभी	kabhī-kabhī
zelden (bw)	शायद ही	shāyad hī
vaak (bw)	अक्सर	aksar

23. Tegenovergestelden

rijk (bn)	अमीर	amīr
arm (bn)	गरीब	garīb
ziek (bn)	बीमार	bīmār
gezond (bn)	तंदरुस्त	tandarūst
groot (bn)	बड़ा	bara
klein (bn)	छोटा	chhota
snel (bw)	जल्दी से	jaldī se
langzaam (bw)	धीरे	dhīre
snel (bn)	तेज़	tez
langzaam (bn)	धीमा	dhīma
vrolijk (bn)	हँसमुख	hansamukh
treurig (bn)	उदास	udās
samen (bw)	साथ-साथ	sāth-sāth
apart (bw)	अलग-अलग	alag-alag
hardop (~ lezen)	बोलकर	bolakar
stil (~ lezen)	मन ही मन	man hī man
hoog (bn)	लंबा	lamba
laag (bn)	नीचा	nīcha
diep (bn)	गहरा	gahara
ondiep (bn)	छिछला	chhichhala
ja	हाँ	hān
nee	नहीं	nahin
ver (bn)	दूर	dūr
dicht (bn)	निकट	nikat
ver (bw)	दूर	dūr
dichtbij (bw)	पास	pās
lang (bn)	लंबा	lamba
kort (bn)	छोटा	chhota
vriendelijk (goedhartig)	नेक	nek
kwaad (bn)	दुष्ट	dusht
gehuwd (mann.)	शादीशुदा	shādīshuda
ongehuwd (mann.)	अविवाहित	avivāhit
verbieden (ww)	प्रतिबंधित करना	pratibandhit karana
toestaan (ww)	अनुमति देना	anumati dena
einde (het)	अंत (m)	ant
begin (het)	शुरू (m)	shurū

| linker (bn) | बायाँ | bāyān |
| rechter (bn) | दायां | dāyān |

| eerste (bn) | पहला | pahala |
| laatste (bn) | आखिरी | ākhirī |

| misdaad (de) | जुर्म (m) | jurm |
| bestraffing (de) | सज़ा (f) | saza |

| bevelen (ww) | हुक्म देना | hukm dena |
| gehoorzamen (ww) | मानना | mānana |

| recht (bn) | सीधा | sīdha |
| krom (bn) | टेढ़ा | terha |

| paradijs (het) | जन्नत (m) | jannat |
| hel (de) | नरक (m) | narak |

| geboren worden (ww) | जन्म होना | janm hona |
| sterven (ww) | मरना | marana |

| sterk (bn) | शक्तिशाली | shaktishālī |
| zwak (bn) | कमज़ोर | kamazor |

| oud (bn) | बूढ़ा | būrha |
| jong (bn) | जवान | javān |

| oud (bn) | पुराना | purāna |
| nieuw (bn) | नया | naya |

| hard (bn) | कठोर | kathor |
| zacht (bn) | नरम | naram |

| warm (bn) | गरम | garam |
| koud (bn) | ठंडा | thanda |

| dik (bn) | मोटा | mota |
| dun (bn) | दुबला | dubala |

| smal (bn) | तंग | tang |
| breed (bn) | चौड़ा | chaura |

| goed (bn) | अच्छा | achchha |
| slecht (bn) | बुरा | bura |

| moedig (bn) | बहादुर | bahādur |
| laf (bn) | कायर | kāyar |

24. Lijnen en vormen

vierkant (het)	चतुष्कोण (m)	chatushkon
vierkant (bn)	चौकोना	chaukona
cirkel (de)	घेरा (m)	ghera
rond (bn)	गोलाकार	golākār

driehoek (de)	त्रिकोण (m)	trikon
driehoekig (bn)	त्रिकोना	trikona

ovaal (het)	ओवल (m)	oval
ovaal (bn)	ओवल	oval
rechthoek (de)	आयत (m)	āyat
rechthoekig (bn)	आयताकार	āyatākār

piramide (de)	शुंडाकार स्तंभ (m)	shundākār stambh
ruit (de)	रोम्बस (m)	rombas
trapezium (het)	विषम चतुर्भुज (m)	visham chaturbhuj
kubus (de)	घनक्षेत्र (m)	ghanakshetr
prisma (het)	क्रकच आयत (m)	krakach āyat

omtrek (de)	परिधि (f)	paridhi
bol, sfeer (de)	गोला (m)	gola
bal (de)	गोला (m)	gola

diameter (de)	व्यास (m)	vyās
straal (de)	व्यासार्ध (m)	vyāsārdh
omtrek (~ van een cirkel)	परिणिति (f)	pariniti
middelpunt (het)	केन्द्र (m)	kendr

horizontaal (bn)	क्षैतिज	kshaitij
verticaal (bn)	ऊर्ध्व	ūrdhv
parallel (de)	समांतर-रेखा (f)	samāntar-rekha
parallel (bn)	समानान्तर	samānāntar

lijn (de)	रेखा (f)	rekha
streep (de)	लकीर (f)	lakīr
rechte lijn (de)	सीधी रेखा (f)	sīdhī rekha
kromme (de)	टेढ़ी रेखा (f)	terhī rekha
dun (bn)	पतली	patalī
omlijning (de)	परिरेखा (f)	parirekha

snijpunt (het)	प्रतिच्छेदन (f)	pratichchhedan
rechte hoek (de)	समकोण (m)	samakon
segment (het)	खंड (m)	khand
sector (de)	क्षेत्र (m)	kshetr
zijde (de)	साइड (m)	said
hoek (de)	कोण (m)	kon

25. Meeteenheden

gewicht (het)	वज़न (m)	vazan
lengte (de)	लम्बाई (f)	lambaī
breedte (de)	चौड़ाई (f)	chauraī
hoogte (de)	ऊंचाई (f)	ūnchaī
diepte (de)	गहराई (f)	gaharaī
volume (het)	घनत्व (f)	ghanatv
oppervlakte (de)	क्षेत्रफल (m)	kshetrafal

gram (het)	ग्राम (m)	grām
milligram (het)	मिलीग्राम (m)	milīgrām

kilogram (het)	किलोग्राम (m)	kilogrām
ton (duizend kilo)	टन (m)	tan
pond (het)	पौण्ड (m)	paund
ons (het)	औन्स (m)	auns

meter (de)	मीटर (m)	mītar
millimeter (de)	मिलीमीटर (m)	milīmītar
centimeter (de)	सेंटीमीटर (m)	sentīmītar
kilometer (de)	किलोमीटर (m)	kilomītar
mijl (de)	मील (m)	mīl

duim (de)	इंच (m)	inch
voet (de)	फुट (m)	fut
yard (de)	गज (m)	gaj

| vierkante meter (de) | वर्ग मीटर (m) | varg mītar |
| hectare (de) | हेक्टेयर (m) | hekteyar |

liter (de)	लीटर (m)	lītar
graad (de)	डिग्री (m)	digrī
volt (de)	वोल्ट (m)	volt
ampère (de)	ऐम्पेयर (m)	aimpeyar
paardenkracht (de)	अश्व शक्ति (f)	ashv shakti

hoeveelheid (de)	मात्रा (f)	mātra
een beetje ...	कुछ ...	kuchh ...
helft (de)	आधा (m)	ādha
dozijn (het)	दर्जन (m)	darjan
stuk (het)	टुकड़ा (m)	tukara

| afmeting (de) | माप (m) | māp |
| schaal (bijv. ~ van 1 op 50) | पैमाना (m) | paimāna |

minimaal (bn)	न्यूनतम	nyūnatam
minste (bn)	सब से छोटा	sab se chhota
medium (bn)	मध्य	madhy
maximaal (bn)	अधिकतम	adhikatam
grootste (bn)	सबसे बड़ा	sabase bara

26. Containers

glazen pot (de)	शीशी (f)	shīshī
blik (conserven~)	डिब्बा (m)	dibba
emmer (de)	बाल्टी (f)	bāltī
ton (bijv. regenton)	पीपा (m)	pīpa

ronde waterbak (de)	चिलमची (f)	chilamachī
tank (bijv. watertank-70-ltr)	कुण्ड (m)	kund
heupfles (de)	फ्लास्क (m)	flāsk
jerrycan (de)	जेरिकैन (m)	jerikain
tank (bijv. ketelwagen)	टंकी (f)	tankī

| beker (de) | मग (m) | mag |
| kopje (het) | प्याली (f) | pyālī |

schoteltje (het)	सॉसर (m)	sosar
glas (het)	गिलास (m)	gilās
wijnglas (het)	वाइन गिलास (m)	vain gilās
steelpan (de)	सॉसपैन (m)	sosapain
fles (de)	बोतल (f)	botal
flessenhals (de)	गला (m)	gala
karaf (de)	जग (m)	jag
kruik (de)	सुराही (f)	surāhī
vat (het)	बर्तन (m)	baratan
pot (de)	घड़ा (m)	ghara
vaas (de)	फूलदान (m)	fūladān
flacon (de)	शीशी (f)	shīshī
flesje (het)	शीशी (f)	shīshī
tube (bijv. ~ tandpasta)	ट्यूब (m)	tyūb
zak (bijv. ~ aardappelen)	थैला (m)	thaila
tasje (het)	थैली (f)	thailī
pakje (~ sigaretten, enz.)	पैकेट (f)	paiket
doos (de)	डिब्बा (m)	dibba
kist (de)	डिब्बा (m)	dibba
mand (de)	टोकरी (f)	tokarī

27. Materialen

materiaal (het)	सामग्री (f)	sāmagrī
hout (het)	लकड़ी (f)	lakarī
houten (bn)	लकड़ी का बना	lakarī ka bana
glas (het)	कांच (f)	kānch
glazen (bn)	कांच का	kānch ka
steen (de)	पत्थर (m)	patthar
stenen (bn)	पत्थर का	patthar ka
plastic (het)	प्लास्टिक (m)	plāstik
plastic (bn)	प्लास्टिक का	plāstik ka
rubber (het)	रबड़ (f)	rabar
rubber-, rubberen (bn)	रबड़ का	rabar ka
stof (de)	कपड़ा (m)	kapara
van stof (bn)	कपड़े का	kapare ka
papier (het)	कागज़ (m)	kāgaz
papieren (bn)	कागज़ का	kāgaz ka
karton (het)	दफ़ती (f)	dafatī
kartonnen (bn)	दफ़ती का	dafatī ka
polyethyleen (het)	पॉलिएथीलीन (m)	polīethīlīn
cellofaan (het)	सेल्लोफ़ेन (m)	sellofen

multiplex (het)	प्लाईवुड (m)	plaīvud
porselein (het)	चीनी मिट्टी (f)	chīnī mittī
porseleinen (bn)	चीनी मिट्टी का	chīnī mittī ka
klei (de)	मिट्टी (f)	mittī
klei-, van klei (bn)	मिट्टी का	mittī ka
keramiek (de)	चीनी मिट्टी (f)	chīnī mittī
keramieken (bn)	चीनी मिट्टी का	chīnī mittī ka

28. Metalen

metaal (het)	धातु (m)	dhātu
metalen (bn)	धात्वीय	dhātvīy
legering (de)	मिश्रधातु (m)	mishradhātu

goud (het)	सोना (m)	sona
gouden (bn)	सोना	sona
zilver (het)	चाँदी (f)	chāndī
zilveren (bn)	चाँदी का	chāndī ka

IJzer (het)	लोहा (m)	loha
IJzeren (bn)	लोहे का बना	lohe ka bana
staal (het)	इस्पात (f)	ispāt
stalen (bn)	इस्पात का	ispāt ka
koper (het)	ताँबा (f)	tānba
koperen (bn)	ताँबे का	tānbe ka

aluminium (het)	अल्युमीनियम (m)	alyumīniyam
aluminium (bn)	अलुमीनियम का बना	alumīniyam ka bana
brons (het)	काँसा (f)	kānsa
bronzen (bn)	काँसे का	kānse ka

messing (het)	पीतल (f)	pītal
nikkel (het)	निकल (m)	nikal
platina (het)	प्लैटिनम (m)	plaitinam
kwik (het)	पारा (f)	pāra
tin (het)	टिन (m)	tin
lood (het)	सीसा (f)	sīsa
zink (het)	जस्ता (m)	jasta

MENS

Mens. Het lichaam

29. Mensen. Basisbegrippen

mens (de)	मुनष्य (m)	munashy
man (de)	आदमी (m)	ādamī
vrouw (de)	औरत (f)	aurat
kind (het)	बच्चा (m)	bachcha
meisje (het)	लड़की (f)	larakī
jongen (de)	लड़का (m)	laraka
tiener, adolescent (de)	किशोर (m)	kishor
oude man (de)	बूढ़ा (m)	būrha
oude vrouw (de)	बूढ़िया (f)	būrhiya

30. Menselijke anatomie

organisme (het)	शरीर (m)	sharīr
hart (het)	दिल (m)	dil
bloed (het)	खून (f)	khūn
slagader (de)	धमनी (f)	dhamanī
ader (de)	नस (f)	nas
hersenen (mv.)	मास्तिष्क (m)	māstishk
zenuw (de)	नस (f)	nas
zenuwen (mv.)	नसें (f)	nasen
wervel (de)	कशेरुका (m)	kasheruka
ruggengraat (de)	रीढ़ की हड्डी	rīrh kī haddī
maag (de)	पेट (m)	pet
darmen (mv.)	आँतें (f)	ānten
darm (de)	आँत (f)	ānt
lever (de)	जिगर (f)	jigar
nier (de)	गुर्दा (f)	gurda
been (deel van het skelet)	हड्डी (f)	haddī
skelet (het)	ककाल (m)	kankāl
rib (de)	पसली (f)	pasalī
schedel (de)	खोपड़ी (f)	khoparī
spier (de)	मांसपेशी (f)	mānsapeshī
biceps (de)	बाइसेप्स (m)	baiseps
triceps (de)	ट्राईसेप्स (m)	traīseps
pees (de)	कंडरा (m)	kandara
gewricht (het)	जोड़ (m)	jor

longen (mv.)	फेफड़े (m pl)	fefare
geslachtsorganen (mv.)	गुसांग (m)	guptāng
huid (de)	त्वचा (f)	tvacha

31. Hoofd

hoofd (het)	सिर (m)	sir
gezicht (het)	चेहरा (m)	chehara
neus (de)	नाक (f)	nāk
mond (de)	मुँह (m)	munh

oog (het)	आँख (f)	ānkh
ogen (mv.)	आँखें (f)	ānkhen
pupil (de)	आँख की पुतली (f)	ānkh kī putalī
wenkbrauw (de)	भौंह (f)	bhaunh
wimper (de)	बरौनी (f)	baraunī
ooglid (het)	पलक (m)	palak

tong (de)	जीभ (m)	jībh
tand (de)	दाँत (f)	dānt
lippen (mv.)	होंठ (m)	honth
jukbeenderen (mv.)	गाल की हड्डी (f)	gāl kī haddī
tandvlees (het)	मसूड़ा (m)	masūra
gehemelte (het)	तालु (m)	tālu

neusgaten (mv.)	नथने (m pl)	nathane
kin (de)	ठोड़ी (f)	thorī
kaak (de)	जबड़ा (m)	jabara
wang (de)	गाल (m)	gāl

voorhoofd (het)	माथा (m)	mātha
slaap (de)	कनपट्टी (f)	kanapattī
oor (het)	कान (m)	kān
achterhoofd (het)	सिर का पिछला हिस्सा (m)	sir ka pichhala hissa
hals (de)	गरदन (m)	garadan
keel (de)	गला (m)	gala

haren (mv.)	बाल (m pl)	bāl
kapsel (het)	हेयरस्टाइल (m)	heyarastail
haarsnit (de)	हेयरकट (m)	heyarakat
pruik (de)	नकली बाल (m)	nakalī bāl

snor (de)	मूँछें (f pl)	mūnchhen
baard (de)	दाढ़ी (f)	dārhī
dragen (een baard, enz.)	होना	hona
vlecht (de)	चोटी (f)	chotī
bakkebaarden (mv.)	गलमुच्छा (m)	galamuchchha

ros (roodachtig, rossig)	लाल बाल	lāl bāl
grijs (~ haar)	सफ़ेद बाल	safed bāl
kaal (bn)	गंजा	ganja
kale plek (de)	गंजाई (f)	ganjaī
paardenstaart (de)	पोनी-टेल (f)	ponī-tel
pony (de)	बेंग (m)	beng

32. Menselijk lichaam

hand (de)	हाथ (m)	hāth
arm (de)	बाँह (m)	bānh
vinger (de)	उँगली (m)	ungalī
duim (de)	अँगूठा (m)	ˇangūtha
pink (de)	छोटी उंगली (f)	chhotī ungalī
nagel (de)	नाख़ून (m)	nākhūn
vuist (de)	मुट्ठी (m)	mutthī
handpalm (de)	हथेली (f)	hathelī
pols (de)	कलाई (f)	kalaī
voorarm (de)	प्रकोष्ठ (m)	prakoshth
elleboog (de)	कोहनी (f)	kohanī
schouder (de)	कंधा (m)	kandha
been (rechter ~)	टाँग (f)	tāng
voet (de)	पैर का तलवा (m)	pair ka talava
knie (de)	घुटना (m)	ghutana
kuit (de)	पिंडली (f)	pindalī
heup (de)	जाँघ (f)	jāngh
hiel (de)	एड़ी (f)	erī
lichaam (het)	शरीर (m)	sharīr
buik (de)	पेट (m)	pet
borst (de)	सीना (m)	sīna
borst (de)	स्तन (f)	stan
zijde (de)	कूल्हा (m)	kūlha
rug (de)	पीठ (f)	pīth
lage rug (de)	पीठ का निचला हिस्सा (m)	pīth ka nichala hissa
taille (de)	कमर (f)	kamar
navel (de)	नाभी (f)	nābhī
billen (mv.)	नितंब (m pl)	nitamb
achterwerk (het)	नितम्ब (m)	nitamb
huidvlek (de)	सौंदर्य चिन्ह (f)	saundary chinh
moedervlek (de)	जन्म चिह्न (m)	janm chihn
tatoeage (de)	टैटू (m)	taitū
litteken (het)	घाव का निशान (m)	ghāv ka nishān

Kleding en accessoires

33. Bovenkleding. Jassen

kleren (mv.), kleding (de)	कपड़े (m)	kapare
bovenkleding (de)	बाहरी पोशाक (m)	bāharī poshāk
winterkleding (de)	सर्दियों की पोशक (f)	sardiyon kī poshak
jas (de)	ओवरकोट (m)	ovarakot
bontjas (de)	फरकोट (m)	farakot
bontjasje (het)	फ़र की जैकेट (f)	far kī jaiket
donzen jas (de)	फ़ेदर कोट (m)	fedar kot
jasje (bijv. een leren ~)	जैकेट (f)	jaiket
regenjas (de)	बरसाती (f)	barasātī
waterdicht (bn)	जलरोधक	jalarodhak

34. Heren & dames kleding

overhemd (het)	कमीज़ (f)	kamīz
broek (de)	पैंट (m)	paint
jeans (de)	जीन्स (m)	jīns
colbert (de)	कोट (m)	kot
kostuum (het)	सूट (m)	sūt
jurk (de)	फ़ॉक (f)	frok
rok (de)	स्कर्ट (f)	skart
blouse (de)	ब्लाउज़ (f)	blauz
wollen vest (de)	कार्डिगन (f)	kārdigan
blazer (kort jasje)	जैकेट (f)	jaiket
T-shirt (het)	टी-शर्ट (f)	tī-shart
shorts (mv.)	शोर्ट्स (m pl)	shorts
trainingspak (het)	ट्रैक सूट (m)	traik sūt
badjas (de)	बाथ रोब (m)	bāth rob
pyjama (de)	पजामा (m)	pajāma
sweater (de)	सूटर (m)	sūtar
pullover (de)	पुलोवर (m)	pulovar
gilet (het)	बण्डी (m)	bandī
rokkostuum (het)	टेल-कोट (m)	tel-kot
smoking (de)	डिनर-जैकेट (f)	dinar-jaiket
uniform (het)	वर्दी (f)	vardī
werkkleding (de)	वर्दी (f)	vardī
overall (de)	ओवरऑल्स (m)	ovarols
doktersjas (de)	कोट (m)	kot

35. Kleding. Ondergoed

ondergoed (het)	अंगवस्त्र (m)	angavastr
onderhemd (het)	बनियान (f)	baniyān
sokken (mv.)	मोज़े (m pl)	moze

nachthemd (het)	नाइट गाउन (m)	nait gaun
beha (de)	ब्रा (f)	bra
kniekousen (mv.)	घुटनों तक के मोज़े (m)	ghutanon tak ke moze
panty (de)	टाइट्स (m pl)	taits
nylonkousen (mv.)	स्टाकिंग (m pl)	stāking
badpak (het)	स्विम सूट (m)	svim sūt

36. Hoofddeksels

hoed (de)	टोपी (f)	topī
deukhoed (de)	हैट (f)	hait
honkbalpet (de)	बैस्बॉल कैप (f)	baisbol kaip
kleppet (de)	फ्लैट कैप (f)	flait kaip

baret (de)	बेरेट (m)	beret
kap (de)	हुड (m)	hūd
panamahoed (de)	पनामा हैट (m)	panāma hait
gebreide muts (de)	बुनी हुई टोपी (f)	bunī huī topī

hoofddoek (de)	सिर का स्कार्फ़ (m)	sir ka skārf
dameshoed (de)	महिलाओं की टोपी (f)	mahilaon kī topī

veiligheidshelm (de)	हेलमेट (f)	helamet
veldmuts (de)	पुलिसीया टोपी (f)	pulisīya topī
helm, valhelm (de)	हेलमेट (f)	helamet

bolhoed (de)	बॉलर हैट (m)	bolar hait
hoge hoed (de)	टॉप हैट (m)	top hait

37. Schoeisel

schoeisel (het)	पनही (f)	panahī
schoenen (mv.)	जूते (m pl)	jūte
vrouwenschoenen (mv.)	जूते (m pl)	jūte
laarzen (mv.)	बूट (m pl)	būt
pantoffels (mv.)	चप्पल (f pl)	chappal

sportschoenen (mv.)	टेनिस के जूते (m)	tenis ke jūte
sneakers (mv.)	स्नीकर्स (m)	snīkars
sandalen (mv.)	सैन्डल (f)	saindal

schoenlapper (de)	मोची (m)	mochī
hiel (de)	एड़ी (f)	erī
paar (een ~ schoenen)	जोड़ा (m)	jora
veter (de)	जूते का फ़ीता (m)	jūte ka fīta

rijgen (schoenen ~)	फ़ीता बाँधना	fīta bāndhana
schoenlepel (de)	शू-हॉर्न (m)	shū-horn
schoensmeer (de/het)	बूट-पालिश (m)	būt-pālish

38. Textiel. Weefsel

katoen (de/het)	कपास (m)	kapās
katoenen (bn)	सूती	sūtī
vlas (het)	फ़्लैक्स (m)	flaiks
vlas-, van vlas (bn)	फ़्लैक्स का	flaiks ka

zijde (de)	रेशम (f)	resham
zijden (bn)	रेशमी	reshamī
wol (de)	ऊन (m)	ūn
wollen (bn)	ऊनी	ūnī

fluweel (het)	मख़मल (m)	makhamal
suède (de)	स्वेड (m)	svaid
ribfluweel (het)	कॉरडरॉय (m)	koradaroy

nylon (de/het)	नायलॉन (m)	nāyalon
nylon-, van nylon (bn)	नायलॉन का	nāyalon ka
polyester (het)	पॉलिएस्टर (m)	poliestar
polyester- (abn)	पॉलिएस्टर का	poliestar ka

leer (het)	चमड़ा (m)	chamara
leren (van leer gemaak)	चमड़े का	chamare ka
bont (het)	फ़र (m)	far
bont- (abn)	फ़र का	far ka

39. Persoonlijke accessoires

handschoenen (mv.)	दस्ताने (m pl)	dastāne
wanten (mv.)	दस्ताने (m pl)	dastāne
sjaal (fleece ~)	मफ़लर (m)	mafalar

bril (de)	ऐनक (m pl)	ainak
brilmontuur (het)	चश्मे का फ़्रेम (m)	chashme ka frem
paraplu (de)	छतरी (f)	chhatarī
wandelstok (de)	छड़ी (f)	chharī
haarborstel (de)	ब्रश (m)	brash
waaier (de)	पंखा (m)	pankha

das (de)	टाई (f)	taī
strikje (het)	बो टाई (f)	bo taī
bretels (mv.)	पतलून बाँधने का फ़ीता (m)	patalūn bāndhane ka fīta
zakdoek (de)	रूमाल (m)	rūmāl

kam (de)	कंघा (m)	kangha
haarspeldje (het)	बालपिन (f)	bālapin
schuifspeldje (het)	हेयरक्लीप (f)	heyaraklīp
gesp (de)	बकसुआ (m)	bakasua

42

| broekriem (de) | बेल्ट (m) | belt |
| draagriem (de) | कंधे का पट्टा (m) | kandhe ka patta |

handtas (de)	बैग (m)	baig
damestas (de)	पर्स (m)	pars
rugzak (de)	बैकपैक (m)	baikapaik

40. Kleding. Diversen

mode (de)	फ़ैशन (m)	faishan
de mode (bn)	प्रचलन में	prachalan men
kledingstilist (de)	फ़ैशन डिज़ाइनर (m)	faishan dizainar

kraag (de)	कॉलर (m)	kolar
zak (de)	जेब (m)	jeb
zak- (abn)	जेब	jeb
mouw (de)	आस्तीन (f)	āstīn
lusje (het)	हैंगिंग लूप (f)	hainging lūp
gulp (de)	ज़िप (f)	zip

rits (de)	ज़िप (f)	zip
sluiting (de)	हुक (m)	huk
knoop (de)	बटन (m)	batan
knoopsgat (het)	बटन का काज (m)	batan ka kāj
losraken (bijv. knopen)	निकल जाना	nikal jāna

naaien (kleren, enz.)	सीना	sīna
borduren (ww)	काढ़ना	kārhana
borduursel (het)	कढ़ाई (f)	karhaī
naald (de)	सूई (f)	sūī
draad (de)	धागा (m)	dhāga
naad (de)	सीवन (m)	sīvan

vies worden (ww)	मैला होना	maila hona
vlek (de)	धब्बा (m)	dhabba
gekreukt raken (ov. kleren)	शिकन पड़ जाना	shikan par jāna
scheuren (ov.ww.)	फट जाना	fat jāna
mot (de)	कपड़ों के कीड़े (m)	kaparon ke kīre

41. Persoonlijke verzorging. Schoonheidsmiddelen

tandpasta (de)	टूथपेस्ट (m)	tūthapest
tandenborstel (de)	टूथब्रश (m)	tūthabrash
tanden poetsen (ww)	दांत साफ़ करना	dānt sāf karana

scheermes (het)	रेज़र (f)	rezar
scheerschuim (het)	हजामत का क्रीम (m)	hajāmat ka krīm
zich scheren (ww)	शेव करना	shev karana

zeep (de)	साबुन (m)	sābun
shampoo (de)	शैम्पू (m)	shaimpū
schaar (de)	कैंची (f pl)	kainchī

nagelvijl (de)	नाख़ून घिसनी (f)	nākhūn ghisanī
nagelknipper (de)	नाख़ून कतरनी (f)	nākhūn kataranī
pincet (het)	ट्वीज़र्स (f)	tvīzars

cosmetica (de)	श्रृंगार-सामग्री (f)	shrrngār-sāmagrī
masker (het)	चेहरे का लेप (m)	chehare ka lep
manicure (de)	मैनीक्योर (m)	mainīkyor
manicure doen	मैनीक्योर करवाना	mainīkyor karavāna
pedicure (de)	पेडिक्यूर (m)	pedikyūr

cosmetica tasje (het)	श्रृंगार थैली (f)	shrrngār thailī
poeder (de/het)	पाउडर (m)	paudar
poederdoos (de)	कॉम्पैक्ट पाउडर (m)	kompaikt paudar
rouge (de)	ब्लशर (m)	blashar

parfum (de/het)	ख़ुशबू (f)	khushabū
eau de toilet (de)	टॉयलेट वॉटर (m)	tāyalet votar
lotion (de)	लोशन (m)	loshan
eau de cologne (de)	कोलोन (m)	kolon

oogschaduw (de)	आई-शैडो (m)	āī-shaido
oogpotlood (het)	आई-पेंसिल (f)	āī-pensil
mascara (de)	मस्कारा (m)	maskāra

lippenstift (de)	लिपस्टिक (m)	lipastik
nagellak (de)	नेल पॉलिश (f)	nel polish
haarlak (de)	हेयर स्प्रे (m)	heyar spre
deodorant (de)	डिओडरेन्ट (m)	diodarent

crème (de)	क्रीम (m)	krīm
gezichtscrème (de)	चेहरे की क्रीम (f)	chehare kī krīm
handcrème (de)	हाथ की क्रीम (f)	hāth kī krīm
antirimpelcrème (de)	एंटी रिंकल क्रीम (f)	entī rinkal krīm
dag- (abn)	दिन का	din ka
nacht- (abn)	रात का	rāt ka

tampon (de)	टैम्पन (m)	taimpan
toiletpapier (het)	टॉयलेट पेपर (m)	toyalet pepar
föhn (de)	हेयर ड्रायर (m)	heyar drāyar

42. Juwelen

sieraden (mv.)	ज़ेवर (m pl)	zevar
edel (bijv. ~ stenen)	बहुमूल्य	bahumūly
keurmerk (het)	छाप (m)	chhāp

ring (de)	अंगूठी (f)	angūthī
trouwring (de)	शादी की अंगूठी (f)	shādī kī angūthī
armband (de)	चूड़ी (m)	chūrī

oorringen (mv.)	कान की रिंग (f)	kān kī ring
halssnoer (het)	माला (f)	māla
kroon (de)	ताज (m)	tāj
kralen snoer (het)	मोती की माला (f)	motī kī māla

diamant (de)	हीरा (m)	hīra
smaragd (de)	पन्ना (m)	panna
robijn (de)	माणिक (m)	mānik
saffier (de)	नीलम (m)	nīlam
parel (de)	मुक्ताफल (m)	muktāfal
barnsteen (de)	एम्बर (m)	embar

43. Horloges. Klokken

polshorloge (het)	घड़ी (f pl)	gharī
wijzerplaat (de)	डायल (m)	dāyal
wijzer (de)	सुई (f)	suī
metalen horlogeband (de)	धातु से बनी घड़ी का पट्टा (m)	dhātu se banī gharī ka patta
horlogebandje (het)	घड़ी का पट्टा (m)	gharī ka patta
batterij (de)	बैटरी (f)	baiterī
leeg zijn (ww)	ख़त्म हो जाना	khatm ho jāna
batterij vervangen	बैटरी बदलना	baiterī badalana
voorlopen (ww)	तेज़ चलना	tez chalana
achterlopen (ww)	धीमी चलना	dhīmī chalana
wandklok (de)	दीवार-घड़ी (f pl)	dīvār-gharī
zandloper (de)	रेत-घड़ी (f pl)	ret-gharī
zonnewijzer (de)	सूरज-घड़ी (f pl)	sūraj-gharī
wekker (de)	अलार्म घड़ी (f)	alārm gharī
horlogemaker (de)	घड़ीसाज़ (m)	gharīsāz
repareren (ww)	मरम्मत करना	marammat karana

Voedsel. Voeding

44. Voedsel

vlees (het)	गोश्त (m)	gosht
kip (de)	चीकन (m)	chīkan
kuiken (het)	रॉक कोर्निश मुर्गी (f)	rok kornish murgī
eend (de)	बत्तख़ (f)	battakh
gans (de)	हंस (m)	hans
wild (het)	शिकार के पशुपक्षी (f)	shikār ke pashupakshī
kalkoen (de)	टर्की (m)	tarkī
varkensvlees (het)	सुअर का गोश्त (m)	suar ka gosht
kalfsvlees (het)	बछड़े का गोश्त (m)	bachhare ka gosht
schapenvlees (het)	भेड़ का गोश्त (m)	bher ka gosht
rundvlees (het)	गाय का गोश्त (m)	gāy ka gosht
konijnenvlees (het)	खरगोश (m)	kharagosh
worst (de)	सॉसेज (f)	sosej
saucijs (de)	वियना सॉसेज (m)	viyana sosej
spek (het)	बेकन (m)	bekan
ham (de)	हैम (m)	haim
gerookte achterham (de)	सुअर की जांघ (f)	suar kī jāngh
paté, pastei (de)	पिसा हुआ गोश्त (m)	pisa hua gosht
lever (de)	जिगर (f)	jigar
gehakt (het)	कीमा (m)	kīma
tong (de)	जीभ (m)	jībh
ei (het)	अंडा (m)	anda
eieren (mv.)	अंडे (m pl)	ande
eiwit (het)	अंडे की सफ़ेदी (m)	ande kī safedī
eigeel (het)	अंडे की ज़र्दी (m)	ande kī zardī
vis (de)	मछली (f)	machhalī
zeevruchten (mv.)	समुद्री खाना (m)	samudrī khāna
kaviaar (de)	मछली के अंडे (m)	machhalī ke ande
krab (de)	केकड़ा (m)	kekara
garnaal (de)	चिंगड़ा (m)	chingara
oester (de)	सीप (m)	sīp
langoest (de)	लोबस्टर (m)	lobastar
octopus (de)	ओक्टोपस (m)	oktopas
inktvis (de)	स्कीड (m)	skīd
steur (de)	स्टजेन (f)	starjan
zalm (de)	सालमन (m)	sālaman
heilbot (de)	हैलिबट (f)	hailibat
kabeljauw (de)	कॉड (f)	kod
makreel (de)	माक्रैल (f)	mākrail

| tonijn (de) | टूना (f) | tūna |
| paling (de) | बाम मछली (f) | bām machhalī |

forel (de)	ट्राउट मछली (f)	traut machhalī
sardine (de)	सार्डीन (f)	sārdīn
snoek (de)	पाइक (f)	paik
haring (de)	हेरिंग मछली (f)	hering machhalī

brood (het)	ब्रेड (f)	bred
kaas (de)	पनीर (m)	panīr
suiker (de)	चीनी (f)	chīnī
zout (het)	नमक (m)	namak

rijst (de)	चावल (m)	chāval
pasta (de)	पास्ता (m)	pāsta
noedels (mv.)	नूडल्स (m)	nūdals

boter (de)	मक्खन (m)	makkhan
plantaardige olie (de)	तेल (m)	tel
zonnebloemolie (de)	सूरजमुखी तेल (m)	sūrajamukhī tel
margarine (de)	नकली मक्खन (m)	nakalī makkhan

| olijven (mv.) | जैतून (m) | jaitūn |
| olijfolie (de) | जैतून का तेल (m) | jaitūn ka tel |

melk (de)	दूध (m)	dūdh
gecondenseerde melk (de)	रबड़ी (f)	rabarī
yoghurt (de)	दही (m)	dahī
zure room (de)	खट्टी क्रीम (f)	khattī krīm
room (de)	मलाई (f pl)	malaī

| mayonaise (de) | मेयोनेज़ (m) | meyonez |
| crème (de) | क्रीम (m) | krīm |

graan (het)	अनाज के दाने (m)	anāj ke dāne
meel (het), bloem (de)	आटा (m)	āta
conserven (mv.)	डिब्बाबन्द खाना (m)	dibbāband khāna

maïsvlokken (mv.)	कॉर्नफ्लेक्स (m)	kornafleks
honing (de)	शहद (m)	shahad
jam (de)	जैम (m)	jaim
kauwgom (de)	चूइन्ग गम (m)	chūing gam

45. Drankjes

water (het)	पानी (m)	pānī
drinkwater (het)	पीने का पानी (f)	pīne ka pānī
mineraalwater (het)	मिनरल वॉटर (m)	minaral votar

zonder gas	स्टिल वॉटर	stil votar
koolzuurhoudend (bn)	कार्बोनेटेड	kārboneted
bruisend (bn)	स्पार्कलिंग	spārkaling
IJs (het)	बर्फ़ (m)	barf
met ijs	बर्फ़ के साथ	barf ke sāth

alcohol vrij (bn)	शराब रहित	sharāb rahit
alcohol vrije drank (de)	कोल्ड ड्रिंक (f)	kold drink
frisdrank (de)	शीतलक ड्रिंक (f)	shītalak drink
limonade (de)	लेमोनेड (m)	lemoned

alcoholische dranken (mv.)	शराब (m pl)	sharāb
wijn (de)	वाइन (f)	vain
witte wijn (de)	सफ़ेद वाइन (f)	safed vain
rode wijn (de)	लाल वाइन (f)	lāl vain

likeur (de)	लिकर (m)	likar
champagne (de)	शैम्पेन (f)	shaimpen
vermout (de)	वर्मोठथ (f)	varmauth

whisky (de)	विस्की (f)	viskī
wodka (de)	वोडका (m)	vodaka
gin (de)	जिन (f)	jin
cognac (de)	कोन्याक (m)	konyāk
rum (de)	रम (m)	ram

koffie (de)	कॉफ़ी (f)	kofī
zwarte koffie (de)	काली कॉफ़ी (f)	kālī kofī
koffie (de) met melk	दूध के साथ कॉफ़ी (f)	dūdh ke sāth kofī
cappuccino (de)	कैपूचिनो (f)	kaipūchino
oploskoffie (de)	इन्सटेन्ट-कॉफ़ी (f)	insatent-kāfī

melk (de)	दूध (m)	dūdh
cocktail (de)	कॉकटेल (m)	kokatel
milkshake (de)	मिल्कशेक (m)	milkashek

sap (het)	रस (m)	ras
tomatensap (het)	टमाटर का रस (m)	tamātar ka ras
sinaasappelsap (het)	संतरे का रस (m)	santare ka ras
vers geperst sap (het)	ताज़ा रस (m)	tāza ras

bier (het)	बियर (m)	biyar
licht bier (het)	हल्का बियर (m)	halka biyar
donker bier (het)	डार्क बियर (m)	dārk biyar

thee (de)	चाय (f)	chāy
zwarte thee (de)	काली चाय (f)	kālī chāy
groene thee (de)	हरी चाय (f)	harī chāy

46. Groenten

groenten (mv.)	सब्ज़ियाँ (f pl)	sabziyān
verse kruiden (mv.)	हरी सब्ज़ियाँ (f)	harī sabziyān

tomaat (de)	टमाटर (m)	tamātar
augurk (de)	खीरा (m)	khīra
wortel (de)	गाजर (f)	gājar
aardappel (de)	आलू (m)	ālū
ui (de)	प्याज़ (m)	pyāz
knoflook (de)	लहसुन (m)	lahasun

kool (de)	पत्ता गोभी (f)	patta gobhī
bloemkool (de)	फूल गोभी (f)	fūl gobhī
spruitkool (de)	ब्रसेल्स स्प्राउट्स (m)	brasels sprauts
broccoli (de)	ब्रोकोली (f)	brokolī

rode biet (de)	चुकन्दर (m)	chukandar
aubergine (de)	बैंगन (m)	baingan
courgette (de)	तुरई (f)	turī
pompoen (de)	कद्दू	kaddū
raap (de)	शलजम (f)	shalajam

peterselie (de)	अजमोद (f)	ajamod
dille (de)	सोआ (m)	soa
sla (de)	सलाद पत्ता (m)	salād patta
selderij (de)	सेलरी (m)	selarī
asperge (de)	एस्पैरेगस (m)	espairegas
spinazie (de)	पालक (m)	pālak

erwt (de)	मटर (m)	matar
bonen (mv.)	फली (f pl)	falī
maïs (de)	मकई (f)	makī
boon (de)	राजमा (f)	rājama

peper (de)	शिमला मिर्च (m)	shimala mirch
radijs (de)	मूली (f)	mūlī
artisjok (de)	हाथीचक (m)	hāthīchak

47. Vruchten. Noten

vrucht (de)	फल (m)	fal
appel (de)	सेब (m)	seb
peer (de)	नाशपाती (f)	nāshapātī
citroen (de)	नींबू (m)	nīmbū
sinaasappel (de)	संतरा (m)	santara
aardbei (de)	स्ट्रॉबेरी (f)	stroberī

mandarijn (de)	नारंगी (m)	nārangī
pruim (de)	आलूबुखारा (m)	ālūbukhāra
perzik (de)	आड़ू (m)	ārū
abrikoos (de)	खुबानी (f)	khūbānī
framboos (de)	रसभरी (f)	rasabharī
ananas (de)	अनानास (m)	anānās

banaan (de)	केला (m)	kela
watermeloen (de)	तरबूज़ (m)	tarabūz
druif (de)	अंगूर (m)	angūr
kers (de)	चेरी (f)	cherī
meloen (de)	खरबूज़ा (f)	kharabūza

grapefruit (de)	ग्रेपफ्रूट (m)	grepafrūt
avocado (de)	एवोकाडो (m)	evokādo
papaja (de)	पपीता (f)	papīta
mango (de)	आम (m)	ām
granaatappel (de)	अनार (m)	anār

rode bes (de)	लाल किशमिश (f)	lāl kishamish
zwarte bes (de)	काली किशमिश (f)	kālī kishamish
kruisbes (de)	आमला (f)	āmala
bosbes (de)	बिलबेरी (f)	bilaberī
braambes (de)	ब्लैकबेरी (f)	blaikaberī

rozijn (de)	किशमिश (m)	kishamish
vijg (de)	अंजीर (m)	anjīr
dadel (de)	खजूर (m)	khajūr

pinda (de)	मूँगफली (m)	mūngafalī
amandel (de)	बादाम (f)	bādām
walnoot (de)	अखरोट (m)	akharot
hazelnoot (de)	हेज़लनट (m)	hezalanat
kokosnoot (de)	नारियल (m)	nāriyal
pistaches (mv.)	पिस्ता (m)	pista

48. Brood. Snoep

suikerbakkerij (de)	मिठाई (f pl)	mithaī
brood (het)	ब्रेड (f)	bred
koekje (het)	बिस्कुट (m)	biskut

chocolade (de)	चॉकलेट (m)	chokalet
chocolade- (abn)	चॉकलेटी	chokaletī
snoepje (het)	टॉफ़ी (f)	tofī
cakeje (het)	पेस्ट्री (f)	pestrī
taart (bijv. verjaardags~)	केक (m)	kek

pastei (de)	पाई (m)	paī
vulling (de)	फ़िलिंग (f)	filing

confituur (de)	जैम (m)	jaim
marmelade (de)	मुरब्बा (m)	murabba
wafel (de)	वेफ़र (m pl)	vefar
IJsje (het)	आईस-क्रीम (f)	āīs-krīm

49. Bereide gerechten

gerecht (het)	पकवान (m)	pakavān
keuken (bijv. Franse ~)	व्यंजन (m)	vyanjan
recept (het)	रैसीपी (f)	raisīpī
portie (de)	भाग (m)	bhāg

salade (de)	सलाद (m)	salād
soep (de)	सूप (m)	sūp

bouillon (de)	यखनी (f)	yakhanī
boterham (de)	सैन्डविच (m)	saindavich
spiegelei (het)	आमलेट (m)	āmalet
hamburger (de)	हैमबर्गर (m)	haimabargar
biefstuk (de)	बीफ़स्टीक (m)	bīfastīk

garnering (de)	साइड डिश (f)	said dish
spaghetti (de)	स्पेघेटी (f)	speghetī
aardappelpuree (de)	आलू भरता (f)	ālū bharata
pizza (de)	पीट्ज़ा (f)	pīṭza
pap (de)	दलिया (f)	daliya
omelet (de)	आमलेट (m)	āmalet
gekookt (in water)	उबला	ubala
gerookt (bn)	धुएँ में पकाया हुआ	dhuen men pakāya hua
gebakken (bn)	भुना	bhuna
gedroogd (bn)	सूखा	sūkha
diepvries (bn)	फ्रोज़न	frozan
gemarineerd (bn)	अचार	achār
zoet (bn)	मीठा	mītha
gezouten (bn)	नमकीन	namakīn
koud (bn)	ठंडा	thanda
heet (bn)	गरम	garam
bitter (bn)	कड़वा	karava
lekker (bn)	स्वादिष्ट	svādisht
koken (in kokend water)	उबलते पानी में पकाना	ubalate pānī men pakāna
bereiden (avondmaaltijd ~)	खाना बनाना	khāna banāna
bakken (ww)	भूनना	bhūnana
opwarmen (ww)	गरम करना	garam karana
zouten (ww)	नमक डालना	namak dālana
peperen (ww)	मिर्च डालना	mirch dālana
raspen (ww)	कद्दूकश करना	kaddūkash karana
schil (de)	छिलका (f)	chhilaka
schillen (ww)	छिलका निकलना	chhilaka nikalana

50. Kruiden

zout (het)	नमक (m)	namak
gezouten (bn)	नमकीन	namakīn
zouten (ww)	नमक डालना	namak dālana
zwarte peper (de)	काली मिर्च (f)	kālī mirch
rode peper (de)	लाल मिर्च (m)	lāl mirch
mosterd (de)	सरसों (m)	sarason
mierikswortel (de)	अरब मूली (f)	arab mūlī
condiment (het)	मसाला (m)	masāla
specerij , kruiderij (de)	मसाला (m)	masāla
saus (de)	चटनी (f)	chatanī
azijn (de)	सिरका (m)	siraka
anijs (de)	सौंफ़ (f)	saumf
basilicum (de)	तुलसी (f)	tulasī
kruidnagel (de)	लौंग (f)	laung
gember (de)	अदरक (m)	adarak
koriander (de)	धनिया (m)	dhaniya
kaneel (de/het)	दालचीनी (f)	dālachīnī

sesamzaad (het)	तिल (m)	til
laurierblad (het)	तेजपत्ता (m)	tejapatta
paprika (de)	लाल शिमला मिर्च पाउडर (m)	lāl shimala mirch paudar
komijn (de)	ज़ीरा (m)	zīra
saffraan (de)	ज़ाफ़रान (m)	zāfarān

51. Maaltijden

eten (het)	खाना (m)	khāna
eten (ww)	खाना खाना	khāna khāna
ontbijt (het)	नाश्ता (m)	nāshta
ontbijten (ww)	नाश्ता करना	nāshta karana
lunch (de)	दोपहर का भोजन (m)	dopahar ka bhojan
lunchen (ww)	दोपहर का भोजन करना	dopahar ka bhojan karana
avondeten (het)	रात्रिभोज (m)	rātribhoj
souperen (ww)	रात्रिभोज करना	rātribhoj karana
eetlust (de)	भूख (f)	bhūkh
Eet smakelijk!	अपने भोजन का आनंद उठाएं!	apane bhojan ka ānand uthaen!
openen (een fles ~)	खोलना	kholana
morsen (koffie, enz.)	गिराना	girāna
zijn gemorst	गिराना	girāna
koken (water kookt bij 100°C)	उबालना	ubālana
koken (Hoe om water te ~)	उबालना	ubālana
gekookt (~ water)	उबला हुआ	ubala hua
afkoelen (koeler maken)	ठंडा करना	thanda karana
afkoelen (koeler worden)	ठंडा करना	thanda karana
smaak (de)	स्वाद (m)	svād
nasmaak (de)	स्वाद (m)	svād
volgen een dieet	वज़न घटाना	vazan ghatāna
dieet (het)	डाइट (m)	dait
vitamine (de)	विटामिन (m)	vitāmin
calorie (de)	कैलोरी (f)	kailorī
vegetariër (de)	शाकाहारी (m)	shākāhārī
vegetarisch (bn)	शाकाहारी	shākāhārī
vetten (mv.)	वसा (m pl)	vasa
eiwitten (mv.)	प्रोटीन (m pl)	protīn
koolhydraten (mv.)	कार्बोहाइड्रेट (m)	kārbohaidret
snede (de)	टुकड़ा (m)	tukara
stuk (bijv. een ~ taart)	टुकड़ा (m)	tukara
kruimel (de)	टुकड़ा (m)	tukara

52. Tafelschikking

lepel (de)	चम्मच (m)	chammach
mes (het)	छुरी (f)	chhurī

vork (de)	काँटा (m)	kānta
kopje (het)	प्याला (m)	pyāla
bord (het)	तश्तरी (f)	tashtarī
schoteltje (het)	सॉसर (m)	sosar
servet (het)	नैपकीन (m)	naipakīn
tandenstoker (de)	टूथपिक (m)	tūthapik

53. Restaurant

restaurant (het)	रेस्टराँ (m)	restarān
koffiehuis (het)	कॉफ़ी हाउस (m)	kofī haus
bar (de)	बार (m)	bār
tearoom (de)	चायख़ाना (m)	chāyakhāna

kelner, ober (de)	बैरा (m)	baira
serveerster (de)	बैरी (f)	bairī
barman (de)	बारमैन (m)	bāramain

menu (het)	मेनू (m)	menū
wijnkaart (de)	वाइन सूची (f)	vain sūchī
een tafel reserveren	मेज़ बुक करना	mez buk karana

gerecht (het)	पकवान (m)	pakavān
bestellen (eten ~)	आर्डर देना	ārdar dena
een bestelling maken	आर्डर देना	ārdar dena

aperitief (de/het)	एपेरेतीफ़ (m)	eperetīf
voorgerecht (het)	एपेटाइज़र (m)	epetaizar
dessert (het)	मीठा (m)	mītha

rekening (de)	बिल (m)	bil
de rekening betalen	बील का भुगतान करना	bīl ka bhugatān karana
wisselgeld teruggeven	खुले पैसे देना	khule paise dena
fooi (de)	टिप (f)	tip

Familie, verwanten en vrienden

54. Persoonlijke informatie. Formulieren

naam (de)	पहला नाम (m)	pahala nām
achternaam (de)	उपनाम (m)	upanām
geboortedatum (de)	जन्म-दिवस (m)	janm-divas
geboorteplaats (de)	मातृभूमि (f)	mātrbhūmi
nationaliteit (de)	नागरिकता (f)	nāgarikata
woonplaats (de)	निवास स्थान (m)	nivās sthān
land (het)	देश (m)	desh
beroep (het)	पेशा (m)	pesha
geslacht (ov. het vrouwelijk ~)	लिंग (m)	ling
lengte (de)	क़द (m)	qad
gewicht (het)	वज़न (m)	vazan

55. Familieleden. Verwanten

moeder (de)	माँ (f)	mān
vader (de)	पिता (m)	pita
zoon (de)	बेटा (m)	beta
dochter (de)	बेटी (f)	betī
jongste dochter (de)	छोटी बेटी (f)	chhotī betī
jongste zoon (de)	छोटा बेटा (m)	chhota beta
oudste dochter (de)	बड़ी बेटी (f)	barī betī
oudste zoon (de)	बड़ा बेटा (m)	bara beta
broer (de)	भाई (m)	bhaī
zuster (de)	बहन (f)	bahan
neef (zoon van oom, tante)	चचेरा भाई (m)	chachera bhaī
nicht (dochter van oom, tante)	चचेरी बहन (f)	chacherī bahan
mama (de)	अम्मा (f)	amma
papa (de)	पापा (m)	pāpa
ouders (mv.)	माँ-बाप (m pl)	mān-bāp
kind (het)	बच्चा (m)	bachcha
kinderen (mv.)	बच्चे (m pl)	bachche
oma (de)	दादी (f)	dādī
opa (de)	दादा (m)	dāda
kleinzoon (de)	पोता (m)	pota
kleindochter (de)	पोती (f)	potī
kleinkinderen (mv.)	पोते (m)	pote

oom (de)	चाचा (m)	chācha
tante (de)	चाची (f)	chāchī
neef (zoon van broer, zus)	भतीजा (m)	bhatīja
nicht (dochter van broer ,zus)	भतीजी (f)	bhatījī
schoonmoeder (de)	सास (f)	sās
schoonvader (de)	ससुर (m)	sasur
schoonzoon (de)	दामाद (m)	dāmād
stiefmoeder (de)	सौतेली माँ (f)	sautelī mān
stiefvader (de)	सौतेले पिता (m)	sautele pita
zuigeling (de)	दूधमुँहा बच्चा (m)	dudhamunha bachcha
wiegenkind (het)	शिशु (f)	shishu
kleuter (de)	छोटा बच्चा (m)	chhota bachcha
vrouw (de)	पत्नी (f)	patnī
man (de)	पति (m)	pati
echtgenoot (de)	पति (m)	pati
echtgenote (de)	पत्नी (f)	patnī
gehuwd (mann.)	शादीशुदा	shādīshuda
gehuwd (vrouw.)	शादीशुदा	shādīshuda
ongehuwd (mann.)	अविवाहित	avivāhit
vrijgezel (de)	कुँआरा (m)	kunāra
gescheiden (bn)	तलाक़शुदा	talāqashuda
weduwe (de)	विधवा (f)	vidhava
weduwnaar (de)	विधुर (m)	vidhur
familielid (het)	रिश्तेदार (m)	rishtedār
dichte familielid (het)	सम्बंधी (m)	sambandhī
verre familielid (het)	दूर का रिश्तेदार (m)	dūr ka rishtedār
familieleden (mv.)	रिश्तेदार (m pl)	rishtedār
wees (de), weeskind (het)	अनाथ (m)	anāth
voogd (de)	अभिभावक (m)	abhibhāvak
adopteren (een jongen te ~)	लड़का गोद लेना	laraka god lena
adopteren (een meisje te ~)	लड़की गोद लेना	larakī god lena

56. Vrienden. Collega's

vriend (de)	दोस्त (m)	dost
vriendin (de)	सहेली (f)	sahelī
vriendschap (de)	दोस्ती (f)	dostī
bevriend zijn (ww)	दोस्त होना	dost hona
makker (de)	मित्र (m)	mitr
vriendin (de)	सहेली (f)	sahelī
partner (de)	पार्टनर (m)	pārtanar
chef (de)	चीफ़ (m)	chīf
baas (de)	अधीक्षक (m)	adhīkshak
ondergeschikte (de)	अधीनस्थ (m)	adhīnasth
collega (de)	सहकर्मी (m)	sahakarmī
kennis (de)	परिचित आदमी (m)	parichit ādamī

medereiziger (de)	सहगामी (m)	sahagāmī
klasgenoot (de)	सहपाठी (m)	sahapāthī

buurman (de)	पड़ोसी (m)	parosī
buurvrouw (de)	पड़ोसन (f)	parosan
buren (mv.)	पड़ोसी (m pl)	parosī

57. Man. Vrouw

vrouw (de)	औरत (f)	aurat
meisje (het)	लड़की (f)	larakī
bruid (de)	दुल्हन (f)	dulhan

mooi(e) (vrouw, meisje)	सुंदर	sundar
groot, grote (vrouw, meisje)	लम्बा	lamba
slank(e) (vrouw, meisje)	सुडौल	sudaul
korte, kleine (vrouw, meisje)	छोटे क़द का	chhote qad ka

blondine (de)	हल्के रंगे के बालोंवाली औरत (f)	halke range ke bālonvālī aurat
brunette (de)	काले बालोंवाली औरत (f)	kāle bālonvālī aurat

dames- (abn)	महिलाओं का	mahilaon ka
maagd (de)	कुमारिनी (f)	kumārinī
zwanger (bn)	गर्भवती	garbhavatī

man (de)	आदमी (m)	ādamī
blonde man (de)	हल्के रंगे के बालोंवाला आदमी (m)	halke range ke bālonvāla ādamī
bruinharige man (de)	काले बालोंवाला (m)	kāle bālonvāla
groot (bn)	लम्बा	lamba
klein (bn)	छोटे क़द का	chhote qad ka

onbeleefd (bn)	अभद्र	abhadr
gedrongen (bn)	हृष्ट-पुष्ट	hrasht-pusht
robuust (bn)	तगड़ा	tagara
sterk (bn)	ताक़तवर	tākatavar
sterkte (de)	ताक़त (f)	tāqat

mollig (bn)	मोटा	mota
getaand (bn)	साँवला	sānvala
slank (bn)	सुडौल	sudaul
elegant (bn)	सजिला	sajila

58. Leeftijd

leeftijd (de)	उम्र (f)	umr
jeugd (de)	युवा (f)	yuva
jong (bn)	जवान	javān

jonger (bn)	कनिष्ठ	kanishth
ouder (bn)	बड़ा	bara

jongen (de)	युवक (m)	yuvak
tiener, adolescent (de)	किशोर (m)	kishor
kerel (de)	लड़का (m)	laraka

| oude man (de) | बूढ़ा आदमी (m) | būrha ādamī |
| oude vrouw (de) | बूढ़ी औरत (f) | būrhī aurat |

volwassen (bn)	व्यस्क	vyask
van middelbare leeftijd (bn)	अधेड़	adhed
bejaard (bn)	बुज़ुर्ग	buzurg
oud (bn)	साल	sāl

pensioen (het)	सेवा-निवृति (f)	seva-nivrtti
met pensioen gaan	सेवा-निवृत होना	seva-nivrtt hona
gepensioneerde (de)	सेवा-निवृत (m)	seva-nivrtt

59. Kinderen

kind (het)	बच्चा (m)	bachcha
kinderen (mv.)	बच्चे (m pl)	bachche
tweeling (de)	जुड़वाँ (m pl)	juravān

wieg (de)	पालना (m)	pālana
rammelaar (de)	झुनझुना (m)	jhunajhuna
luier (de)	डायपर (m)	dāyapar

| speen (de) | चुसनी (f) | chusanī |
| kinderwagen (de) | बच्चा गाड़ी (f) | bachcha gārī |

| kleuterschool (de) | बालवाड़ी (f) | bālavārī |
| babysitter (de) | दाई (f) | daī |

| kindertijd (de) | बचपन (m) | bachapan |
| pop (de) | गुड़िया (f) | guriya |

| speelgoed (het) | खिलौना (m) | khilauna |
| bouwspeelgoed (het) | निर्माण सेट खिलौना (m) | nirmān set khilauna |

welopgevoed (bn)	तमीज़दार	tamīzadār
onopgevoed (bn)	बदतमीज़	badatamīz
verwend (bn)	सिरचढ़ा	siracharha

| stout zijn (ww) | शरारत करना | sharārat karana |
| stout (bn) | नटखट | natakhat |

| stoutheid (de) | नटखटपन (m) | natakhatapan |
| stouterd (de) | नटखट बच्चा (m) | natakhat bachcha |

| gehoorzaam (bn) | आज्ञाकारी | āgyākārī |
| ongehoorzaam (bn) | अनुज्ञाकारी | anugyākārī |

braaf (bn)	विनम्र	vinamr
slim (verstandig)	बुद्धिमान	buddhimān
wonderkind (het)	अद्भुत बच्चा (m)	adbhut bachcha

60. Gehuwde paren. Gezinsleven

kussen (een kus geven)	चुम्बन करना	chumban karana
elkaar kussen (ww)	चुम्बन करना	chumban karana
gezin (het)	परिवार (m)	parivār
gezins- (abn)	परिवारिक	parivārik
paar (het)	दंपति (m)	dampatti
huwelijk (het)	शादी (f)	shādī
thuis (het)	गृह-चूल्हा (m)	grh-chūlha
dynastie (de)	वंश (f)	vansh
date (de)	मुलाक़ात (f)	mulāqāt
zoen (de)	चुम्बन (m)	chumban
liefde (de)	प्रेम (m)	prem
liefhebben (ww)	प्यार करना	pyār karana
geliefde (bn)	प्यारा	pyāra
tederheid (de)	स्नेह (f)	sneh
teder (bn)	स्नेही	snehī
trouw (de)	वफ़ादारी (f)	vafādārī
trouw (bn)	वफ़ादार	vafādār
zorg (bijv. bejaarden~)	देखभाल (f)	dekhabhāl
zorgzaam (bn)	परवाह करने वाला	paravāh karane vāla
jonggehuwden (mv.)	नवविवाहित (m pl)	navavivāhit
wittebroodsweken (mv.)	हनीमून (m)	hanīmūn
trouwen (vrouw)	शादी करना	shādī karana
trouwen (man)	शादी करना	shādī karana
bruiloft (de)	शादी (f)	shādī
gouden bruiloft (de)	विवाह की पचासवीं वर्षगांठ (m)	vivāh kī pachāsavīn varshagānth
verjaardag (de)	वर्षगांठ (m)	varshagānth
minnaar (de)	प्रेमी (m)	premī
minnares (de)	प्रेमिका (f)	premika
overspel (het)	व्यभिचार (m)	vyabhichār
overspel plegen (ww)	संबंधों में धोखा देना	sambandhon men dhokha dena
jaloers (bn)	ईश्यालु	īshyālu
jaloers zijn (echtgenoot, enz.)	ईश्या करना	īshya karana
echtscheiding (de)	तलाक़ (m)	talāq
scheiden (ww)	तलाक़ देना	talāq dena
ruzie hebben (ww)	झगड़ना	jhagarana
vrede sluiten (ww)	सुलह करना	sulah karana
samen (bw)	साथ	sāth
seks (de)	यौन-क्रिया (f)	yaun-kriya
geluk (het)	खुशी (f)	khushī
gelukkig (bn)	खुश	khush
ongeluk (het)	दुर्घटना (f)	durghatana
ongelukkig (bn)	नाखुश	nākhush

Karakter. Gevoelens. Emoties

61. Gevoelens. Emoties

gevoel (het)	भावना (f)	bhāvana
gevoelens (mv.)	भावनाएं (f)	bhāvanaen
voelen (ww)	महसूस करना	mahasūs karana
honger (de)	भूख (f)	bhūkh
honger hebben (ww)	भूख लगना	bhūkh lagana
dorst (de)	प्यास (f)	pyās
dorst hebben	प्यास लगना	pyās lagana
slaperigheid (de)	उनींदापन (f)	unīndāpan
willen slapen	नींद आना	nīnd āna
moeheid (de)	थकान (f)	thakān
moe (bn)	थका हुआ	thaka hua
vermoeid raken (ww)	थक जाना	thak jāna
stemming (de)	मन (m)	man
verveling (de)	ऊब (m)	ūb
zich vervelen (ww)	ऊब जाना	ūb jāna
afzondering (de)	अकेलापन (m)	akelāpan
zich afzonderen (ww)	एकांत में रहना	ekānt men rahana
bezorgd maken (ww)	चिन्ता करना	chinta karana
zich bezorgd maken	फ़िक्रमंद होना	fikramand hona
zorg (bijv. geld~en)	फ़िक्र (f)	fikr
ongerustheid (de)	चिन्ता (f)	chinta
ongerust (bn)	चिंताकुल	chintākul
zenuwachtig zijn (ww)	घबराना	ghabarāna
in paniek raken	घबरा जाना	ghabara jāna
hoop (de)	आशा (f)	āsha
hopen (ww)	आशा रखना	āsha rakhana
zekerheid (de)	विश्वास (m)	vishvās
zeker (bn)	विश्वास होना	vishvās hona
onzekerheid (de)	अविश्वास (m)	avishvās
onzeker (bn)	विश्वास न होना	vishvās na hona
dronken (bn)	मदहोश	madahosh
nuchter (bn)	बिना नशे के	bina nashe ke
zwak (bn)	कमज़ोर	kamazor
gelukkig (bn)	खुश	khush
doen schrikken (ww)	डराना	darāna
toorn (de)	रोष (m)	rosh
woede (de)	रोष (m)	rosh
depressie (de)	उदासी (f)	udāsī
ongemak (het)	असुविधा (f)	asuvidha

gemak, comfort (het)	सुविधा (f)	suvidha
spijt hebben (ww)	अफ़सोस करना	afasos karana
spijt (de)	अफ़सोस (m)	afasos
pech (de)	दुर्भाग्य (f)	durbhāgy
bedroefdheid (de)	दुख (m)	dukh
schaamte (de)	शर्म (m)	sharm
pret (de), plezier (het)	प्रसन्नता (f)	prasannata
enthousiasme (het)	उत्साह (m)	utsāh
enthousiasteling (de)	उत्साही (m)	utsāhī
enthousiasme vertonen	उत्साह दिखाना	utsāh dikhāna

62. Karakter. Persoonlijkheid

karakter (het)	चरित्र (m)	charitr
karakterfout (de)	चरित्र दोष (m)	charitr dosh
verstand (het)	अक़्ल (m)	aql
rede (de)	तर्क करने की क्षमता (f)	tark karane kī kshamata
geweten (het)	अन्तरात्मा (f)	antarātma
gewoonte (de)	आदत (f)	ādat
bekwaamheid (de)	क्षमता (f)	kshamata
kunnen (bijv., ~ zwemmen)	कर सकना	kar sakana
geduldig (bn)	धैर्यशील	dhairyashīl
ongeduldig (bn)	बेसब्र	besabr
nieuwsgierig (bn)	उत्सुक	utsuk
nieuwsgierigheid (de)	उत्सुकता (f)	utsukata
bescheidenheid (de)	लज्जा (f)	lajja
bescheiden (bn)	विनम्र	vinamr
onbescheiden (bn)	अविनम्र	avinamr
luiheid (de)	आलस्य (m)	ālasy
lui (bn)	आलसी	ālasī
luiwammes (de)	सुस्त आदमी (m)	sust ādamī
sluwheid (de)	चालाक (m)	chālāk
sluw (bn)	चालाकी	chālākī
wantrouwen (het)	अविश्वास (m)	avishvās
wantrouwig (bn)	अविश्वासपूर्ण	avishvāsapūrn
gulheid (de)	उदारता (f)	udārata
gul (bn)	उदार	udār
talentrijk (bn)	प्रतिभाशाली	pratibhāshālī
talent (het)	प्रतिभा (m)	pratibha
moedig (bn)	साहसी	sāhasī
moed (de)	साहस (m)	sāhas
eerlijk (bn)	ईमानदार	īmānadār
eerlijkheid (de)	ईमानदारी (f)	īmānadārī
voorzichtig (bn)	सावधान	sāvadhān
manhaftig (bn)	बहादुर	bahādur

ernstig (bn)	गम्भीर	gambhīr
streng (bn)	सख्त	sakht
resoluut (bn)	निर्णयात्मक	nirnayātmak
onzeker, irresoluut (bn)	अनिर्णीयक	anirnāyak
schuchter (bn)	शर्मीला	sharmīla
schuchterheid (de)	संकोच (m)	sankoch
vertrouwen (het)	यक़ीन (m)	yaqīn
vertrouwen (ww)	यक़ीन करना	yaqīn karana
goedgelovig (bn)	भरोसा	bharosa
oprecht (bw)	हार्दिक	hārdik
oprecht (bn)	हार्दिक	hārdik
oprechtheid (de)	निष्ठा (f)	nishtha
open (bn)	अनावृत	anāvrt
rustig (bn)	शांत	shānt
openhartig (bn)	स्पष्ट	spasht
naïef (bn)	भोला	bhola
verstrooid (bn)	भुलक्कड़	bhulakkar
leuk, grappig (bn)	अजीब	ajīb
gierigheid (de)	लालच (m)	lālach
gierig (bn)	लालची	lālachī
inhalig (bn)	कंजूस	kanjūs
kwaad (bn)	दुष्ट	dusht
koppig (bn)	ज़िद्दी	ziddī
onaangenaam (bn)	अप्रिय	apriy
egoïst (de)	स्वार्थी (m)	svārthī
egoïstisch (bn)	स्वार्थ	svārth
lafaard (de)	कायर (m)	kāyar
laf (bn)	कायरता	kāyarata

63. Slaap. Dromen

slapen (ww)	सोना	sona
slaap (in ~ vallen)	सोना (m)	sona
droom (de)	सपना (f)	sapana
dromen (in de slaap)	सपना देखना	sapana dekhana
slaperig (bn)	उनिंदा	uninda
bed (het)	पलंग (m)	palang
matras (de)	गद्दा (m)	gadda
deken (de)	कम्बल (m)	kambal
kussen (het)	तकिया (m)	takiya
laken (het)	चादर (f)	chādar
slapeloosheid (de)	अनिद्रा (m)	anidra
slapeloos (bn)	अनिद्र	anidr
slaapmiddel (het)	नींद की गोली (f)	nīnd kī golī
slaapmiddel innemen	नींद की गोली लेना	nīnd kī golī lena
willen slapen	नींद आना	nīnd āna

geeuwen (ww)	जँभाई लेना	janbhaī lena
gaan slapen	सोने जाना	sone jāna
het bed opmaken	बिस्तर बिछाना	bistar bichhāna
inslapen (ww)	सो जाना	so jāna

nachtmerrie (de)	डरावना सपना (m)	darāvana sapana
gesnurk (het)	खर्राटे (m)	kharrāte
snurken (ww)	खर्राटे लेना	kharrāte lena

wekker (de)	अलार्म घड़ी (f)	alārm gharī
wekken (ww)	जगाना	jagāna
wakker worden (ww)	जगना	jagana
opstaan (ww)	उठना	uthana
zich wassen (ww)	हाथ-मुँह धोना	hāth-munh dhona

64. Humor. Gelach. Blijdschap

humor (de)	हास्य (m)	hāsy
gevoel (het) voor humor	मज़ाक करने की आदत (m)	mazāk karane kī ādat
plezier hebben (ww)	आनंद उठाना	ānand uthāna
vrolijk (bn)	हँसमुख	hansamukh
pret (de), plezier (het)	उत्सव (m)	utsav

glimlach (de)	मुस्कान (f)	muskān
glimlachen (ww)	मुस्कुराना	muskurāna
beginnen te lachen (ww)	हसना शुरू करना	hansana shurū karana
lachen (ww)	हसना	hansana
lach (de)	हंसी (f)	hansī

mop (de)	चुटकुला (f)	chutakula
grappig (een ~ verhaal)	मज़ाकीय	mazākīy
grappig (~e clown)	हास्यास्प्रद	hāsyāsprad

grappen maken (ww)	मज़ाक करना	mazāk karana
grap (de)	लतीफ़ा (f)	latīfa
blijheid (de)	खुशी (f)	khushī
blij zijn (ww)	खुश होना	khush hona
blij (bn)	खुश	khush

65. Discussie, conversatie. Deel 1

communicatie (de)	संवाद (m)	sanvād
communiceren (ww)	संवाद करना	sanvād karana

conversatie (de)	बातचीत (f)	bātachīt
dialoog (de)	बातचीत (f)	bātachīt
discussie (de)	चर्चा (f)	charcha
debat (het)	बहस (f)	bahas
debatteren, twisten (ww)	बहस करना	bahas karana

gesprekspartner (de)	वार्ताकार (m)	vārtākār
thema (het)	विषय (m)	vishay

standpunt (het)	दृष्टिकोण (m)	drshtikon
mening (de)	राय (f)	rāy
toespraak (de)	भाषण (m)	bhāshan

bespreking (de)	चर्चा (f)	charcha
bespreken (spreken over)	चर्चा करना	charcha karana
gesprek (het)	बातचीत (f)	bātachīt
spreken (converseren)	बात करना	bāt karana
ontmoeting (de)	भेंट (f)	bhent
ontmoeten (ww)	मिलना	milana

spreekwoord (het)	लोकोक्ति (f)	lokokti
gezegde (het)	कहावत (f)	kahāvat
raadsel (het)	पहेली (f)	pahelī
een raadsel opgeven	पहेली पूछना	pahelī pūchhana
wachtwoord (het)	पासवर्ड (m)	pāsavard
geheim (het)	भेद (m)	bhed

eed (de)	शपथ (f)	shapath
zweren (een eed doen)	शपथ लेना	shapath lena
belofte (de)	वचन (m)	vachan
beloven (ww)	वचन देना	vachan dena

advies (het)	सलाह (f)	salāh
adviseren (ww)	सलाह देना	salāh dena
luisteren (gehoorzamen)	कहना मानना	kahana mānana

nieuws (het)	समाचार (m)	samāchār
sensatie (de)	सनसनी (f)	sanasanī
informatie (de)	सूचना (f)	sūchana
conclusie (de)	निष्कर्ष (m)	nishkarsh
stem (de)	आवाज़ (f)	āvāz
compliment (het)	प्रशंसा (m)	prashansa
vriendelijk (bn)	दयालु	dayālu

woord (het)	शब्द (m)	shabd
zin (de), zinsdeel (het)	जुमला (m)	jumala
antwoord (het)	जवाब (m)	javāb

| waarheid (de) | सच (f) | sach |
| leugen (de) | झूठ (f) | jhūth |

gedachte (de)	ख्याल (f)	khyāl
idee (de/het)	विचार (f)	vichār
fantasie (de)	कल्पना (f)	kalpana

66. Discussie, conversatie. Deel 2

gerespecteerd (bn)	आदरणीय	ādaranīy
respecteren (ww)	आदर करना	ādar karana
respect (het)	इज़्ज़त (m)	izzat
Geachte ... (brief)	माननीय	mānanīy
voorstellen (Mag ik jullie ~)	परिचय देना	parichay dena
intentie (de)	इरादा (m)	irāda

intentie hebben (ww)	इरादा करना	irāda karana
wens (de)	इच्छा (f)	ichchha
wensen (ww)	इच्छा करना	ichchha karana
verbazing (de)	हैरानी (f)	hairānī
verbazen (verwonderen)	हैरान करना	hairān karana
verbaasd zijn (ww)	हैरान होना	hairān hona
geven (ww)	देना	dena
nemen (ww)	लेना	lena
teruggeven (ww)	वापस देना	vāpas dena
retourneren (ww)	वापस करना	vāpas karana
zich verontschuldigen	माफ़ी मांगना	māfī māngana
verontschuldiging (de)	माफ़ी (f)	māfī
vergeven (ww)	क्षमा करना	kshama karana
spreken (ww)	बात करना	bāt karana
luisteren (ww)	सुनना	sunana
aanhoren (ww)	सुन लेना	sun lena
begrijpen (ww)	समझना	samajhana
tonen (ww)	दिखाना	dikhāna
kijken naar ...	देखना	dekhana
roepen (vragen te komen)	बुलाना	bulāna
storen (lastigvallen)	परेशान करना	pareshān karana
doorgeven (ww)	भिजवाना	bhijavāna
verzoek (het)	प्रार्थना (f)	prārthana
verzoeken (ww)	अनुरोध करना	anurodh karana
eis (de)	मांग (f)	māng
eisen (met klem vragen)	माँगना	māngana
beledigen (beledigende namen geven)	चिढ़ाना	chirhāna
uitlachen (ww)	मज़ाक उड़ाना	mazāk urāna
spot (de)	मज़ाक (m)	mazāk
bijnaam (de)	मुंह बोला नाम (m)	munh bola nām
zinspeling (de)	इशारा (m)	ishāra
zinspelen (ww)	इशारा करना	ishāra karana
impliceren (duiden op)	मतलब होना	matalab hona
beschrijving (de)	वर्णन (m)	varnan
beschrijven (ww)	वर्णन करना	varnan karana
lof (de)	प्रशंसा (m)	prashansa
loven (ww)	प्रशंसा करना	prashansa karana
teleurstelling (de)	निराशा (m)	nirāsha
teleurstellen (ww)	निराश करना	nirāsh karana
teleurgesteld zijn (ww)	निराश होना	nirāsh hona
veronderstelling (de)	अंदाज़ा (m)	andāza
veronderstellen (ww)	अंदाज़ा करना	andāza karana
waarschuwing (de)	चेतावनी (f)	chetāvanī
waarschuwen (ww)	चेतावनी देना	chetāvanī dena

67. Discussie, conversatie. Deel 3

aanpraten (ww)	मना लेना	mana lena
kalmeren (kalm maken)	शांत करना	shānt karana
stilte (de)	ख़ामोशी (f)	khāmoshī
zwijgen (ww)	चुप रहना	chup rahana
fluisteren (ww)	फुसफुसाना	fusafusāna
gefluister (het)	फुसफुस (m)	fusafus
open, eerlijk (bw)	साफ़ साफ़	sāf sāf
volgens mij ...	मेरे ख़्याल में ...	mere khyāl men ...
detail (het)	विस्तार (m)	vistār
gedetailleerd (bn)	विस्तृत	vistrt
gedetailleerd (bw)	विस्तार से	vistār se
hint (de)	सुराग़ (m)	surāg
een hint geven	सुराग़ देना	surāg dena
blik (de)	नज़र (m)	nazar
een kijkje nemen	देखना	dekhana
strak (een ~ke blik)	स्थिर	sthir
knipperen (ww)	झपकना	jhapakana
knipogen (ww)	आँख मारना	ānkh mārana
knikken (ww)	सिर हिलाना	sir hilāna
zucht (de)	आह (f)	āh
zuchten (ww)	आह भरना	āh bharana
huiveren (ww)	काँपना	kānpana
gebaar (het)	इशारा (m)	ishāra
aanraken (ww)	छू	chhūa
grijpen (ww)	पकड़ना	pakarana
een schouderklopje geven	थपथपाना	thapathapāna
Kijk uit!	ख़बरदार!	khabaradār!
Echt?	सचमुच?	sachamuch?
Bent je er zeker van?	क्या तुम्हें यक़ीन है?	kya tumhen yaqīn hai?
Succes!	सफल हो!	safal ho!
Juist, ja!	समझ आया!	samajh āya!
Wat jammer!	अफ़सोस की बात है!	afasos kī bāt hai!

68. Overeenstemming. Weigering

instemming (het)	सहमति (f)	sahamati
instemmen (akkoord gaan)	राज़ी होना	rāzī hona
goedkeuring (de)	स्वीकृति (f)	svīkrti
goedkeuren (ww)	स्वीकार करना	svīkār karana
weigering (de)	इन्कार (m)	inkār
weigeren (ww)	इन्कार करना	inkār karana
Geweldig!	बहुत बढ़िया!	bahut barhiya!
Goed!	अच्छा है!	achchha hai!

Akkoord!	ठीक!	thīk!
verboden (bn)	वर्जित	varjit
het is verboden	मना है	mana hai
het is onmogelijk	सम्भव नहीं	sambhav nahin
onjuist (bn)	ग़लत	galat

afwijzen (ww)	अस्वीकार करना	asvīkār karana
steunen	समर्थन करना	samarthan karana
(een goed doel, enz.)		
aanvaarden (excuses ~)	स्वीकार करना	svīkār karana

| bevestigen (ww) | पुष्टि करना | pushti karana |
| bevestiging (de) | पुष्टि (f) | pushti |

toestemming (de)	अनुमति (f)	anumati
toestaan (ww)	अनुमति देना	anumati dena
beslissing (de)	फ़ैसला (m)	faisala
z'n mond houden (ww)	चुप रहना	chup rahana

voorwaarde (de)	हालत (m)	hālat
smoes (de)	बहाना (m)	bahāna
lof (de)	प्रशंसा (m)	prashansa
loven (ww)	तारीफ़ करना	tārīf karana

69. Succes. Veel geluk. Mislukking

succes (het)	सफलता (f)	safalata
succesvol (bw)	सफलतापूर्वक	safalatāpūrvak
succesvol (bn)	सफल	safal

| geluk (het) | सौभाग्य (m) | saubhāgy |
| Succes! | सफल हो! | safal ho! |

| geluks- (bn) | भाग्यशाली | bhāgyashālī |
| gelukkig (fortuinlijk) | भाग्यशाली | bhāgyashālī |

mislukking (de)	विफलता (f)	vifalata
tegenslag (de)	नाकामयाबी (f)	nākāmayābī
pech (de)	दुर्भाग्य (m)	durbhāgy

| zonder succes (bn) | असफल | asafal |
| catastrofe (de) | दुर्घटना (f) | durghatana |

fierheid (de)	गर्व (m)	garv
fier (bn)	गर्व	garv
fier zijn (ww)	गर्व करना	garv karana

| winnaar (de) | विजेता (m) | vijeta |
| winnen (ww) | जीतना | jītana |

verliezen (ww)	हार जाना	hār jāna
poging (de)	कोशिश (f)	koshish
pogen, proberen (ww)	कोशिश करना	koshish karana
kans (de)	मौक़ा (m)	mauqa

70. Ruzies. Negatieve emoties

schreeuw (de)	चिल्लाहट (f)	chillāhat
schreeuwen (ww)	चिल्लाना	chillāna
beginnen te schreeuwen	चीखना	chīkhana
ruzie (de)	झगड़ा (m)	jhagara
ruzie hebben (ww)	झगड़ना	jhagarana
schandaal (het)	झगड़ा (m)	jhagara
schandaal maken (ww)	झगड़ना	jhagarana
conflict (het)	टकराव (m)	takarāv
misverstand (het)	ग़लतफ़हमी (m)	galatafahamī
belediging (de)	अपमान (m)	apamān
beledigen (met scheldwoorden)	अपमान करना	apamān karana
beledigd (bn)	अपमानित	apamānit
krenking (de)	द्वेष (f)	dvesh
krenken (beledigen)	नाराज़ करना	nārāz karana
gekwetst worden (ww)	बुरा मानना	bura mānana
verontwaardiging (de)	क्रोध (m)	krodh
verontwaardigd zijn (ww)	ग़ुस्से में आना	gusse men āna
klacht (de)	शिकायत (f)	shikāyat
klagen (ww)	शिकायत करना	shikāyat karana
verontschuldiging (de)	माफ़ी (f)	māfī
zich verontschuldigen	माफ़ी मांगना	māfī māngana
excuus vragen	क्षमा मांगना	kshama māngana
kritiek (de)	आलोचना (f)	ālochana
bekritiseren (ww)	आलोचना करना	ālochana karana
beschuldiging (de)	आरोप (m)	ārop
beschuldigen (ww)	आरोप लगाना	ārop lagāna
wraak (de)	बदला (m)	badala
wreken (ww)	बदला लेना	badala lena
wraak nemen (ww)	बदला लेना	badala lena
minachting (de)	नफ़रत (m)	nafarat
minachten (ww)	नफ़रत करना	nafarat karana
haat (de)	नफ़रत (m)	nafarat
haten (ww)	नफ़रत करना	nafarat karana
zenuwachtig (bn)	घबराना	ghabarāna
zenuwachtig zijn (ww)	घबराना	ghabarāna
boos (bn)	नाराज़	nārāz
boos maken (ww)	नाराज़ करना	nārāz karana
vernedering (de)	बेइज़्ज़ती (f)	bezzatī
vernederen (ww)	निरादर करना	nirādar karana
zich vernederen (ww)	अपमान होना	apamān hona
schok (de)	हैरानी (f)	hairānī
schokken (ww)	हैरान होना	hairān hona

onaangenaamheid (de)	परेशानियाँ (f)	pareshāniyān
onaangenaam (bn)	अप्रिय	apriy

vrees (de)	डर (f)	dar
vreselijk (bijv. ~ onweer)	भयानक	bhayānak
eng (bn)	भयंकर	bhayankar
gruwel (de)	दहशत (f)	dahashat
vreselijk (~ nieuws)	भयानक	bhayānak

huilen (wenen)	रोना	rona
beginnen te huilen (wenen)	रोने लगना	rone lagana
traan (de)	आँसु (f)	ānsu

schuld (~ geven aan)	ग़लती (f)	galatī
schuldgevoel (het)	दोष का एहसास (m)	dosh ka ehasās
schande (de)	बदनामी (f)	badanāmī
protest (het)	विरोध (m)	virodh
stress (de)	तनाव (m)	tanāv

storen (lastigvallen)	परेशान करना	pareshān karana
kwaad zijn (ww)	गुस्सा करना	gussa karana
kwaad (bn)	क्रोधित	krodhit
beëindigen (een relatie ~)	ख़त्म करना	khatm karana
vloeken (ww)	कसम खाना	kasam khāna

schrikken (schrik krijgen)	डराना	darāna
slaan (iemand ~)	मारना	mārana
vechten (ww)	झगड़ना	jhagarana

regelen (conflict)	सुलझाना	sulajhāna
ontevreden (bn)	असंतुष्ट	asantusht
woedend (bn)	गुस्सा	gussa

Dat is niet goed!	यह ठीक नहीं!	yah thīk nahin!
Dat is slecht!	यह बुरा है!	yah bura hai!

Geneeskunde

71. Ziekten

ziekte (de)	बीमारी (f)	bīmārī
ziek zijn (ww)	बीमार होना	bīmār hona
gezondheid (de)	सेहत (f)	sehat
snotneus (de)	नज़ला (m)	nazala
angina (de)	टॉन्सिल (m)	tonsil
verkoudheid (de)	ज़ुकाम (f)	zukām
verkouden raken (ww)	ज़ुकाम हो जाना	zukām ho jāna
bronchitis (de)	ब्रॉन्काइटिस (m)	bronkaitis
longontsteking (de)	निमोनिया (f)	nimoniya
griep (de)	फ़्लू (m)	flū
bijziend (bn)	कमबीन	kamabīn
verziend (bn)	कमज़ोर दूरदृष्टि	kamazor dūradrshti
scheelheid (de)	तिरछी नज़र (m)	tirachhī nazar
scheel (bn)	तिरछी नज़रवाला	tirachhī nazaravāla
grauwe staar (de)	मोतिया बिंद (m)	motiya bind
glaucoom (het)	काला मोतिया (m)	kāla motiya
beroerte (de)	स्ट्रोक (m)	strok
hartinfarct (het)	दिल का दौरा (m)	dil ka daura
myocardiaal infarct (het)	मायोकार्डियल इन्फ़ार्क्शन (m)	māyokārdiyal infārkshan
verlamming (de)	लकवा (m)	lakava
verlammen (ww)	लक़वा मारना	laqava mārana
allergie (de)	एलर्जी (f)	elarjī
astma (de/het)	दमा (f)	dama
diabetes (de)	शूगर (f)	shūgar
tandpijn (de)	दाँत दर्द (m)	dānt dard
tandbederf (het)	दाँत में कीड़ा (m)	dānt men kīra
diarree (de)	दस्त (m)	dast
constipatie (de)	कब्ज़ (m)	kabz
maagstoornis (de)	पेट ख़राब (m)	pet kharāb
voedselvergiftiging (de)	ख़राब खाने से हुई बीमारी (f)	kharāb khāne se huī bīmārī
voedselvergiftiging oplopen	ख़राब खाने से बीमार पड़ना	kharāb khāne se bīmār parana
artritis (de)	गठिया (m)	gathiya
rachitis (de)	बालवक्र (m)	bālavakr
reuma (het)	आमवात (m)	āmavāt
arteriosclerose (de)	धमनीकलाकाठिन्य (m)	dhamanīkalākāthiny
gastritis (de)	जठर-शोथ (m)	jathar-shoth
blindedarmontsteking (de)	उण्डुक-शोथ (m)	unduk-shoth

| galblaasontsteking (de) | पित्ताशय (m) | pittāshay |
| zweer (de) | अल्सर (m) | alsar |

mazelen (mv.)	मीज़ल्स (m)	mīzals
rodehond (de)	जर्मन मीज़ल्स (m)	jarman mīzals
geelzucht (de)	पीलिया (m)	pīliya
leverontsteking (de)	हेपेटाइटिस (m)	hepetaitis

schizofrenie (de)	शीज़ोफ्रेनीय (f)	shīzofrenīy
dolheid (de)	रेबीज़ (m)	rebīz
neurose (de)	न्यूरोसिस (m)	nyūrosis
hersenschudding (de)	आघात (m)	āghāt

kanker (de)	कर्क रोग (m)	kark rog
sclerose (de)	काठिन्य (m)	kāthiny
multiple sclerose (de)	मल्टीपल स्क्लेरोसिस (m)	maltīpal sklerosis

alcoholisme (het)	शराबीपन (m)	sharābīpan
alcoholicus (de)	शराबी (m)	sharābī
syfilis (de)	सीफ़िलिस (m)	sīfilis
AIDS (de)	ऐड्स (m)	aids

tumor (de)	ट्यूमर (m)	tyūmar
kwaadaardig (bn)	घातक	ghātak
goedaardig (bn)	अर्बुद	arbud

koorts (de)	बुखार (m)	bukhār
malaria (de)	मलेरिया (f)	maleriya
gangreen (het)	गैन्ग्रीन (m)	gaingrīn
zeeziekte (de)	जहाज़ी मतली (f)	jahāzī matalī
epilepsie (de)	मिरगी (f)	miragī

epidemie (de)	महामारी (f)	mahāmārī
tyfus (de)	टाइफ़स (m)	taifas
tuberculose (de)	टीबी (m)	tībī
cholera (de)	हैज़ा (f)	haiza
pest (de)	प्लेग (f)	pleg

72. Symptomen. Behandelingen. Deel 1

symptoom (het)	लक्षण (m)	lakshan
temperatuur (de)	तापमान (m)	tāpamān
verhoogde temperatuur (de)	बुखार (f)	bukhār
polsslag (de)	नब्ज़ (f)	nabz

duizeling (de)	सिर का चक्कर (m)	sir ka chakkar
heet (erg warm)	गरम	garam
koude rillingen (mv.)	कंपकंपी (f)	kampakampī
bleek (bn)	पीला	pīla

hoest (de)	खाँसी (f)	khānsī
hoesten (ww)	खाँसना	khānsana
niezen (ww)	छींकना	chhīnkana
flauwte (de)	बेहोशी (f)	behoshī

flauwvallen (ww)	बेहोश होना	behosh hona
blauwe plek (de)	नील (m)	nīl
buil (de)	गुमड़ा (m)	gumara
zich stoten (ww)	चोट लगना	chot lagana
kneuzing (de)	चोट (f)	chot
kneuzen (gekneusd zijn)	घाव लगना	ghāv lagana
hinken (ww)	लँगड़ाना	langarāna
verstuiking (de)	हड्डी खिसकना (f)	haddī khisakana
verstuiken (enkel, enz.)	हड्डी खिसकना	haddī khisakana
breuk (de)	हड्डी टूट जाना (f)	haddī tūt jāna
een breuk oplopen	हड्डी टूट जाना	haddī tūt jāna
snijwond (de)	कट जाना (m)	kat jāna
zich snijden (ww)	ख़ुद को काट लेना	khud ko kāt lena
bloeding (de)	रक्त-स्राव (m)	rakt-srāv
brandwond (de)	जला होना	jala hona
zich branden (ww)	जल जाना	jal jāna
prikken (ww)	चुभाना	chubhāna
zich prikken (ww)	ख़ुद को चुभाना	khud ko chubhāna
blesseren (ww)	घायल करना	ghāyal karana
blessure (letsel)	चोट (f)	chot
wond (de)	घाव (m)	ghāv
trauma (het)	चोट (f)	chot
IJlen (ww)	बेहोशी में बड़बड़ाना	behoshī men barabadāna
stotteren (ww)	हकलाना	hakalāna
zonnesteek (de)	धूप आघात (m)	dhūp āghāt

73. Symptomen. Behandelingen. Deel 2

pijn (de)	दर्द (f)	dard
splinter (de)	चुभ जाना (m)	chubh jāna
zweet (het)	पसीना (f)	pasīna
zweten (ww)	पसीना निकलना	pasīna nikalana
braking (de)	वमन (m)	vaman
stuiptrekkingen (mv.)	दौरा (m)	daura
zwanger (bn)	गर्भवती	garbhavatī
geboren worden (ww)	जन्म लेना	janm lena
geboorte (de)	पैदा करना (m)	paida karana
baren (ww)	पैदा करना	paida karana
abortus (de)	गर्भपात (m)	garbhapāt
ademhaling (de)	साँस (f)	sāns
inademing (de)	साँस अंदर खींचना (f)	sāns andar khīnchana
uitademing (de)	साँस बाहर छोड़ना (f)	sāns bāhar chhorana
uitademen (ww)	साँस बाहर छोड़ना	sāns bāhar chhorana
inademen (ww)	साँस अंदर खींचना	sāns andar khīnchana
invalide (de)	अपाहिज (m)	apāhij
gehandicapte (de)	लूला (m)	lūla

drugsverslaafde (de)	नशेबाज़ (m)	nashebāz
doof (bn)	बहरा	bahara
stom (bn)	गूँगा	gūnga
doofstom (bn)	बहरा और गूँगा	bahara aur gūnga

krankzinnig (bn)	पागल	pāgal
krankzinnige (man)	पगला (m)	pagala
krankzinnige (vrouw)	पगली (f)	pagalī
krankzinnig worden	पागल हो जाना	pāgal ho jāna

gen (het)	वंशाणु (m)	vanshānu
immuniteit (de)	रोग प्रतिरोधक शक्ति (f)	rog pratirodhak shakti
erfelijk (bn)	जन्मजात	janmajāt
aangeboren (bn)	पैदाइशी	paidaishī

virus (het)	विषाणु (m)	vishānu
microbe (de)	कीटाणु (m)	kītānu
bacterie (de)	जीवाणु (m)	jīvānu
infectie (de)	संक्रमण (m)	sankraman

74. Symptomen. Behandelingen. Deel 3

ziekenhuis (het)	अस्पताल (m)	aspatāl
patiënt (de)	मरीज़ (m)	marīz

diagnose (de)	रोग-निर्णय (m)	rog-nirnay
genezing (de)	इलाज (m)	ilāj
medische behandeling (de)	चिकित्सीय उपचार (m)	chikitsīy upachār
onder behandeling zijn	इलाज कराना	ilāj karāna
behandelen (ww)	इलाज करना	ilāj karana
zorgen (zieken ~)	देखभाल करना	dekhabhāl karana
ziekenzorg (de)	देखभाल (f)	dekhabhāl

operatie (de)	ऑपरेशन (m)	opareshan
verbinden (een arm ~)	पट्टी बाँधना	pattī bāndhana
verband (het)	पट्टी (f)	pattī

vaccin (het)	टीका (m)	tīka
inenten (vaccineren)	टीका लगाना	tīka lagāna
injectie (de)	इंजेक्शन (m)	injekshan
een injectie geven	इंजेक्शन लगाना	injekshan lagāna

amputatie (de)	अंगविच्छेद (f)	angavichchhed
amputeren (ww)	अंगविच्छेद करना	angavichchhed karana
coma (het)	कोमा (m)	koma
in coma liggen	कोमा में चले जाना	koma men chale jāna
intensieve zorg, ICU (de)	गहन चिकित्सा (f)	gahan chikitsa

zich herstellen (ww)	ठीक हो जाना	thīk ho jāna
toestand (de)	हालत (m)	hālat
bewustzijn (het)	होश (m)	hosh
geheugen (het)	याददाश्त (f)	yādadāsht
trekken (een kies ~)	दाँत निकालना	dānt nikālana
vulling (de)	भराव (m)	bharāv

vullen (ww)	दाँत को भरना	dānt ko bharana
hypnose (de)	हिपनोसिस (m)	hipanosis
hypnotiseren (ww)	हिपनोटाइज़ करना	hipanotaiz karana

75. Artsen

dokter, arts (de)	डॉक्टर (m)	doktar
ziekenzuster (de)	नर्स (m)	nars
lijfarts (de)	निजी डॉक्टर (m)	nijī doktar

tandarts (de)	दंत-चिकित्सक (m)	dant-chikitsak
oogarts (de)	आँखों का डॉक्टर (m)	ānkhon ka doktar
therapeut (de)	चिकित्सक (m)	chikitsak
chirurg (de)	शल्य-चिकित्सक (m)	shaly-chikitsak

psychiater (de)	मनोरोग चिकित्सक (m)	manorog chikitsak
pediater (de)	बाल-चिकित्सक (m)	bāl-chikitsak
psycholoog (de)	मनोवैज्ञानिक (m)	manovaigyānik
gynaecoloog (de)	प्रसूतिशास्री (f)	prasūtishāsrī
cardioloog (de)	हृदय रोग विशेषज्ञ (m)	hrday rog visheshagy

76. Geneeskunde. Medicijnen. Accessoires

geneesmiddel (het)	दवा (f)	dava
middel (het)	दवाई (f)	davaī
voorschrijven (ww)	नुसख़ा लिखना	nusakha likhana
recept (het)	नुसख़ा (m)	nusakha

tablet (de/het)	गोली (f)	golī
zalf (de)	मरहम (m)	maraham
ampul (de)	एम्प्यूल (m)	empyūl
drank (de)	सिरप (m)	sirap
siroop (de)	शरबत (m)	sharabat
pil (de)	गोली (f)	golī
poeder (de/het)	चूरन (m)	chūran

verband (het)	पट्टी (f)	pattī
watten (mv.)	रूई का गोला (m)	rūī ka gola
jodium (het)	आयोडीन (m)	āyodīn
pleister (de)	बैंड-एड (m)	baind-ed
pipet (de)	आई-ड्रॉपर (m)	āī-dropar
thermometer (de)	थर्मामीटर (m)	tharamāmītar
spuit (de)	इंजेक्शन (m)	injekshan

| rolstoel (de) | व्हीलचेयर (f) | vhīlacheyar |
| krukken (mv.) | बैसाखी (m pl) | baisākhī |

pijnstiller (de)	दर्द-निवारक (f)	dard-nivārak
laxeermiddel (het)	जुलाब की गोली (f)	julāb kī golī
spiritus (de)	स्पिरिट (m)	spirit
medicinale kruiden (mv.)	जड़ी-बूटी (f)	jarī-būtī
kruiden- (abn)	जड़ी-बूटियों से बना	jarī-būtiyon se bana

77. Roken. Tabaksproducten

tabak (de)	तम्बाकू (m)	tambākū
sigaret (de)	सिगरेट (m)	sigaret
sigaar (de)	सिगार (m)	sigār
pijp (de)	पाइप (f)	paip
pakje (~ sigaretten)	पैक (m)	paik
lucifers (mv.)	माचिस (f pl)	māchis
luciferdoosje (het)	माचिस का डिब्बा (m)	māchis ka dibba
aansteker (de)	लाइटर (f)	laitar
asbak (de)	राखदानी (f)	rākhadānī
sigarettendoosje (het)	सिगरेट केस (m)	sigaret kes
sigarettenpijpje (het)	सिगरेट होलडर (m)	sigaret holadar
filter (de/het)	फ़िल्टर (m)	filtar
roken (ww)	धूम्रपान करना	dhumrapān karana
een sigaret opsteken	सिगरेट जलाना	sigaret jalāna
roken (het)	धूम्रपान (m)	dhumrapān
roker (de)	धूम्रपान करने वाला (m)	dhūmrapān karane vāla
peuk (de)	सिगरेट का बचा हुआ टुकड़ा (m)	sigaret ka bacha hua tukara
rook (de)	सिगरेट का धुँआ (m)	sigaret ka dhuna
as (de)	राख (m)	rākh

HET MENSELIJKE LEEFGEBIED

Stad

78. Stad. Het leven in de stad

stad (de)	नगर (m)	nagar
hoofdstad (de)	राजधानी (f)	rājadhānī
dorp (het)	गांव (m)	gānv
plattegrond (de)	नगर का नक्शा (m)	nagar ka naksha
centrum (ov. een stad)	नगर का केन्द्र (m)	nagar ka kendr
voorstad (de)	उपनगर (m)	upanagar
voorstads- (abn)	उपनगरिक	upanagarik
randgemeente (de)	बाहरी इलाका (m)	bāharī ilāka
omgeving (de)	इर्दगिर्द के इलाके (m pl)	irdagird ke ilāke
blok (huizenblok)	सेक्टर (m)	sektar
woonwijk (de)	मुहल्ला (m)	muhalla
verkeer (het)	यातायात (f)	yātāyāt
verkeerslicht (het)	यातायात सिग्नल (m)	yātāyāt signal
openbaar vervoer (het)	जन परिवहन (m)	jan parivahan
kruispunt (het)	चौराहा (m)	chaurāha
zebrapad (oversteekplaats)	ज़ेबरा क्रॉसिंग (f)	zebara krosing
onderdoorgang (de)	पैदल यात्रियों के लिए अंडरपास (f)	paidal yātriyon ke lie andarapās
oversteken (de straat ~)	सड़क पार करना	sarak pār karana
voetganger (de)	पैदल-यात्री (m)	paidal-yātrī
trottoir (het)	फुटपाथ (m)	futapāth
brug (de)	पुल (m)	pul
dijk (de)	तट (m)	tat
fontein (de)	फौवारा (m)	fauvāra
allee (de)	छायापथ (f)	chhāyāpath
park (het)	पार्क (m)	pārk
boulevard (de)	चौड़ी सड़क (m)	chaurī sarak
plein (het)	मैदान (m)	maidān
laan (de)	मार्ग (m)	mārg
straat (de)	सड़क (f)	sarak
zijstraat (de)	गली (f)	galī
doodlopende straat (de)	बंद गली (f)	band galī
huis (het)	मकान (m)	makān
gebouw (het)	इमारत (f)	imārat
wolkenkrabber (de)	गगनचुंबी भवन (f)	gaganachumbī bhavan
gevel (de)	अगवाड़ा (m)	agavāra

dak (het)	छत (f)	chhat
venster (het)	खिड़की (f)	khirakī
boog (de)	मेहराब (m)	meharāb
pilaar (de)	स्तंभ (m)	stambh
hoek (ov. een gebouw)	कोना (m)	kona

vitrine (de)	दुकान का शो-केस (m)	dukān ka sho-kes
gevelreclame (de)	साईनबोर्ड (m)	saīnabord
affiche (de/het)	पोस्टर (m)	postar
reclameposter (de)	विज्ञापन पोस्टर (m)	vigyāpan postar
aanplakbord (het)	बिलबोर्ड (m)	bilabord

vuilnis (de/het)	कूड़ा (m)	kūra
vuilnisbak (de)	कूड़े का डिब्बा (m)	kūre ka dibba
afval weggooien (ww)	कूड़ा-कर्कट डालना	kūra-karkat dālana
stortplaats (de)	डम्पिंग ग्राउंड (m)	damping graund

telefooncel (de)	फ़ोन बूथ (m)	fon būth
straatlicht (het)	बिजली का खंभा (m)	bijalī ka khambha
bank (de)	पार्क-बेंच (f)	pārk-bench

politieagent (de)	पुलिसवाला (m)	pulisavāla
politie (de)	पुलिस (m)	pulis
zwerver (de)	भिखारी (m)	bhikhārī
dakloze (de)	बेघर (m)	beghar

79. Stedelijke instellingen

winkel (de)	दुकान (f)	dukān
apotheek (de)	दवाख़ाना (m)	davākhāna
optiek (de)	चश्मे की दुकान (f)	chashme kī dukān
winkelcentrum (het)	शॉपिंग मॉल (m)	shoping mol
supermarkt (de)	सुपर बाज़ार (m)	supar bāzār

bakkerij (de)	बेकरी (f)	bekarī
bakker (de)	बेकर (m)	bekar
banketbakkerij (de)	टॉफ़ी की दुकान (f)	tofī kī dukān
kruidenier (de)	परचून की दुकान (f)	parachūn kī dukān
slagerij (de)	गोश्त की दुकान (f)	gosht kī dukān

groentewinkel (de)	सब्ज़ियों की दुकान (f)	sabziyon kī dukān
markt (de)	बाज़ार (m)	bāzār

koffiehuis (het)	काफ़ी हाउस (m)	kāfī haus
restaurant (het)	रेस्टरॉं (m)	restarān
bar (de)	शराबख़ाना (m)	sharābakhāna
pizzeria (de)	पिट्ज़ा की दुकान (f)	pitza kī dukān

kapperssalon (de/het)	नाई की दुकान (f)	naī kī dukān
postkantoor (het)	डाकघर (m)	dākaghar
stomerij (de)	ड्राइक्लीनर (m)	draiklīnar
fotostudio (de)	फ़ोटो की दुकान (f)	foto kī dukān
schoenwinkel (de)	जूते की दुकान (f)	jūte kī dukān
boekhandel (de)	किताबों की दुकान (f)	kitābon kī dukān

sportwinkel (de)	खेलकूद की दुकान (f)	khelakūd kī dukān
kledingreparatie (de)	कपड़ों की मरम्मत की दुकान (f)	kaparon kī marammat kī dukān
kledingverhuur (de)	कपड़ों को किराए पर देने की दुकान (f)	kaparon ko kirae par dene kī dukān
videotheek (de)	वीडियो रेन्टल दुकान (f)	vīdiyo rental dukān

circus (de/het)	सर्कस (m)	sarkas
dierentuin (de)	चिड़ियाघर (m)	chiriyāghar
bioscoop (de)	सिनेमाघर (m)	sinemāghar
museum (het)	संग्रहालय (m)	sangrahālay
bibliotheek (de)	पुस्तकालय (m)	pustakālay

theater (het)	रंगमंच (m)	rangamanch
opera (de)	ओपेरा (m)	opera
nachtclub (de)	नाईट क्लब (m)	naīt klab
casino (het)	केसिनो (m)	kesino

moskee (de)	मस्जिद (m)	masjid
synagoge (de)	सीनागोग (m)	sīnāgog
kathedraal (de)	गिरजाघर (m)	girajāghar
tempel (de)	मंदिर (m)	mandir
kerk (de)	गिरजाघर (m)	girajāghar

instituut (het)	कॉलेज (m)	kolej
universiteit (de)	विश्वविद्यालय (m)	vishvavidyālay
school (de)	विद्यालय (m)	vidyālay

gemeentehuis (het)	प्रशासक प्रान्त (m)	prashāsak prānt
stadhuis (het)	सिटी हॉल (m)	sitī hol
hotel (het)	होटल (f)	hotal
bank (de)	बैंक (m)	baink

ambassade (de)	दूतावस (m)	dūtāvas
reisbureau (het)	पर्यटन आफ़िस (m)	paryatan āfis
informatieloket (het)	पूछताछ कार्यालय (m)	pūchhatāchh kāryālay
wisselkantoor (het)	मुद्रालय (m)	mudrālay

| metro (de) | मेट्रो (m) | metro |
| ziekenhuis (het) | अस्पताल (m) | aspatāl |

| benzinestation (het) | पेट्रोल पम्प (f) | petrol pamp |
| parking (de) | पार्किंग (f) | pārking |

80. Borden

gevelreclame (de)	साईनबोर्ड (m)	saīnabord
opschrift (het)	दुकान का साईन (m)	dukān ka saīn
poster (de)	पोस्टर (m)	postar
wegwijzer (de)	दिशा संकेतक (m)	disha sanketak
pijl (de)	तीर दिशा संकेतक (m)	tīr disha sanketak

| waarschuwing (verwittiging) | चेतावनी (f) | chetāvanī |
| waarschuwingsbord (het) | चेतावनी संकेतक (m) | chetāvanī sanketak |

waarschuwen (ww)	चेतावनी देना	chetāvanī dena
vrije dag (de)	छुट्टी का दिन (m)	chhuttī ka din
dienstregeling (de)	समय सारणी (f)	samay sāranī
openingsuren (mv.)	खुलने का समय (m)	khulane ka samay
WELKOM!	आपका स्वागत है!	āpaka svāgat hai!
INGANG	प्रवेश	pravesh
UITGANG	निकास	nikās
DUWEN	धक्का दें	dhakka den
TREKKEN	खींचे	khīnche
OPEN	खुला	khula
GESLOTEN	बद	band
DAMES	औरतों के लिये	auraton ke liye
HEREN	आदमियों के लिये	ādamiyon ke liye
KORTING	डिस्काउन्ट	diskaunt
UITVERKOOP	सेल	sel
NIEUW!	नया!	naya!
GRATIS	मुफ्त	muft
PAS OP!	ध्यान दें!	dhyān den!
VOLGEBOEKT	कोई जगह खाली नहीं है	koī jagah khālī nahin hai
GERESERVEERD	रिज़र्वड	rizarvad
ADMINISTRATIE	प्रशासन	prashāsan
ALLEEN VOOR PERSONEEL	केवल कर्मचारियों के लिए	keval karmachāriyon ke lie
GEVAARLIJKE HOND	कुत्ते से सावधान!	kutte se sāvadhān!
VERBODEN TE ROKEN!	धुम्रपान निषेधा!	dhumrapān nishedh!
NIET AANRAKEN!	छूना मना!	chhūna mana!
GEVAARLIJK	खतरा	khatara
GEVAAR	खतरा	khatara
HOOGSPANNING	उच्च वोल्टेज	uchch voltej
VERBODEN TE ZWEMMEN	तैरना मना!	tairana mana!
BUITEN GEBRUIK	ख़राब	kharāb
ONTVLAMBAAR	ज्वलनशील	jvalanashīl
VERBODEN	निषिद्ध	nishiddh
DOORGANG VERBODEN	प्रवेश निषेधा!	pravesh nishedh!
OPGELET PAS GEVERFD	गीला पेंट	gīla pent

81. Stedelijk vervoer

bus, autobus (de)	बस (f)	bas
tram (de)	ट्रैम (m)	traim
trolleybus (de)	ट्रॉलीबस (f)	trolības
route (de)	मार्ग (m)	mārg
nummer (busnummer, enz.)	नम्बर (m)	nambar
rijden met ...	के माध्यम से जाना	ke mādhyam se jāna
stappen (in de bus ~)	सवार होना	savār hona

afstappen (ww)	उतरना	utarana
halte (de)	बस स्टॉप (m)	bas stop
volgende halte (de)	अगला स्टॉप (m)	agala stop
eindpunt (het)	अंतिम स्टेशन (m)	antim steshan
dienstregeling (de)	समय सारणी (f)	samay sāranī
wachten (ww)	इंतज़ार करना	intazār karana

kaartje (het)	टिकट (m)	tikat
reiskosten (de)	टिकट का किराया (m)	tikat ka kirāya

kassier (de)	कैशियर (m)	kaishiyar
kaartcontrole (de)	टिकट जाँच (f)	tikat jānch
controleur (de)	कंडक्टर (m)	kandaktar

te laat zijn (ww)	देर हो जाना	der ho jāna
missen (de bus ~)	छूट जाना	chhūt jāna
zich haasten (ww)	जल्दी में रहना	jaldī men rahana

taxi (de)	टैक्सी (m)	taiksī
taxichauffeur (de)	टैक्सीवाला (m)	taiksīvāla
met de taxi (bw)	टैक्सी से (m)	taiksī se
taxistandplaats (de)	टैक्सी स्टैंड (m)	taiksī staind
een taxi bestellen	टैक्सी बुलाना	taiksī bulāna
een taxi nemen	टैक्सी लेना	taiksī lena

verkeer (het)	यातायात (f)	yātāyāt
file (de)	ट्रैफ़िक जाम (m)	traifik jām
spitsuur (het)	भीड़ का समय (m)	bhīr ka samay
parkeren (on.ww.)	पार्क करना	pārk karana
parkeren (ov.ww.)	पार्क करना	pārk karana
parking (de)	पार्किंग (f)	pārking

metro (de)	मेट्रो (m)	metro
halte (bijv. kleine treinhalte)	स्टेशन (m)	steshan
de metro nemen	मेट्रो लेना	metro lena
trein (de)	रेलगाड़ी, ट्रेन (f)	relagārī, tren
station (treinstation)	स्टेशन (m)	steshan

82. Bezienswaardigheden

monument (het)	स्मारक (m)	smārak
vesting (de)	किला (m)	kila
paleis (het)	भवन (m)	bhavan
kasteel (het)	महल (m)	mahal
toren (de)	मीनार (m)	mīnār
mausoleum (het)	समाधि (f)	samādhi

architectuur (de)	वस्तुशाला (m)	vastushāla
middeleeuws (bn)	मध्ययुगीय	madhayayugīy
oud (bn)	प्राचीन	prāchīn
nationaal (bn)	राष्ट्रीय	rāshtrīy
bekend (bn)	मशहूर	mashhūr
toerist (de)	पर्यटक (m)	paryatak
gids (de)	गाइड (m)	gaid

rondleiding (de)	पर्यटन यात्रा (m)	paryatan yātra
tonen (ww)	दिखाना	dikhāna
vertellen (ww)	बताना	batāna

vinden (ww)	ढूँढना	dhūnrhana
verdwalen (de weg kwijt zijn)	खो जाना	kho jāna
plattegrond (~ van de metro)	नक्शा (m)	naksha
plattegrond (~ van de stad)	नक्शा (m)	naksha

souvenir (het)	यादगार (m)	yādagār
souvenirwinkel (de)	गिफ्ट शॉप (f)	gift shop
een foto maken (ww)	फोटो खींचना	foto khīnchana
zich laten fotograferen	अपना फ़ोटो खिंचवाना	apana foto khinchavāna

83. Winkelen

kopen (ww)	खरीदना	kharīdana
aankoop (de)	खरीदारी (f)	kharīdārī
winkelen (ww)	खरीदारी करने जाना	kharīdārī karane jāna
winkelen (het)	खरीदारी (f)	kharīdārī

| open zijn (ov. een winkel, enz.) | खुला होना | khula hona |
| gesloten zijn (ww) | बन्द होना | band hona |

schoeisel (het)	जूता (m)	jūta
kleren (mv.)	पोशाक (m)	poshāk
cosmetica (de)	श्रृंगार-सामग्री (f)	shrrngār-sāmagrī
voedingswaren (mv.)	खाने-पीने की चीज़ें (f pl)	khāne-pīne kī chīzen
geschenk (het)	उपहार (m)	upahār

| verkoper (de) | बेचनेवाला (m) | bechanevāla |
| verkoopster (de) | बेचनेवाली (f) | bechanevālī |

kassa (de)	कैश-काउन्टर (m)	kaish-kauntar
spiegel (de)	आईना (m)	āīna
toonbank (de)	काउन्टर (m)	kauntar
paskamer (de)	ट्राई करने का कमरा (m)	traī karane ka kamara

aanpassen (ww)	ट्राई करना	traī karana
passen (ov. kleren)	फिटिंग करना	fiting karana
bevallen (prettig vinden)	पसंद करना	pasand karana

prijs (de)	दाम (m)	dām
prijskaartje (het)	प्राइस टैग (m)	prais taig
kosten (ww)	दाम होना	dām hona
Hoeveel?	कितना?	kitana?
korting (de)	डिस्काउन्ट (m)	diskaunt

niet duur (bn)	सस्ता	sasta
goedkoop (bn)	सस्ता	sasta
duur (bn)	महंगा	mahanga
Dat is duur.	यह महंगा है	yah mahanga hai
verhuur (de)	रेन्टल (m)	rental

huren (smoking, enz.)	किराए पर लेना	kirae par lena
krediet (het)	क्रेडिट (m)	kredit
op krediet (bw)	क्रेडिट पर	kredit par

84. Geld

geld (het)	पैसा (m pl)	paisa
ruil (de)	मुद्रा विनिमय (m)	mudra vinimay
koers (de)	विनिमय दर (m)	vinimay dar
geldautomaat (de)	एटीएम (m)	etīem
muntstuk (de)	सिक्का (m)	sikka

| dollar (de) | डॉलर (m) | dolar |
| euro (de) | यूरो (m) | yūro |

lire (de)	लीरा (f)	līra
Duitse mark (de)	डचमार्क (m)	dachamārk
frank (de)	फ़्रांक (m)	fränk
pond sterling (het)	पाउन्ड स्टरलिंग (m)	paund staraling
yen (de)	येन (m)	yen

schuld (geldbedrag)	कर्ज़ (m)	karz
schuldenaar (de)	कर्ज़दार (m)	qarzadār
uitlenen (ww)	कर्ज़ देना	karz dena
lenen (geld ~)	कर्ज़ लेना	karz lena

bank (de)	बैंक (m)	baink
bankrekening (de)	बैंक खाता (m)	baink khāta
op rekening storten	बैंक खाते में जमा करना	baink khāte men jama karana
opnemen (ww)	खाते से पैसे निकालना	khāte se paise nikālana

kredietkaart (de)	क्रेडिट कार्ड (m)	kredit kārd
baar geld (het)	कैश (m pl)	kaish
cheque (de)	चेक (m)	chek
een cheque uitschrijven	चेक लिखना	chek likhana
chequeboekje (het)	चेकबुक (f)	chekabuk

portefeuille (de)	बटुआ (m)	batua
geldbeugel (de)	बटुआ (m)	batua
safe (de)	लॉकर (m)	lokar

erfgenaam (de)	उत्तराधिकारी (m)	uttarādhikārī
erfenis (de)	उत्तराधिकार (m)	uttarādhikār
fortuin (het)	संपत्ति (f)	sampatti

huur (de)	किराये पर देना (m)	kirāye par dena
huurprijs (de)	किराया (m)	kirāya
huren (huis, kamer)	किराए पर लेना	kirae par lena

prijs (de)	दाम (m)	dām
kostprijs (de)	कीमत (f)	kīmat
som (de)	रक़म (m)	raqam
uitgeven (geld besteden)	खर्च करना	kharch karana
kosten (mv.)	खर्च (m pl)	kharch

bezuinigen (ww)	बचत करना	bachat karana
zuinig (bn)	किफ़ायती	kifāyatī

betalen (ww)	दाम चुकाना	dām chukāna
betaling (de)	भुगतान (m)	bhugatān
wisselgeld (het)	चिल्लर (m)	chillar

belasting (de)	टैक्स (m)	taiks
boete (de)	जुर्माना (m)	jurmāna
beboeten (bekeuren)	जुर्माना लगाना	jurmāna lagāna

85. Post. Postkantoor

postkantoor (het)	डाकघर (m)	dākaghar
post (de)	डाक (m)	dāk
postbode (de)	डाकिया (m)	dākiya
openingsuren (mv.)	खुलने का समय (m)	khulane ka samay

brief (de)	पत्र (m)	patr
aangetekende brief (de)	रजिस्टरी पत्र (m)	rajistarī patr
briefkaart (de)	पोस्ट कार्ड (m)	post kārd
telegram (het)	तार (m)	tār
postpakket (het)	पार्सल (f)	pārsal
overschrijving (de)	मनी ट्रांसफर (m)	manī trānsafar

ontvangen (ww)	पाना	pāna
sturen (zenden)	भेजना	bhejana
verzending (de)	भेज (m)	bhej

adres (het)	पता (m)	pata
postcode (de)	पिन कोड (m)	pin kod
verzender (de)	भेजनेवाला (m)	bhejanevāla
ontvanger (de)	पानेवाला (m)	pānevāla

naam (de)	पहला नाम (m)	pahala nām
achternaam (de)	उपनाम (m)	upanām

tarief (het)	डाक दर (m)	dāk dar
standaard (bn)	मानक	mānak
zuinig (bn)	किफ़ायती	kifāyatī

gewicht (het)	वज़न (m)	vazan
afwegen (op de weegschaal)	तोलना	tolana
envelop (de)	लिफ़ाफ़ा (m)	lifāfa
postzegel (de)	डाक टिकट (m)	dāk tikat
een postzegel plakken op	डाक टिकट लगाना	dāk tikat lagāna

Woning. Huis. Thuis

86. Huis. Woning

huis (het)	मकान (m)	makān
thuis (bw)	घर पर	ghar par
cour (de)	आंगन (m)	āngan
omheining (de)	बाड़ (f)	bār
baksteen (de)	ईंट (f)	īnt
van bakstenen	ईंट का	īnt ka
steen (de)	पत्थर (m)	patthar
stenen (bn)	पत्थरीला	pattharīla
beton (het)	कंक्रीट (m)	kankrīt
van beton	कंक्रीट का	kankrīt ka
nieuw (bn)	नया	naya
oud (bn)	पुराना	purāna
vervallen (bn)	टूटा-फूटा	tūta-fūta
modern (bn)	आधुनिक	ādhunik
met veel verdiepingen	बहुमंज़िला	bahumanzila
hoog (bn)	ऊंचा	ūncha
verdieping (de)	मंज़िल (f)	manzil
met een verdieping	एकमंज़िला	ekamanzila
laagste verdieping (de)	पहली मंज़िल (f)	pahalī manzil
bovenverdieping (de)	ऊपरी मंज़िल (f)	ūparī manzil
dak (het)	छत (f)	chhat
schoorsteen (de)	चिमनी (f)	chimanī
dakpan (de)	खपड़ा (m)	khapara
pannen- (abn)	टाइल का बना	tail ka bana
zolder (de)	अटारी (f)	atārī
venster (het)	खिड़की (f)	khirakī
glas (het)	कांच (f)	kānch
vensterbank (de)	विन्डो सिल (m)	vindo sil
luiken (mv.)	शट्टर (m)	shattar
muur (de)	दीवार (f)	dīvār
balkon (het)	बाल्कनी (f)	bālkanī
regenpijp (de)	जल निकास पाइप (f)	jal nikās paip
boven (bw)	ऊपर	ūpar
naar boven gaan (ww)	ऊपर जाना	ūpar jāna
afdalen (on.ww.)	नीचे उतरना	nīche utarana
verhuizen (ww)	घर बदलना	ghar badalana

87. Huis. Ingang. Lift

ingang (de)	प्रवेश-द्वार (m)	pravesh-dvār
trap (de)	सीढ़ी (f)	sīrhī
treden (mv.)	सीढ़ी (f)	sīrhī
trapleuning (de)	रेलिंग (f pl)	reling
hal (de)	हॉल (m)	hol

postbus (de)	लेटर बॉक्स (m)	letar boks
vuilnisbak (de)	कचरे का डब्बा (m)	kachare ka dabba
vuilniskoker (de)	कचरे का श्यूट (m)	kachare ka shyūt

lift (de)	लिफ्ट (m)	lift
goederenlift (de)	लिफ्ट (m)	lift
liftcabine (de)	लिफ्ट (f)	lift
de lift nemen	लिफ्ट से जाना	lift se jāna

appartement (het)	फ्लैट (f)	flait
bewoners (mv.)	निवासी (m)	nivāsī
buurman (de)	पड़ोसी (m)	parosī
buurvrouw (de)	पड़ोसन (f)	parosan
buren (mv.)	पड़ोसी (m pl)	parosī

88. Huis. Elektriciteit

elektriciteit (de)	बिजली (f)	bijalī
lamp (de)	बल्ब (m)	balb
schakelaar (de)	स्विच (m)	svich
zekering (de)	फ्यूज़ बटन (m)	fyūz batan

draad (de)	तार (m)	tār
bedrading (de)	तार (m)	tār
elektriciteitsmeter (de)	बिजली का मीटर (m)	bijalī ka mītar
gegevens (mv.)	मीटर रीडिंग (f)	mītar rīding

89. Huis. Deuren. Sloten

deur (de)	दरवाज़ा (m)	daravāza
toegangspoort (de)	फाटक (m)	fātak
deurkruk (de)	हत्था (m)	hattha
ontsluiten (ontgrendelen)	खोलना	kholana
openen (ww)	खोलना	kholana
sluiten (ww)	बंद करना	band karana

sleutel (de)	चाबी (f)	chābī
sleutelbos (de)	चाबियों का गुच्छा (m)	chābiyon ka guchchha
knarsen (bijv. scharnier)	चरमराना	charamarāna
knarsgeluid (het)	चरमराने की आवाज़ (m)	charamarāne kī āvāz
scharnier (het)	क़ब्ज़ा (m)	qabza
deurmat (de)	पायदान (m)	pāyadān
slot (het)	ताला (m)	tāla

sleutelgat (het)	ताला (m)	tāla
grendel (de)	अर्गला (f)	argala
schuif (de)	अर्गला (f)	argala
hangslot (het)	ताला (m)	tāla

aanbellen (ww)	बजाना	bajāna
bel (geluid)	घंटी (f)	ghantī
deurbel (de)	घंटी (f)	ghantī
belknop (de)	घंटी (f)	ghantī
geklop (het)	खटखट (f)	khatakhat
kloppen (ww)	खटखटाना	khatakhatāna

code (de)	कोड (m)	kod
cijferslot (het)	कॉम्बिनेशन लॉक (m)	kombineshan lok
parlofoon (de)	इंटरकॉम (m)	intarakom
nummer (het)	मकान नम्बर (m)	makān nambar
naambordje (het)	नेम प्लेट (f)	nem plet
deurspion (de)	पीप होल (m)	pīp hol

90. Huis op het platteland

dorp (het)	गांव (m)	gānv
moestuin (de)	सब्जियों का बगीचा (m)	sabziyon ka bagīcha
hek (het)	बाड़ा (m)	bāra
houten hekwerk (het)	बाड़ (f)	bār
tuinpoortje (het)	छोटा फाटक (m)	chhota fātak

graanschuur (de)	अनाज का गोदाम (m)	anāj ka godām
wortelkelder (de)	सब्जियों का गोदाम (m)	sabziyon ka godām
schuur (de)	शेड (m)	shed
waterput (de)	कुआँ (m)	kuan

kachel (de)	चूल्हा (m)	chūlha
de kachel stoken	चूल्हा जलाना	chūlaha jalāna
brandhout (het)	लकड़ियां (f pl)	lakariyān
houtblok (het)	लकड़ी (f)	lakarī

veranda (de)	बरामदा (f)	barāmda
terras (het)	छत (f)	chhat
bordes (het)	पोर्च (m)	porch
schommel (de)	झूले वाली कुर्सी (f)	jhūle vālī kursī

91. Villa. Herenhuis

landhuisje (het)	गाँव का मकान (m)	gānv ka makān
villa (de)	बंगला (m)	bangala
vleugel (de)	खंड (m)	khand

tuin (de)	बाग़ (m)	bāg
park (het)	पार्क (m)	pārk
oranjerie (de)	ग्रीनहाउस (m)	grīnahaus
onderhouden (tuin, enz.)	देखभाल करना	dekhabhāl karana

zwembad (het)	तरण-ताल (m)	taran-tāl
gym (het)	व्यायाम कक्ष (m)	vyāyām kaksh
tennisveld (het)	टेनिस-कोर्ट (m)	tenis-kort
bioscoopkamer (de)	सिनेमाघर (m)	sinemāghar
garage (de)	गराज (m)	garāj
privé-eigendom (het)	नीजी सम्पति (f)	nījī sampatti
eigen terrein (het)	नीजी ज़मीन (f)	nījī zamīn
waarschuwing (de)	चेतावनी (f)	chetāvanī
waarschuwingsbord (het)	चेतावनी संकेत (m)	chetāvanī sanket
bewaking (de)	सुरक्षा (f)	suraksha
bewaker (de)	पहरेदार (m)	paharedār
inbraakalarm (het)	चोर घंटी (f)	chor ghantī

92. Kasteel. Paleis

kasteel (het)	महल (m)	mahal
paleis (het)	भवन (m)	bhavan
vesting (de)	किला (m)	kila
ringmuur (de)	दीवार (f)	dīvār
toren (de)	मीनार (m)	mīnār
donjon (de)	केन्द्रीय मीनार (m)	kendrīy mīnār
valhek (het)	आरोहण द्वार (m)	ārohan dvār
onderaardse gang (de)	भूमिगत सुरंग (m)	bhūmigat surang
slotgracht (de)	खाई (f)	khaī
ketting (de)	जंजीर (f)	janjīr
schietgat (het)	ऐरो लूप (m)	airo lūp
prachtig (bn)	शानदार	shānadār
majestueus (bn)	महिमामय	mahimāmay
onneembaar (bn)	अभेद्य	abhedy
middeleeuws (bn)	मध्ययुगीय	madhayayugīy

93. Appartement

appartement (het)	फ्लैट (f)	flait
kamer (de)	कमरा (m)	kamara
slaapkamer (de)	सोने का कमरा (m)	sone ka kamara
eetkamer (de)	खाने का कमरा (m)	khāne ka kamara
salon (de)	बैठक (f)	baithak
studeerkamer (de)	घरेलू कार्यालय (m)	gharelū kāryālay
gang (de)	प्रवेश कक्ष (m)	pravesh kaksh
badkamer (de)	स्नानघर (m)	snānaghar
toilet (het)	शौचालय (m)	shauchālay
plafond (het)	छत (f)	chhat
vloer (de)	फ़र्श (m)	farsh
hoek (de)	कोना (m)	kona

94. Appartement. Schoonmaken

schoonmaken (ww)	साफ करना	sāf karana
opbergen (in de kast, enz.)	रख देना	rakh dena
stof (het)	धूल (m)	dhūl
stoffig (bn)	धूसर	dhūsar
stoffen (ww)	धूल पोंछना	dhūl ponchhana
stofzuiger (de)	वैक्युम क्लीनर (m)	vaikyum klīnar
stofzuigen (ww)	वैक्यूम करना	vaikyūm karana
vegen (de vloer ~)	झाड़ू लगाना	jhārū lagāna
veegsel (het)	कूड़ा (m)	kūra
orde (de)	तरतीब (m)	taratīb
wanorde (de)	बेतरतीब (f)	betaratīb
zwabber (de)	पोंछा (m)	ponchha
poetsdoek (de)	डस्टर (m)	dastar
veger (de)	झाड़ू (m)	jhārū
stofblik (het)	कूड़ा उठाने का तसला (m)	kūra uthāne ka tasala

95. Meubels. Interieur

meubels (mv.)	फ़र्निचर (m)	farnichar
tafel (de)	मेज़ (f)	mez
stoel (de)	कुर्सी (f)	kursī
bed (het)	पलंग (m)	palang
bankstel (het)	सोफ़ा (m)	sofa
fauteuil (de)	हत्थे वाली कुर्सी (f)	hatthe vālī kursī
boekenkast (de)	किताबों की अलमारी (f)	kitābon kī alamārī
boekenrek (het)	शेल्फ़ (f)	shelf
kledingkast (de)	कपड़ों की अलमारी (f)	kaparon kī alamārī
kapstok (de)	खूँटी (f)	khūntī
staande kapstok (de)	खूँटी (f)	khūntī
commode (de)	कपड़ों की अलमारी (f)	kaparon kī alamārī
salontafeltje (het)	कॉफ़ी की मेज़ (f)	kofī kī mez
spiegel (de)	आईना (m)	āīna
tapijt (het)	कालीन (m)	kālīn
tapijtje (het)	दरी (f)	darī
haard (de)	चिमनी (f)	chimanī
kaars (de)	मोमबत्ती (f)	momabattī
kandelaar (de)	मोमबत्तीदान (m)	momabattīdān
gordijnen (mv.)	परदे (m pl)	parade
behang (het)	वॉल पेपर (m)	vol pepar
jaloezie (de)	जेलुज़ी (f pl)	jeluzī
bureaulamp (de)	मेज़ का लैम्प (m)	mez ka laimp
wandlamp (de)	दिवार का लैम्प (m)	divār ka laimp

staande lamp (de)	फ़र्श का लैम्प (m)	farsh ka laimp
luchter (de)	झूमर (m)	jhūmar

poot (ov. een tafel, enz.)	पाँव (m)	pānv
armleuning (de)	कुर्सी का हत्था (m)	kursī ka hattha
rugleuning (de)	कुर्सी की पीठ (f)	kursī kī pīth
la (de)	दराज़ (m)	darāz

96. Beddengoed

beddengoed (het)	बिस्तर के कपड़े (m)	bistar ke kapare
kussen (het)	तकिया (m)	takiya
kussenovertrek (de)	ग़िलाफ़ (m)	gilāf
deken (de)	रज़ाई (f)	razaī
laken (het)	चादर (f)	chādar
sprei (de)	चादर (f)	chādar

97. Keuken

keuken (de)	रसोईघर (m)	rasoīghar
gas (het)	गैस (m)	gais
gasfornuis (het)	गैस का चूल्हा (m)	gais ka chūlha
elektrisch fornuis (het)	बिजली का चूल्हा (m)	bijalī ka chūlha
oven (de)	ओवन (m)	ovan
magnetronoven (de)	माइक्रोवेव ओवन (m)	maikrovev ovan

koelkast (de)	फ़्रिज (m)	frij
diepvriezer (de)	फ़्रीजर (m)	frījar
vaatwasmachine (de)	डिशवॉशर (m)	dishavoshar

vleesmolen (de)	कीमा बनाने की मशीन (f)	kīma banāne kī mashīn
vruchtenpers (de)	जूसर (m)	jūsar
toaster (de)	टोस्टर (m)	tostar
mixer (de)	मिक्सर (m)	miksar

koffiemachine (de)	कॉफ़ी मशीन (f)	kofī mashīn
koffiepot (de)	कॉफ़ी पॉट (m)	kofī pot
koffiemolen (de)	कॉफ़ी पीसने की मशीन (f)	kofī pīsane kī mashīn

fluitketel (de)	केतली (f)	ketalī
theepot (de)	चायदानी (f)	chāyadānī
deksel (de/het)	ढक्कन (m)	dhakkan
theezeefje (het)	छलनी (f)	chhalanī

lepel (de)	चम्मच (m)	chammach
theelepeltje (het)	चम्मच (m)	chammach
eetlepel (de)	चम्मच (m)	chammach
vork (de)	काँटा (m)	kānta
mes (het)	छुरी (f)	chhurī

vaatwerk (het)	बरतन (m)	baratan
bord (het)	तशतरी (f)	tashtarī

schoteltje (het)	तश्तरी (f)	tashtarī
likeurglas (het)	जाम (m)	jām
glas (het)	गिलास (m)	gilās
kopje (het)	प्याला (m)	pyāla

suikerpot (de)	चीनीदानी (f)	chīnīdānī
zoutvat (het)	नमकदानी (m)	namakadānī
pepervat (het)	मिर्चदानी (f)	mirchadānī
boterschaaltje (het)	मक्खनदानी (f)	makkhanadānī

steelpan (de)	सॉसपैन (m)	sosapain
bakpan (de)	फ़्राइ पैन (f)	frai pain
pollepel (de)	डोई (f)	doī
vergiet (de/het)	कालेन्डर (m)	kālendar
dienblad (het)	थाली (m)	thālī

fles (de)	बोतल (f)	botal
glazen pot (de)	शीशी (f)	shīshī
blik (conserven~)	डिब्बा (m)	dibba

flesopener (de)	बोतल ओपनर (m)	botal opanar
blikopener (de)	ओपनर (m)	opanar
kurkentrekker (de)	पेंचकस (m)	penchakas
filter (de/het)	फ़िल्टर (m)	filtar
filteren (ww)	फ़िल्टर करना	filtar karana

huisvuil (het)	कूड़ा (m)	kūra
vuilnisemmer (de)	कूड़े की बाल्टी (f)	kūre kī bāltī

98. Badkamer

badkamer (de)	स्नानघर (m)	snānaghar
water (het)	पानी (m)	pānī
kraan (de)	नल (m)	nal
warm water (het)	गरम पानी (m)	garam pānī
koud water (het)	ठंडा पानी (m)	thanda pānī

tandpasta (de)	टूथपेस्ट (m)	tūthapest
tanden poetsen (ww)	दाँत ब्रश करना	dānt brash karana

zich scheren (ww)	शेव करना	shev karana
scheercrème (de)	शेविंग फ़ोम (m)	sheving fom
scheermes (het)	रेज़र (f)	rezar

wassen (ww)	धोना	dhona
een bad nemen	नहाना	nahāna
douche (de)	शावर (m)	shāvar
een douche nemen	शावर लेना	shāvar lena

bad (het)	बाथटब (m)	bāthatab
toiletpot (de)	संडास (m)	sandās
wastafel (de)	सिंक (m)	sink
zeep (de)	साबुन (m)	sābun
zeepbakje (het)	साबुनदानी (f)	sābunadānī

spons (de)	स्पंज (f)	spanj
shampoo (de)	शैम्पू (m)	shaimpū
handdoek (de)	तौलिया (f)	tauliya
badjas (de)	चोगा (m)	choga

was (bijv. handwas)	धुलाई (f)	dhulaī
wasmachine (de)	वॉशिंग मशीन (f)	voshing mashīn
de was doen	कपड़े धोना	kapare dhona
waspoeder (de)	कपड़े धोने का पाउडर (m)	kapare dhone ka paudar

99. Huishoudelijke apparaten

televisie (de)	टीवी सेट (m)	tīvī set
cassettespeler (de)	टेप रिकार्डर (m)	tep rikārdar
videorecorder (de)	वीडियो टेप रिकार्डर (m)	vīdiyo tep rikārdar
radio (de)	रेडियो (m)	rediyo
speler (de)	प्लेयर (m)	pleyar

videoprojector (de)	वीडियो प्रोजेक्टर (m)	vīdiyo projektar
home theater systeem (het)	होम थीएटर (m)	hom thīetar
DVD-speler (de)	डीवीडी प्लेयर (m)	dīvīdī pleyar
versterker (de)	ध्वनि-विस्तारक (m)	dhvani-vistārak
spelconsole (de)	वीडियो गेम कन्सोल (m)	vīdiyo gem kansol

videocamera (de)	वीडियो कैमरा (m)	vīdiyo kaimara
fotocamera (de)	कैमरा (m)	kaimara
digitale camera (de)	डीजिटल कैमरा (m)	dījital kaimara

stofzuiger (de)	वैक्यूम क्लीनर (m)	vaikyūm klīnar
strijkijzer (het)	इस्तरी (f)	istarī
strijkplank (de)	इस्तरी तख़्ता (m)	istarī takhta

telefoon (de)	टेलीफ़ोन (m)	telīfon
mobieltje (het)	मोबाइल फ़ोन (m)	mobail fon
schrijfmachine (de)	टाइपराइटर (m)	taiparaitar
naaimachine (de)	सिलाई मशीन (f)	silaī mashīn

microfoon (de)	माइक्रोफ़ोन (m)	maikrofon
koptelefoon (de)	हैडफ़ोन (m pl)	hairafon
afstandsbediening (de)	रिमोट (m)	rimot

CD (de)	सीडी (m)	sīdī
cassette (de)	कैसेट (f)	kaiset
vinylplaat (de)	रिकार्ड (m)	rikārd

100. Reparaties. Renovatie

renovatie (de)	नवीकरण (m)	navīkaran
renoveren (ww)	नवीकरण करना	navīkaran karana
repareren (ww)	मरम्मत करना	marammat karana
op orde brengen	ठीक करना	thīk karana
overdoen (ww)	फिर से करना	fir se karana

verf (de)	रंग (m)	rang
verven (muur ~)	रंगना	rangana
schilder (de)	रोग़न करनेवाला (m)	rogan karanevāla
kwast (de)	सफ़ेदी का ब्रश (m)	safedī ka brash

| kalk (de) | सफ़ेदी (f) | safedī |
| kalken (ww) | सफ़ेदी करना | safedī karana |

behang (het)	वॉल-पैपर (m pl)	vol-paipar
behangen (ww)	वाल-पैपर लगाना	vāl-paipar lagāna
lak (de/het)	पॉलिश (f)	polish
lakken (ww)	पॉलिश करना	polish karana

101. Loodgieterswerk

water (het)	पानी (m)	pānī
warm water (het)	गरम पानी (m)	garam pānī
koud water (het)	ठंडा पानी (m)	thanda pānī
kraan (de)	टोंटी (f)	tontī

druppel (de)	बूँद (m)	būnd
druppelen (ww)	टपकना	tapakana
lekken (een lek hebben)	बहना	bahana
lekkage (de)	लीक (m)	līk
plasje (het)	डबरा (m)	dabara

buis, leiding (de)	पाइप (f)	paip
stopkraan (de)	वॉल्व (m)	volv
verstopt raken (ww)	भर जाना	bhar jāna

gereedschap (het)	औज़ार (m pl)	auzār
Engelse sleutel (de)	रिंच (m)	rinch
losschroeven (ww)	खोलना	kholana
aanschroeven (ww)	बंद करना	band karana

ontstoppen (riool, enz.)	सफ़ाई करना	safāī karana
loodgieter (de)	प्लम्बर (m)	plambar
kelder (de)	तहख़ाना (m)	tahakhāna
riolering (de)	मलप्रवाह-पद्धति (f)	malapravāh-paddhati

102. Brand. Vuurzee

vuur (het)	आग (f)	āg
vlam (de)	आग की लपटें (f)	āg kī lapaten
vonk (de)	चिंगारी (f)	chingārī
rook (de)	धुँआ (m)	dhuna
fakkel (de)	मशाल (m)	mashāl
kampvuur (het)	कैम्प फ़ायर (m)	kaimp fāyar

benzine (de)	पेट्रोल (m)	petrol
kerosine (de)	केरोसीन (m)	kerosīn
brandbaar (bn)	ज्वलनशील	jvalanashīl

ontplofbaar (bn)	विस्फोटक	visfotak
VERBODEN TE ROKEN!	धूम्रपान निषेध!	dhumrapān nishedh!
veiligheid (de)	सुरक्षा (f)	suraksha
gevaar (het)	ख़तरा (f)	khatara
gevaarlijk (bn)	ख़तरनाक	khataranāk
in brand vliegen (ww)	आग लग जाना	āg lag jāna
explosie (de)	विस्फोट (m)	visfot
in brand steken (ww)	आग लगाना	āg lagāna
brandstichter (de)	आग लगानेवाला (m)	āg lagānevāla
brandstichting (de)	आगज़नी (f)	āgazanī
vlammen (ww)	दहकना	dahakana
branden (ww)	जलना	jalana
afbranden (ww)	जल जाना	jal jāna
brandweerman (de)	दमकल कर्मचारी (m)	damakal karmachārī
brandweerwagen (de)	दमकल (m)	damakal
brandweer (de)	फ़ायरब्रिगेड (m)	fāyarabriged
uitschuifbare ladder (de)	फ़ायर ट्रक सीढ़ी (f)	fāyar trak sīrhī
brandslang (de)	आग बुझाने का पाइप (m)	āg bujhāne ka paip
brandblusser (de)	अग्निशामक (m)	agnishāmak
helm (de)	हेलमेट (f)	helamet
sirene (de)	साइरन (m)	sairan
roepen (ww)	चिल्लाना	chillāna
hulp roepen	मदद के लिए बुलाना	madad ke lie bulāna
redder (de)	बचानेवाला (m)	bachānevāla
redden (ww)	बचाना	bachāna
aankomen (per auto, enz.)	पहुँचना	pahunchana
blussen (ww)	आग बुझाना	āg bujhāna
water (het)	पानी (m)	pānī
zand (het)	रेत (f)	ret
ruïnes (mv.)	खंडहर (m pl)	khandahar
instorten (gebouw, enz.)	गिर जाना	gir jāna
ineenstorten (ww)	टूटकर गिरना	tūtakar girana
inzakken (ww)	ढहना	dhahana
brokstuk (het)	मलबे का टुकड़ा (m)	malabe ka tukara
as (de)	राख (m)	rākh
verstikken (ww)	दम घुटना	dam ghutana
omkomen (ww)	मर जाना	mar jāna

MENSELIJKE ACTIVITEITEN

Baan. Business. Deel 1

103. Kantoor. Op kantoor werken

kantoor (het)	कार्यालय (m)	kāryālay
kamer (de)	कार्यालय (m)	kāryālay
receptie (de)	रिसेप्शन (m)	risepshan
secretaresse (de)	सेक्रटरी (f)	sekratarī
directeur (de)	निदेशक (m)	nideshak
manager (de)	मैनेजर (m)	mainejar
boekhouder (de)	लेखापाल (m)	lekhāpāl
werknemer (de)	कर्मचारी (m)	karmachārī
meubilair (het)	फ़र्निचर (m)	farnichar
tafel (de)	मेज़ (f)	mez
bureaustoel (de)	कुर्सी (f)	kursī
ladeblok (het)	साइड टेबल (f)	said tebal
kapstok (de)	खूँटी (f)	khūntī
computer (de)	कंप्यूटर (m)	kampyūtar
printer (de)	प्रिन्टर (m)	printar
fax (de)	फ़ैक्स मशीन (f)	faiks mashīn
kopieerapparaat (het)	ज़ीरोक्स (m)	zīroks
papier (het)	काग़ज़ (m)	kāgaz
kantoorartikelen (mv.)	स्टेशनरी (m pl)	steshanarī
muismat (de)	माउस पैड (m)	maus paid
blad (het)	पन्ना (m)	panna
ordner (de)	बाइन्डर (m)	baindar
catalogus (de)	कैटेलॉग (m)	kaitelog
telefoongids (de)	डाइरेक्टरी (f)	dairektarī
documentatie (de)	दस्तावेज़ (m)	dastāvez
brochure (de)	पुस्तिका (f)	pustika
flyer (de)	पर्चा (m)	parcha
monster (het), staal (de)	नमूना (m)	namūna
training (de)	प्रशिक्षण बैठक (f)	prashikshan baithak
vergadering (de)	बैठक (f)	baithak
lunchpauze (de)	मध्यान्तर (m)	madhyāntar
een kopie maken	कॉपी करना	kopī karana
de kopieën maken	ज़ीरोक्स करना	zīroks karana
een fax ontvangen	फ़ैक्स मिलना	faiks milana
een fax versturen	फ़ैक्स भेजना	faiks bhejana
opbellen (ww)	फ़ोन करना	fon karana

antwoorden (ww)	जवाब देना	javāb dena
doorverbinden (ww)	फ़ोन ट्रांस्फ़र करना	fon trānsfar karana

afspreken (ww)	व्यवस्थित करना	vyavasthit karana
demonstreren (ww)	प्रदर्शित करना	pradarshit karana
absent zijn (ww)	अनुपस्थित होना	anupasthit hona
afwezigheid (de)	अनुपस्थिती (f)	anupasthitī

104. Bedrijfsprocessen. Deel 1

zaak (de), beroep (het)	पेशा (m)	pesha
firma (de)	कम्पनी (f)	kampanī
bedrijf (maatschap)	कम्पनी (f)	kampanī
corporatie (de)	निगम (m)	nigam
onderneming (de)	उद्योग (m)	udyog
agentschap (het)	एजेंसी (f)	ejensī

overeenkomst (de)	समझौता (f)	samajhauta
contract (het)	ठेका (m)	theka
transactie (de)	सौदा (f)	sauda
bestelling (de)	आर्डर (m)	ārdar
voorwaarde (de)	शर्तें (f)	sharten

in het groot (bw)	थोक	thok
groothandels- (abn)	थोक	thok
groothandel (de)	थोक (m)	thok
kleinhandels- (abn)	खुदरा	khudara
kleinhandel (de)	खुदरा (m)	khudara

concurrent (de)	प्रतियोगी (m)	pratiyogī
concurrentie (de)	प्रतियोगिता (f)	pratiyogita
concurreren (ww)	प्रतियोगिता करना	pratiyogita karana

partner (de)	सहयोगी (f)	sahayogī
partnerschap (het)	साझेबारी (f)	sājhedārī

crisis (de)	संकट (m)	sankat
bankroet (het)	दिवाला (m)	divāla
bankroet gaan (ww)	दिवालिया हो जाना	divāliya ho jāna
moeilijkheid (de)	कठिनाई (f)	kathinaī
probleem (het)	समस्या (f)	samasya
catastrofe (de)	दुर्घटना (f)	durghatana

economie (de)	अर्थशास्त्र (f)	arthashāstr
economisch (bn)	आर्थिक	ārthik
economische recessie (de)	आर्थिक गिरावट (f)	arthik girāvat

doel (het)	लक्ष्य (m)	lakshy
taak (de)	कार्य (m)	kāry

handelen (handel drijven)	व्यापार करना	vyāpār karana
netwerk (het)	जाल (m)	jāl
voorraad (de)	गोदाम (m)	godām
assortiment (het)	किस्म (m)	kism

leider (de)	लीडर (m)	līdar
groot (bn)	विशाल	vishāl
monopolie (het)	एकाधिकार (m)	ekādhikār

theorie (de)	सिद्धांत (f)	siddhānt
praktijk (de)	व्यवहार (f)	vyavahār
ervaring (de)	अनुभव (m)	anubhav
tendentie (de)	प्रवृत्ति (f)	pravrtti
ontwikkeling (de)	विकास (m)	vikās

105. Bedrijfsprocessen. Deel 2

| voordeel (het) | लाभ (f) | lābh |
| voordelig (bn) | फ़ायदेमन्द | fāyademand |

delegatie (de)	प्रतिनिधिमंडल (f)	pratinidhimandal
salaris (het)	आय (f)	āy
corrigeren (fouten ~)	ठीक करना	thīk karana
zakenreis (de)	व्यापारिक यात्रा (f)	vyāpārik yātra
commissie (de)	आयोग (f)	āyog

controleren (ww)	जांचना	jānchana
conferentie (de)	सम्मेलन (m)	sammelan
licentie (de)	अनुज्ञप्ति (f)	anugyapti
betrouwbaar (partner, enz.)	विश्वसनीय	vishvasanīy

aanzet (de)	पहल (f)	pahal
norm (bijv. ~ stellen)	मानक (m)	mānak
omstandigheid (de)	परिस्थिति (f)	paristhiti
taak, plicht (de)	कर्तव्य (m)	kartavy

organisatie (bedrijf, zaak)	संगठन (f)	sangathan
organisatie (proces)	आयोजन (m)	āyojan
georganiseerd (bn)	आयोजित	āyojit
afzegging (de)	निरस्तीकरण (m)	nirastīkaran
afzeggen (ww)	रद्द करना	radd karana
verslag (het)	रिपोर्ट (m)	riport

patent (het)	पेटेंट (m)	petent
patenteren (ww)	पेटेंट करना	petent karana
plannen (ww)	योजना बनाना	yojana banāna

premie (de)	बोनस (m)	bonas
professioneel (bn)	पेशेवर	peshevar
procedure (de)	प्रक्रिया (f)	prakriya

onderzoeken (contract, enz.)	विचार करना	vichār karana
berekening (de)	हिसाब (m)	hisāb
reputatie (de)	प्रतिष्ठा (f)	pratishtha
risico (het)	जोखिम (m)	jokhim

beheren (managen)	प्रबंध करना	prabandh karana
informatie (de)	सूचना (f)	sūchana
eigendom (bezit)	जायदाद (f)	jāyadād

unie (de)	संघ (m)	sangh
levensverzekering (de)	जीवन-बीमा (m)	jīvan-bīma
verzekeren (ww)	बीमा करना	bīma karana
verzekering (de)	बीमा (m)	bīma

veiling (de)	नीलामी (m pl)	nīlāmī
verwittigen (ww)	जानकारी देना	jānakārī dena
beheer (het)	प्रबंधन (m)	prabandhan
dienst (de)	सेवा (f)	seva

forum (het)	मंच (m)	manch
functioneren (ww)	कार्य करना	kāry karana
stap, etappe (de)	चरण (m)	charan
juridisch (bn)	कानूनी	kānūnī
jurist (de)	वकील (m)	vakīl

106. Productie. Werken

industriële installatie (fabriek)	कारख़ाना (m)	kārakhāna
fabriek (de)	कारख़ाना (m)	kārakhāna
werkplaatsruimte (de)	वर्कशाप (m)	varkashāp
productielocatie (de)	उत्पादन स्थल (m)	utpādan sthal

industrie (de)	उद्योग (m)	udyog
industrieel (bn)	औद्योगिक	audyogik
zware industrie (de)	भारी उद्योग (m)	bhārī udyog
lichte industrie (de)	हल्का उद्योग (m)	halka udyog

productie (de)	उत्पाद (m)	utpād
produceren (ww)	उत्पादन करना	utpādan karana
grondstof (de)	कच्चा माल (m)	kachcha māl

voorman, ploegbaas (de)	फ़ोरमैन (m)	foramain
ploeg (de)	मज़दूर दल (m)	mazadūr dal
arbeider (de)	मज़दूर (m)	mazadūr

werkdag (de)	कार्यदिवस (m)	kāryadivas
pauze (de)	अंतराल (m)	antarāl
samenkomst (de)	बैठक (f)	baithak
bespreken (spreken over)	चर्चा करना	charcha karana

plan (het)	योजना (f)	yojana
het plan uitvoeren	योजना बनाना	yojana banāna
productienorm (de)	उत्पादन दर (f)	utpādan dar
kwaliteit (de)	गुणवत्ता (m)	gunavatta
controle (de)	जाँच (f)	jānch
kwaliteitscontrole (de)	गुणवत्ता जाँच (f)	gunavatta jānch

arbeidsveiligheid (de)	कार्यस्थल सुरक्षा (f)	kāryasthal suraksha
discipline (de)	अनुशासन (m)	anushāsan
overtreding (de)	उल्लंघन (m)	ullanghan
overtreden (ww)	उल्लंघन करना	ullanghan karana
staking (de)	हड़ताल (f)	haratāl
staker (de)	हड़तालकारी (m)	haratālakārī

| staken (ww) | हड़ताल करना | haratāl karana |
| vakbond (de) | ट्रेड-यूनियन (m) | tred-yūniyan |

uitvinden (machine, enz.)	आविष्कार करना	āvishkār karana
uitvinding (de)	आविष्कार (m)	āvishkār
onderzoek (het)	अनुसंधान (f)	anusandhān
verbeteren (beter maken)	सुधारना	sudhārana
technologie (de)	प्रौद्योगिकी (f)	praudyogikī
technische tekening (de)	तकनीकी चित्रकारी (f)	takanīkī chitrakārī

vracht (de)	भार (m)	bhār
lader (de)	कुली (m)	kulī
laden (vrachtwagen)	लादना	lādana
laden (het)	लादना (m)	lādana
lossen (ww)	सामान उतारना	sāmān utārana
lossen (het)	उतारना	utārana

transport (het)	परिवहन (m)	parivahan
transportbedrijf (de)	परिवहन कम्पनी (f)	parivahan kampanī
transporteren (ww)	अपवाहन करना	apavāhan karana

goederenwagon (de)	माल गाड़ी (f)	māl gārī
tank (bijv. ketelwagen)	टैंकर (m)	tainkar
vrachtwagen (de)	ट्रक (m)	trak

| machine (de) | मशीनी उपकरण (m) | mashīnī upakaran |
| mechanisme (het) | यंत्र (m) | yantr |

industrieel afval (het)	औद्योगिक अवशेष (m)	audyogik avashesh
verpakking (de)	पैकिंग (f)	paiking
verpakken (ww)	पैक करना	paik karana

107. Contract. Overeenstemming

contract (het)	ठेका (m)	theka
overeenkomst (de)	समझौता (f)	samajhauta
bijlage (de)	परिशिष्ट (f)	parishisht

een contract sluiten	अनुबंध पर हस्ताक्षर करना	anubandh par hastākshar karana
handtekening (de)	हस्ताक्षर (m)	hastākshar
ondertekenen (ww)	हस्ताक्षर करना	hastākshar karana
stempel (de)	सील (m)	sīl

voorwerp (het) van de overeenkomst	अनुबंध की विषय-वस्तु (f)	anubandh kī vishay-vastu
clausule (de)	धारा (f)	dhāra
partijen (mv.)	पार्टी (f)	pārtī
vestigingsadres (het)	कानूनी पता (m)	kānūnī pata

het contract verbreken (overtreden)	अनुबंध का उल्लंघन करना	anubandh ka ullanghan karana
verplichting (de)	प्रतिबद्धता (f)	pratibaddhta
verantwoordelijkheid (de)	ज़िम्मेदारी (f)	zimmedārī

overmacht (de)	अप्रत्याशित घटना (f)	apratyāshit ghatana
geschil (het)	विवाद (m)	vivād
sancties (mv.)	जुर्माना (m)	jurmāna

108. Import & Export

import (de)	आयात (m)	āyāt
importeur (de)	आयातकर्ता (m)	āyātakarta
importeren (ww)	आयात करना	āyāt karana
import- (abn)	आयातित	āyātit

| exporteur (de) | निर्यातकर्ता (m) | niryātakarta |
| exporteren (ww) | निर्यात करना | niryāt karana |

| goederen (mv.) | माल (m) | māl |
| partij (de) | प्रेषित माल (m) | preshit māl |

gewicht (het)	वज़न (m)	vazan
volume (het)	आयतन (m)	āyatan
kubieke meter (de)	घन मीटर (m)	ghan mītar

producent (de)	उत्पादक (m)	utpādak
transportbedrijf (de)	वाहन कम्पनी (f)	vāhan kampanī
container (de)	डिब्बा (m)	dibba

grens (de)	सीमा (f)	sīma
douane (de)	सीमाशुल्क कार्यालय (f)	sīmāshulk kāryālay
douanerecht (het)	सीमाशुल्क (m)	sīmāshulk
douanier (de)	सीमाशुल्क अधिकारी (m)	sīmāshulk adhikārī
smokkelen (het)	तस्करी (f)	taskarī
smokkelwaar (de)	तस्करी का माल (m)	taskarī ka māl

109. Financiën

aandeel (het)	शेयर (f)	sheyar
obligatie (de)	बॉंड (m)	bānd
wissel (de)	विनिमय पत्र (m)	vinimay patr

| beurs (de) | स्टॉक मार्केट (m) | stok mārket |
| aandelenkoers (de) | शेयर का मूल्य (m) | sheyar ka mūly |

| dalen (ww) | मूल्य कम होना | mūly kam hona |
| stijgen (ww) | मूल्य बढ़ जाना | mūly barh jāna |

meerderheidsbelang (het)	नियंत्रण हित (f)	niyantran hit
investeringen (mv.)	निवेश (f)	nivesh
investeren (ww)	निवेश करना	nivesh karana
procent (het)	प्रतिशत (f)	pratishat
rente (de)	ब्याज (m pl)	byāj

| winst (de) | नफ़ा (m) | nafa |
| winstgevend (bn) | लाभदायक | lābhadāyak |

belasting (de)	कर (f)	kar
valuta (vreemde ~)	मुद्रा (m)	mudra
nationaal (bn)	राष्ट्रीय	rāshtrīy
ruil (de)	विनिमय (m)	vinimay

| boekhouder (de) | लेखापाल (m) | lekhāpāl |
| boekhouding (de) | लेखा विभाग (m) | lekha vibhāg |

bankroet (het)	दिवाला (m)	divāla
ondergang (de)	वित्तीय पतन (m)	vittīy pattan
faillissement (het)	बरबादी (m)	barabādī
geruïneerd zijn (ww)	आर्थिक रूप से बरबादी	ārthik rūp se barabādī
inflatie (de)	मुद्रास्फीति (f)	mudrāsfīti
devaluatie (de)	अवमूल्यन (m)	avamūlyan

kapitaal (het)	पूँजी (f)	pūnjī
inkomen (het)	आय (f)	āy
omzet (de)	कुल बिक्री (f)	kul bikrī
middelen (mv.)	वित्तीय संसाधन (m)	vittīy sansādhan
financiële middelen (mv.)	मुद्रागत संसाधन (m)	mudrāgat sansādhan
reduceren (kosten ~)	कम करना	kam karana

110. Marketing

marketing (de)	विपणन (m)	vipanan
markt (de)	मंडी (f)	mandī
marktsegment (het)	बाज़ार क्षेत्र (m)	bāzār kshetr
product (het)	उत्पाद (m)	utpād
goederen (mv.)	माल (m)	māl

handelsmerk (het)	ट्रेड मार्क (m)	tred mārk
beeldmerk (het)	लोगोटाइप (m)	logotaip
logo (het)	लोगो (m)	logo

vraag (de)	मांग (f)	māng
aanbod (het)	आपूर्ति (f)	āpūrti
behoefte (de)	ज़रूरत (f)	zarūrat
consument (de)	उपभोक्ता (m)	upabhokta

analyse (de)	विश्लेषण (m)	vishleshan
analyseren (ww)	विश्लेषण करना	vishleshan karana
positionering (de)	स्थिति-निर्धारण (f)	sthiti-nirdhāran
positioneren (ww)	स्थिति-निर्धारण करना	sthiti-nirdhāran karana

prijs (de)	दाम (m)	dām
prijspolitiek (de)	मूल्य निर्धारण नीति (f)	mūly nirdhāran nīti
prijsvorming (de)	मूल्य स्थापना (f)	mūly sthāpana

111. Reclame

| reclame (de) | विज्ञापन (m) | vigyāpan |
| adverteren (ww) | विज्ञापन देना | vigyāpan dena |

budget (het)	बजट (m)	bajat
advertentie, reclame (de)	विज्ञापन (m)	vigyāpan
TV-reclame (de)	टीवी विज्ञापन (m)	tīvī vigyāpan
radioreclame (de)	रेडियो विज्ञापन (m)	rediyo vigyāpan
buitenreclame (de)	बिलबोर्ड विज्ञापन (m)	bilabord vigyāpan
massamedia (de)	जनसंपर्क माध्यम (m)	janasampark mādhyam
periodiek (de)	पत्रिका (f)	patrika
imago (het)	सार्वजनिक छवि (f)	sārvajanik chhavi
slagzin (de)	नारा (m)	nāra
motto (het)	नारा (m)	nāra
campagne (de)	अभियान (m)	abhiyān
reclamecampagne (de)	विज्ञापन प्रचार (m)	vigyāpan prachār
doelpubliek (het)	श्रोतागण (f)	shrotāgan
visitekaartje (het)	बिज़नेस कार्ड (m)	bizanes kārd
flyer (de)	पर्चा (f)	parcha
brochure (de)	ब्रोशर (m)	broshar
folder (de)	पर्चा (f)	parcha
nieuwsbrief (de)	सूचनापत्र (m)	sūchanāpatr
gevelreclame (de)	नेमप्लेट (m)	nemaplet
poster (de)	पोस्टर (m)	postar
aanplakbord (het)	इश्तहार (m)	ishtahār

112. Bankieren

bank (de)	बैंक (m)	baink
bankfiliaal (het)	शाखा (f)	shākha
bankbediende (de)	क्लर्क (m)	klark
manager (de)	मैनेजर (m)	mainejar
bankrekening (de)	बैंक खाता (m)	baink khāta
rekeningnummer (het)	खाते का नम्बर (m)	khāte ka nambar
lopende rekening (de)	चालू खाता (m)	chālū khāta
spaarrekening (de)	बचत खाता (m)	bachat khāta
een rekening openen	खाता खोलना	khāta kholana
de rekening sluiten	खाता बंद करना	khāta band karana
op rekening storten	खाते में जमा करना	khāte men jama karana
opnemen (ww)	खाते से पैसा निकालना	khāte se paisa nikālana
storting (de)	जमा (m)	jama
een storting maken	जमा करना	jama karana
overschrijving (de)	तार स्थानांतरण (m)	tār sthānāntaran
een overschrijving maken	पैसे स्थानांतरित करना	paise sthānāntarit karana
som (de)	रक़म (m)	raqam
Hoeveel?	कितना?	kitana?
handtekening (de)	हस्ताक्षर (f)	hastākshar
ondertekenen (ww)	हस्ताक्षर करना	hastākshar karana

kredietkaart (de)	क्रेडिट कार्ड (m)	kredit kārd
code (de)	पिन कोड (m)	pin kod
kredietkaartnummer (het)	क्रेडिट कार्ड संख्या (f)	kredit kārd sankhya
geldautomaat (de)	एटीएम (m)	etīem
cheque (de)	चेक (m)	chek
een cheque uitschrijven	चेक लिखना	chek likhana
chequeboekje (het)	चेकबुक (f)	chekabuk
lening, krediet (de)	उधार (m)	uthār
een lening aanvragen	उधार के लिए आवेदन करना	udhār ke lie āvedan karana
een lening nemen	उधार लेना	uthār lena
een lening verlenen	उधार देना	uthār dena
garantie (de)	गारन्टी (f)	gārantī

113. Telefoon. Telefoongesprek

telefoon (de)	फ़ोन (m)	fon
mobieltje (het)	मोबाइल फ़ोन (m)	mobail fon
antwoordapparaat (het)	जवाबी मशीन (f)	javābī mashīn
bellen (ww)	फ़ोन करना	fon karana
belletje (telefoontje)	कॉल (m)	kol
een nummer draaien	नम्बर लगाना	nambar lagāna
Hallo!	हेलो!	helo!
vragen (ww)	पूछना	pūchhana
antwoorden (ww)	जवाब देना	javāb dena
horen (ww)	सुनना	sunana
goed (bw)	ठीक	thīk
slecht (bw)	ठीक नहीं	thīk nahin
storingen (mv.)	आवाज़ें (f)	āvāzen
hoorn (de)	रिसीवर (m)	risīvar
opnemen (ww)	फ़ोन उठाना	fon uthāna
ophangen (ww)	फ़ोन रखना	fon rakhana
bezet (bn)	बिज़ी	bizī
overgaan (ww)	फ़ोन बजना	fon bajana
telefoonboek (het)	टेलीफ़ोन बुक (m)	telīfon buk
lokaal (bn)	लोकल	lokal
interlokaal (bn)	लंबी दूरी की कॉल	lambī dūrī kī kol
buitenlands (bn)	अंतर्राष्ट्रीय	antarrāshtrīy

114. Mobiele telefoon

mobieltje (het)	मोबाइल फ़ोन (m)	mobail fon
scherm (het)	डिस्प्ले (m)	disple
toets, knop (de)	बटन (m)	batan
simkaart (de)	सिम कार्ड (m)	sim kārd
batterij (de)	बैटरी (f)	baitarī

leeg zijn (ww)	बैटरी डेड हो जाना	baitarī ded ho jāna
acculader (de)	चार्जर (m)	chārjar

menu (het)	मीनू (m)	mīnū
instellingen (mv.)	सेटिंग्स (f)	setings
melodie (beltoon)	कॉलर ट्यून (m)	kolar tyūn
selecteren (ww)	चुनना	chunana

rekenmachine (de)	कैल्कुलैटर (m)	kailkulaitar
voicemail (de)	वॉयस मेल (f)	voyas mel
wekker (de)	अलार्म घड़ी (f)	alārm gharī
contacten (mv.)	संपर्क (m)	sampark

SMS-bericht (het)	एसएमएस (m)	esemes
abonnee (de)	सदस्य (m)	sadasy

115. Schrijfbehoeften

balpen (de)	बॉल पेन (m)	bol pen
vulpen (de)	फाउन्टेन पेन (m)	faunten pen

potlood (het)	पेंसिल (f)	pensil
marker (de)	हाइलाइटर (m)	hailaitar
viltstift (de)	फ़ेल्ट टिप पेन (m)	felt tip pen

notitieboekje (het)	नोटबुक (m)	notabuk
agenda (boekje)	डायरी (f)	dāyarī

liniaal (de/het)	स्केल (m)	skel
rekenmachine (de)	कैल्कुलेटर (m)	kailkuletar
gom (de)	रबड़ (f)	rabar
punaise (de)	थंबटैक (m)	thanrbataik
paperclip (de)	पेपर क्लिप (m)	pepar klip

lijm (de)	गोंद (f)	gond
nietmachine (de)	स्टेप्लर (m)	steplar
perforator (de)	होल पंचर (m)	hol panchar
potloodslijper (de)	शार्पनर (m)	shārpanar

116. Verschillende soorten documenten

verslag (het)	रिपोर्ट (m)	riport
overeenkomst (de)	समझौता (f)	samajhauta
aanvraagformulier (het)	आवेदन प्रपत्र (m)	āvedan prapatr
origineel, authentiek (bn)	असल	asal
badge, kaart (de)	बैज (f)	baij
visitekaartje (het)	बिज़नेस कार्ड (m)	bizanes kārd

certificaat (het)	प्रमाणपत्र (m)	pramānapatr
cheque (de)	चेक (m)	chek
rekening (in restaurant)	बिल (m)	bil
grondwet (de)	संविधान (m)	sanvidhān

contract (het)	अनुबंध (m)	anubandh
kopie (de)	कॉपी (f)	kopī
exemplaar (het)	प्रति (f)	prati
douaneaangifte (de)	सीमाशुल्क घोषणा (f)	sīmāshulk ghoshana
document (het)	दस्तावेज़ (m)	dastāvez
rijbewijs (het)	ड्राइवर-लाइसेंस (m)	draivar-laisens
bijlage (de)	परिशिष्ट (f)	parishisht
formulier (het)	प्रपत्र (m)	prapatr
identiteitskaart (de)	पहचान पत्र (m)	pahachān patr
aanvraag (de)	पूछताछ (f)	pūchhatāchh
uitnodigingskaart (de)	निमंत्रण-पत्र (m)	nimantran-patr
factuur (de)	इन्वॉएस (m)	invoes
wet (de)	कानून (m)	kānūn
brief (de)	पत्र (m)	patr
briefhoofd (het)	लेटरहेड (m)	letarahed
lijst (de)	सूची (f)	sūchī
manuscript (het)	हस्तलेख (m)	hastalekh
nieuwsbrief (de)	संवादपत्र (m)	sanvādapatr
briefje (het)	नोट (m)	not
pasje (voor personeel, enz.)	पास (m)	pās
paspoort (het)	पासपोर्ट (m)	pāsaport
vergunning (de)	अनुमति (f)	anumati
CV, curriculum vitae (het)	रेज़्यूम (m)	rijyūm
schuldbekentenis (de)	ऋण नोट (m)	ririn not
kwitantie (de)	रसीद (f)	rasīd
bon (kassabon)	बिक्री रसीद (f)	bikrī rasīd
rapport (het)	रिपोर्ट (m)	riport
tonen (paspoort, enz.)	दिखाना	dikhāna
ondertekenen (ww)	हस्ताक्षर करना	hastākshar karana
handtekening (de)	हस्ताक्षर (f)	hastākshar
stempel (de)	सील (m)	sīl
tekst (de)	पाठ (m)	pāth
biljet (het)	प्रवेश टिकट (m)	pravesh tikat
doorhalen (doorstrepen)	रेखा खींचकर काटना	rekha khīnchakar kātana
invullen (een formulier ~)	भरना	bharana
vrachtbrief (de)	रसीद (f)	rasīd
testament (het)	वसीयत (m)	vasīyat

117. Soorten bedrijven

uitzendbureau (het)	रोज़गार एजेंसी (f)	rozagār ejensī
bewakingsfirma (de)	सुरक्षा एजेंसी (f)	suraksha ejensī
persbureau (het)	सूचना केन्द्र (m)	sūchana kendr
reclamebureau (het)	विज्ञापन एजन्सी (f)	vigyāpan ejansī
antiek (het)	पुरानी चीज़ें (f)	purānī chīzen
verzekering (de)	बीमा (m)	bīma

naaiatelier (het)	दर्जी (m)	darzī
banken (mv.)	बैंक (m)	baink
bar (de)	बार (m)	bār
bouwbedrijven (mv.)	निर्माण (m)	nirmān
juwelen (mv.)	आभूषण (m)	ābhūshan
juwelier (de)	सुनार (m)	sunār

wasserette (de)	धोबीघर (m)	dhobīghar
alcoholische dranken (mv.)	मद्य पदार्थ (m)	mady padārth
nachtclub (de)	नाइट क्लब (m)	nait klab
handelsbeurs (de)	स्टॉक मार्केट (m)	stok mārket
bierbrouwerij (de)	शराब की भठ्ठी (f)	sharāb kī bhaththī
uitvaartcentrum (het)	शमशान घाट (m)	shamashān ghāt

casino (het)	केसिनो (m)	kesino
zakencentrum (het)	व्यापार केन्द्र (m)	vyāpār kendr
bioscoop (de)	सिनेमाघर (m)	sinemāghar
airconditioning (de)	वातानुकूलक सेवा (f)	vātānukūlak seva

handel (de)	व्यापार (m)	vyāpār
luchtvaartmaatschappij (de)	हवाई कम्पनी (f)	havaī kampanī
adviesbureau (het)	परामर्श सेवा (f)	parāmarsh seva
koerierdienst (de)	कुरियर सेवा (f)	kuriyar seva

tandheelkunde (de)	दंतचिकित्सा क्लिनिक (f)	dantachikitsa klinik
design (het)	डिज़ाइन (m)	dizain
business school (de)	व्यापार विद्यालय (m)	vyāpār vidyālay
magazijn (het)	भंडार (m)	bhandār
kunstgalerie (de)	चित्रशाला (f)	chitrashāla
IJsje (het)	आईसक्रीम (f)	āīsakrīm
hotel (het)	होटल (m)	hotal

vastgoed (het)	अचल संपत्ति (f)	achal sampatti
drukkerij (de)	छपाई (m)	chhapaī
industrie (de)	उद्योग (m)	udyog
Internet (het)	इन्टरनेट (m)	intaranet
investeringen (mv.)	निवेश (f)	nivesh

krant (de)	अख़बार (m)	akhabār
boekhandel (de)	किताबों की दुकान (f)	kitābon kī dukān
lichte industrie (de)	हल्का उद्योग (m)	halka udyog

winkel (de)	दुकान (f)	dukān
uitgeverij (de)	प्रकाशन गृह (m)	prakāshan grh
medicijnen (mv.)	औषधि (f)	aushadhi
meubilair (het)	फ़र्निचर (m)	farnichar
museum (het)	संग्रहालय (m)	sangrahālay

olie (aardolie)	पेट्रोलियम (m)	petroliyam
apotheek (de)	दवाख़ाना (m)	davākhāna
geneesmiddelen (mv.)	औषधि (f)	aushadhi
zwembad (het)	तरण-ताल (m)	taran-tāl
stomerij (de)	ड्राइक्लीनिंग (f)	draiklīning
voedingswaren (mv.)	खाद्य पदार्थ (m)	khādy padārth
reclame (de)	विज्ञापन (m)	vigyāpan
radio (de)	रेडियो (m)	rediyo

afvalinzameling (de)	कूड़ा उठाने की सेवा (f)	kūra uthāne kī seva
restaurant (het)	रेस्टराँ (m)	restarān
tijdschrift (het)	पत्रिका (f)	patrika

schoonheidssalon (de/het)	ब्यूटी पार्लर (m)	byūtī pārlar
financiële diensten (mv.)	वित्त सेवा (f)	vitt seva
juridische diensten (mv.)	कानूनी सलाह (f)	kānūnī salāh
boekhouddiensten (mv.)	लेखा सेवा (f)	lekha seva
audit diensten (mv.)	लेखापरीक्षा सेवा (f)	lekhāparīksha seva
sport (de)	क्रीड़ा (f)	krīra
supermarkt (de)	सुपर बाज़ार (m)	supar bāzār

televisie (de)	टीवी (m)	tīvī
theater (het)	रंगमंच (m)	rangamanch
toerisme (het)	पर्यटन (m)	paryatan
transport (het)	परिवहन (m)	parivahan

postorderbedrijven (mv.)	मेल-ऑर्डर विक्रय (m)	mel-ordar vikray
kleding (de)	पोशाक (m)	poshāk
dierenarts (de)	पशुचिकित्सक (m)	pashuchikitsak

Baan. Business. Deel 2

118. Show. Tentoonstelling

beurs (de)	प्रदर्शनी (f)	pradarshanī
vakbeurs, handelsbeurs (de)	व्यापारिक प्रदर्शनी (f)	vyāpārik pradarshanī
deelneming (de)	शिरकत (f)	shirakat
deelnemen (ww)	भाग लेना	bhāg lena
deelnemer (de)	प्रतिभागी (m)	pratibhāgī
directeur (de)	निदेशक (m)	nideshak
organisatiecomité (het)	आयोजकों का कार्यालय (m)	āyojakon ka kāryālay
organisator (de)	आयोजक (m)	āyojak
organiseren (ww)	आयोजित करना	āyojit karana
deelnemingsaanvraag (de)	प्रतिभागी प्रपत्र (m)	pratibhāgī prapatr
invullen (een formulier ~)	भरना	bharana
details (mv.)	विवरण (m)	vivaran
informatie (de)	जानकारी (f)	jānakārī
prijs (de)	दाम (m)	dām
inclusief (bijv. ~ BTW)	सहित	sahit
inbegrepen (alles ~)	शामिल करना	shāmil karana
betalen (ww)	दाम चुकाना	dām chukāna
registratietarief (het)	पंजीकरण शुल्क (f)	panjīkaran shulk
ingang (de)	प्रवेश (m)	pravesh
paviljoen (het), hal (de)	हॉल (m)	hol
registreren (ww)	पंजीकरण करवाना	panjīkaran karavāna
badge, kaart (de)	बैज (f)	baij
beursstand (de)	स्टेंड (m)	stend
reserveren (een stand ~)	बुक करना	buk karana
vitrine (de)	प्रदर्शन खिड़की (f)	pradarshan khirakī
licht (het)	स्पॉटलाइट (f)	spotalait
design (het)	डिज़ाइन (m)	dizain
plaatsen (ww)	रखना	rakhana
distributeur (de)	वितरक (m)	vitarak
leverancier (de)	आपूर्तिकर्ता (m)	āpūrtikarta
land (het)	देश (m)	desh
buitenlands (bn)	विदेश	videsh
product (het)	उत्पाद (m)	utpād
associatie (de)	संस्था (f)	sanstha
conferentiezaal (de)	सम्मेलन भवन (m)	sammelan bhavan
congres (het)	सम्मेलन (m)	sammelan

wedstrijd (de)	प्रतियोगिता (f)	pratiyogita
bezoeker (de)	सहभागी (m)	sahabhāgī
bezoeken (ww)	भाग लेना	bhāg lena
afnemer (de)	ग्राहक (m)	grāhak

119. Massamedia

krant (de)	अख़बार (m)	akhabār
tijdschrift (het)	पत्रिका (f)	patrika
pers (gedrukte media)	प्रेस (m)	pres
radio (de)	रेडियो (m)	rediyo
radiostation (het)	रेडियो स्टेशन (m)	rediyo steshan
televisie (de)	टीवी (m)	tīvī

presentator (de)	प्रस्तुतकर्ता (m)	prastutakarta
nieuwslezer (de)	उद्घोषक (m)	udghoshak
commentator (de)	टिप्पणीकार (m)	tippanīkār

journalist (de)	पत्रकार (m)	patrakār
correspondent (de)	पत्रकार (m)	patrakār
fotocorrespondent (de)	फ़ोटो पत्रकार (m)	foto patrakār
reporter (de)	पत्रकार (m)	patrakār

redacteur (de)	संपादक (m)	sampādak
chef-redacteur (de)	मूख्य संपादक (m)	mūkhy sampādak
zich abonneren op	सदस्य बनना	sadasy banana
abonnement (het)	सदस्यता शुल्क (f)	sadasyata shulk
abonnee (de)	सदस्य (m)	sadasy
lezen (ww)	पढ़ना	parhana
lezer (de)	पाठक (m)	pāthak

oplage (de)	प्रतियों की संख्या (f)	pratiyon kī sankhya
maand-, maandelijks (bn)	मासिक	māsik
wekelijks (bn)	साप्ताहिक	saptāhik
nummer (het)	संस्करण संख्या (f)	sanskaran sankhya
vers (~ van de pers)	ताज़ा	tāza

kop (de)	हेडलाइन (f)	hedalain
korte artikel (het)	लघु लेख (m)	laghu lekh
rubriek (de)	कॉलम (m)	kolam
artikel (het)	लेख (m)	lekh
pagina (de)	पृष्ठ (m)	prshth

reportage (de)	रिपोर्ट (f)	riport
gebeurtenis (de)	घटना (f)	ghatana
sensatie (de)	सनसनी (f)	sanasanī
schandaal (het)	कांड (m)	kānd
schandalig (bn)	चौंका देने वाला	chaunka dene vāla
groot (~ schandaal, enz.)	बड़ा	bara

programma (het)	प्रसारण (m)	prasāran
interview (het)	साक्षात्कार (m)	sākshātkār
live uitzending (de)	सीधा प्रसारण (m)	sīdha prasāran
kanaal (het)	चैनल (m)	chainal

120. Landbouw

landbouw (de)	खेती (f)	khetī
boer (de)	किसान (m)	kisān
boerin (de)	किसान (f)	kisān
landbouwer (de)	किसान (m)	kisān
tractor (de)	ट्रैक्टर (m)	traiktar
maaidorser (de)	फ़सल काटने की मशीन (f)	fasal kātane kī mashīn
ploeg (de)	हल (m)	hal
ploegen (ww)	जोतना	jotana
akkerland (het)	जोत भूमि (f)	jot bhūmi
voor (de)	जोती गई भूमि (f)	jotī gaī bhūmi
zaaien (ww)	बोना	bona
zaaimachine (de)	बोने की मशीन (f)	bone kī mashīn
zaaien (het)	बोवाई (f)	bovaī
zeis (de)	हँसिया (m)	hansiya
maaien (ww)	काटना	kātana
schop (de)	कुदाल (m)	kudāl
spitten (ww)	खोदना	khodana
schoffel (de)	फावड़ा (m)	fāvara
wieden (ww)	निराना	nirāna
onkruid (het)	जंगली घास	jangalī ghās
gieter (de)	सींचाई कनस्तर (m)	sīnchaī kanastar
begieten (water geven)	सींचना	sīnchana
bewatering (de)	सींचाई (f)	sīnchaī
riek, hooivork (de)	पंजा (m)	panja
hark (de)	जेली (f)	jelī
meststof (de)	खाद (f)	khād
bemesten (ww)	खाद डालना	khād dālana
mest (de)	गोबर (m)	gobar
veld (het)	खेत (f)	khet
wei (de)	केदार (m)	kedār
moestuin (de)	सब्जियों का बगीचा (m)	sabziyon ka bagīcha
boomgaard (de)	बाग़ (m)	bāg
weiden (ww)	चराना	charāna
herder (de)	चरवाहा (m)	charavāha
weiland (de)	चरागाह (f)	charāgāh
veehouderij (de)	पशुपालन (m)	pashupālan
schapenteelt (de)	भेड़पालन (m)	bherapālan
plantage (de)	बागान (m)	bāgān
rijtje (het)	क्यारी (f)	kyārī
broeikas (de)	पौधाघर (m)	paudhāghar

| droogte (de) | सूखा (f) | sūkha |
| droog (bn) | सूखा | sūkha |

| graangewassen (mv.) | अनाज (m pl) | anāj |
| oogsten (ww) | फ़सल काटना | fasal kātana |

molenaar (de)	चक्कीवाला (m)	chakkīvāla
molen (de)	चक्की (f)	chakkī
malen (graan ~)	पीसना	pīsana
bloem (bijv. tarwebloem)	आटा (m)	āta
stro (het)	फूस (m)	fūs

121. Gebouw. Bouwproces

bouwplaats (de)	निर्माण स्थल (m)	nirmān sthal
bouwen (ww)	निर्माण करना	nirmān karana
bouwvakker (de)	मज़दूर (m)	mazadūr

project (het)	परियोजना (m)	pariyojana
architect (de)	वास्तुकार (m)	vāstukār
arbeider (de)	मज़दूर (m)	mazadūr

fundering (de)	आधार (m)	ādhār
dak (het)	छत (f)	chhat
heipaal (de)	नींव (m)	nīnv
muur (de)	दीवार (f)	dīvār

| betonstaal (het) | मज़बूत सलाखें (m) | mazabūt salākhen |
| steigers (mv.) | मचान (m) | machān |

| beton (het) | कंक्रीट (m) | kankrīt |
| graniet (het) | ग्रेनाइट (m) | grenait |

| steen (de) | पत्थर (m) | patthar |
| baksteen (de) | ईंट (f) | īnt |

zand (het)	रेत (f)	ret
cement (de/het)	सीमेन्ट (m)	sīment
pleister (het)	प्लस्तर (m)	plastar
pleisteren (ww)	प्लस्तर लगाना	plastar lagāna
verf (de)	रंग (m)	rang

| verven (muur ~) | रंगना | rangana |
| ton (de) | पीपा (m) | pīpa |

kraan (de)	क्रेन (m)	kren
heffen, hijsen (ww)	उठाना	uthāna
neerlaten (ww)	नीचे उतारना	nīche utārana

bulldozer (de)	बुल्डोज़र (m)	buldozar
graafmachine (de)	उत्खनक (m)	utkhanak
graafbak (de)	उत्खनक बाल्टी (m)	utkhanak bāltī
graven (tunnel, enz.)	खोदना	khodana
helm (de)	हेलमेट (f)	helamet

122. Wetenschap. Onderzoek. Wetenschappers

wetenschap (de)	विज्ञान (m)	vigyān
wetenschappelijk (bn)	वैज्ञानिक	vaigyānik
wetenschapper (de)	वैज्ञानिक (m)	vaigyānik
theorie (de)	सिद्धांत (f)	siddhānt

axioma (het)	सिद्ध प्रमाण (m)	siddh pramān
analyse (de)	विश्लेषण (m)	vishleshan
analyseren (ww)	विश्लेषण करना	vishleshan karana
argument (het)	तथ्य (m)	tathy
substantie (de)	पदार्थ (m)	padārth

hypothese (de)	परिकल्पना (f)	parikalpana
dilemma (het)	दुविधा (m)	duvidha
dissertatie (de)	शोधनिबंध (m)	shodhanibandh
dogma (het)	हठधर्मिता (f)	hathadharmita

doctrine (de)	सिद्धांत (m)	siddhānt
onderzoek (het)	शोध (m)	shodh
onderzoeken (ww)	शोध करना	shodh karana
toetsing (de)	जांच (f)	jānch
laboratorium (het)	प्रयोगशाला (f)	prayogashāla

methode (de)	वीधि (f)	vīdhi
molecule (de/het)	अणु (m)	anu
monitoring (de)	निगरानी (f)	nigarānī
ontdekking (de)	आविष्कार (m)	āvishkār

postulaat (het)	स्वसिद्ध (m)	svasiddh
principe (het)	सिद्धांत (m)	siddhānt
voorspelling (de)	पूर्वानुमान (m)	pūrvānumān
een prognose maken	पूर्वानुमान करना	pūrvānumān karana

synthese (de)	संश्लेषण (m)	sanshleshan
tendentie (de)	प्रवृत्ति (f)	pravrtti
theorema (het)	प्रमेय (m)	pramey

leerstellingen (mv.)	शिक्षा (f)	shiksha
feit (het)	तथ्य (m)	tathy
expeditie (de)	अभियान (m)	abhiyān
experiment (het)	प्रयोग (m)	prayog

academicus (de)	अकदमीशियन (m)	akadamīshiyan
bachelor (bijv. BA, LLB)	स्नातक (m)	snātak
doctor (de)	डॉक्टर (m)	doktar
universitair docent (de)	सह - प्राध्यापक (m)	sah - prādhyāpak
master, magister (de)	स्नातकोत्तर (m)	snātakottar
professor (de)	प्रोफ़ेसर (m)	profesar

Beroepen en ambachten

123. Zoeken naar werk. Ontslag

baan (de)	नौकरी (f)	naukarī
personeel (het)	कर्मचारी (m)	karmachārī
carrière (de)	व्यवसाय (m)	vyavasāy
vooruitzichten (mv.)	संभावना (f)	sambhāvana
meesterschap (het)	हुनर (m)	hunar
keuze (de)	चुनाव (m)	chunāv
uitzendbureau (het)	रोज़गार केन्द्र (m)	rozagār kendr
CV, curriculum vitae (het)	रेज़्यूम (m)	rijyūm
sollicitatiegesprek (het)	नौकरी के लिए साक्षात्कार (m)	naukarī ke lie sākshātkār
vacature (de)	रिक्ति (f)	rikti
salaris (het)	वेतन (m)	vetan
vaste salaris (het)	वेतन (m)	vetan
loon (het)	भुगतान (m)	bhugatān
betrekking (de)	पद (m)	pad
taak, plicht (de)	कर्तव्य (m)	kartavy
takenpakket (het)	कार्य-क्षेत्र (m)	kāry-kshetr
bezig (~ zijn)	व्यस्त	vyast
ontslagen (ww)	बरख़ास्त करना	barakhāst karana
ontslag (het)	बरख़ास्तगी (f)	barakhāstagī
werkloosheid (de)	बेरोज़गारी (f)	berozagārī
werkloze (de)	बेरोज़गार (m)	berozagār
pensioen (het)	सेवा-निवृत्ति (f)	seva-nivrtti
met pensioen gaan	सेवा-निवृत होना	seva-nivrtt hona

124. Zakenmensen

directeur (de)	निदेशक (m)	nideshak
beheerder (de)	प्रबंधक (m)	prabandhak
hoofd (het)	मालिक (m)	mālik
baas (de)	वरिष्ठ अधिकारी (m)	varishth adhikārī
superieuren (mv.)	वरिष्ठ अधिकारी (m)	varishth adhikārī
president (de)	अध्यक्ष (m)	adhyaksh
voorzitter (de)	सभाध्यक्ष (m)	sabhādhyaksh
adjunct (de)	उपाध्यक्ष (m)	upādhyaksh
assistent (de)	सहायक (m)	sahāyak
secretaris (de)	सेक्रटरी (f)	sekratarī

persoonlijke assistent (de)	निजी सहायक (m)	nijī sahāyak
zakenman (de)	व्यापारी (m)	vyāpārī
ondernemer (de)	उद्यमी (m)	udyamī
oprichter (de)	संस्थापक (m)	sansthāpak
oprichten (een nieuw bedrijf ~)	स्थापित करना	sthāpit karana

stichter (de)	स्थापक (m)	sthāpak
partner (de)	पार्टनर (m)	pārtanar
aandeelhouder (de)	शेयर होलडर (m)	sheyar holadar

miljonair (de)	लखपति (m)	lakhapati
miljardair (de)	करोड़पति (m)	karorapati
eigenaar (de)	मालिक (m)	mālik
landeigenaar (de)	ज़मीनदार (m)	zamīnadār

klant (de)	ग्राहक (m)	grāhak
vaste klant (de)	खरीदार (m)	kharīdār
koper (de)	ग्राहक (m)	grāhak
bezoeker (de)	आगंतुक (m)	āgantuk

professioneel (de)	पेशेवर (m)	peshevar
expert (de)	विशेषज्ञ (m)	visheshagy
specialist (de)	विशेषज्ञ (m)	visheshagy

bankier (de)	बैंकर (m)	bainkar
makelaar (de)	ब्रोकर (m)	brokar

kassier (de)	कैशियर (m)	kaishiyar
boekhouder (de)	लेखापाल (m)	lekhāpāl
bewaker (de)	पहरेदार (m)	paharedār

investeerder (de)	निवेशक (m)	niveshak
schuldenaar (de)	क़र्ज़दार (m)	qarzadār
crediteur (de)	लेनदार (m)	lenadār
lener (de)	कर्ज़दार (m)	karzadār

importeur (de)	आयातकर्ता (m)	āyātakartta
exporteur (de)	निर्यातकर्ता (m)	niryātakartta

producent (de)	उत्पादक (m)	utpādak
distributeur (de)	वितरक (m)	vitarak
bemiddelaar (de)	बिचौलिया (m)	bichauliya

adviseur, consulent (de)	सलाहकार (m)	salāhakār
vertegenwoordiger (de)	बिक्री प्रतिनिधि (m)	bikrī pratinidhi
agent (de)	एजेंट (m)	ejent
verzekeringsagent (de)	बीमा एजन्ट (m)	bīma ejant

125. Dienstverlenende beroepen

kok (de)	बावरची (m)	bāvarachī
chef-kok (de)	मुख्य बावरची (m)	mukhy bāvarachī
bakker (de)	बेकर (m)	bekar

barman (de)	बारेटेन्डर (m)	bāretendar
kelner, ober (de)	बैरा (m)	baira
serveerster (de)	बैरा (f)	baira

advocaat (de)	वकील (m)	vakīl
jurist (de)	वकील (m)	vakīl
notaris (de)	नोटरी (m)	notarī

elektricien (de)	बिजलीवाला (m)	bijalīvāla
loodgieter (de)	प्लम्बर (m)	plambar
timmerman (de)	बढ़ई (m)	barhī

masseur (de)	मालिशिया (m)	mālishiya
masseuse (de)	मालिशिया (m)	mālishiya
dokter, arts (de)	चिकित्सक (m)	chikitsak

taxichauffeur (de)	टैक्सीवाला (m)	taiksīvāla
chauffeur (de)	ड्राइवर (m)	draivar
koerier (de)	कूरियर (m)	kūriyar

kamermeisje (het)	चैम्बरमेड (f)	chaimbaramed
bewaker (de)	पहरेदार (m)	paharedār
stewardess (de)	एयर होस्टेस (f)	eyar hostes

meester (de)	शिक्षक (m)	shikshak
bibliothecaris (de)	पुस्तकाध्यक्ष (m)	pustakādhyaksh
vertaler (de)	अनुवादक (m)	anuvādak
tolk (de)	दुभाषिया (m)	dubhāshiya
gids (de)	गाइड (m)	gaid

kapper (de)	नाई (m)	naī
postbode (de)	डाकिया (m)	dākiya
verkoper (de)	विक्रेता (m)	vikreta

tuinman (de)	माली (m)	mālī
huisbediende (de)	नौकर (m)	naukar
dienstmeisje (het)	नौकरानी (f)	naukarānī
schoonmaakster (de)	सफ़ाईवाली (f)	safaīvālī

126. Militaire beroepen en rangen

soldaat (rang)	सैनिक (m)	sainik
sergeant (de)	सार्जेंट (m)	sārjent
luitenant (de)	लेफ्टिनेंट (m)	leftinent
kapitein (de)	कैप्टन (m)	kaiptan

majoor (de)	मेजर (m)	mejar
kolonel (de)	कर्नल (m)	karnal
generaal (de)	जनरल (m)	janaral
maarschalk (de)	मार्शल (m)	mārshal
admiraal (de)	एडमिरल (m)	edamiral

| militair (de) | सैनिक (m) | sainik |
| soldaat (de) | सिपाही (m) | sipāhī |

| officier (de) | अफ़सर (m) | afsar |
| commandant (de) | कमांडर (m) | kamāndar |

grenswachter (de)	सीमा रक्षक (m)	sīma rakshak
marconist (de)	रेडियो ऑपरेटर (m)	rediyo oparetar
verkenner (de)	गुप्तचर (m)	guptachar
sappeur (de)	युद्ध इंजीनियर (m)	yuddh injīniyar
schutter (de)	तीरंदाज़ (m)	tīrandāz
stuurman (de)	नैवीगेटर (m)	naivīgetar

127. Ambtenaren. Priesters

| koning (de) | बादशाह (m) | bādashāh |
| koningin (de) | महारानी (f) | mahārānī |

| prins (de) | राजकुमार (m) | rājakumār |
| prinses (de) | राजकुमारी (f) | rājakumārī |

| tsaar (de) | राजा (m) | rāja |
| tsarina (de) | रानी (f) | rānī |

president (de)	राष्ट्रपति (m)	rāshtrapati
minister (de)	मंत्री (m)	mantrī
eerste minister (de)	प्रधान मंत्री (m)	pradhān mantrī
senator (de)	सांसद (m)	sānsad

diplomaat (de)	राजनयिक (m)	rājanayik
consul (de)	राजनयिक (m)	rājanayik
ambassadeur (de)	राजदूत (m)	rājadūt
adviseur (de)	राजनयिक परामर्शदाता (m)	rājanayik parāmarshadāta

ambtenaar (de)	अधिकारी (m)	adhikārī
prefect (de)	अधिकारी (m)	adhikārī
burgemeester (de)	मेयर (m)	meyar

| rechter (de) | न्यायाधीश (m) | nyāyādhīsh |
| aanklager (de) | अभियोक्ता (m) | abhiyokta |

missionaris (de)	पादरी (m)	pādarī
monnik (de)	मठवासी (m)	mathavāsī
abt (de)	मठाधीश (m)	mathādhīsh
rabbi, rabbijn (de)	रब्बी (m)	rabbī

vizier (de)	वज़ीर (m)	vazīr
sjah (de)	शाह (m)	shāh
sjeik (de)	शेख़ (m)	shekh

128. Agrarische beroepen

imker (de)	मधुमक्खी-पालक (m)	madhumakkhī-pālak
herder (de)	चरवाहा (m)	charavāha
landbouwkundige (de)	कृषिविज्ञानी (m)	krshivigyānī

| veehouder (de) | पशुपालक (m) | pashupālak |
| dierenarts (de) | पशुचिकित्सक (m) | pashuchikitsak |

landbouwer (de)	किसान (m)	kisān
wijnmaker (de)	मदिराकारी (m)	madirākārī
zoöloog (de)	जीव विज्ञानी (m)	jīv vigyānī
cowboy (de)	चरवाहा (m)	charavāha

129. Kunst beroepen

| acteur (de) | अभिनेता (m) | abhineta |
| actrice (de) | अभिनेत्री (f) | abhinetrī |

| zanger (de) | गायक (m) | gāyak |
| zangeres (de) | गायिका (f) | gāyika |

| danser (de) | नर्तक (m) | nartak |
| danseres (de) | नर्तकी (f) | nartakī |

| artiest (mann.) | अदाकार (m) | adākār |
| artiest (vrouw.) | अदाकारा (f) | adākāra |

muzikant (de)	साज़िन्दा (m)	sāzinda
pianist (de)	पियानो वादक (m)	piyāno vādak
gitarist (de)	गिटार वादक (m)	gitār vādak

orkestdirigent (de)	बैंड कंडक्टर (m)	baind kandaktar
componist (de)	संगीतकार (m)	sangītakār
impresario (de)	इम्प्रेसारियो (m)	impresāriyo

filmregisseur (de)	निर्देशक (m)	nirdeshak
filmproducent (de)	प्रोड्यूसर (m)	prodyūsar
scenarioschrijver (de)	लेखक (m)	lekhak
criticus (de)	आलोचक (m)	ālochak

schrijver (de)	लेखक (m)	lekhak
dichter (de)	कवि (m)	kavi
beeldhouwer (de)	मूर्तिकार (m)	mūrtikār
kunstenaar (de)	चित्रकार (m)	chitrakār

jongleur (de)	बाज़ीगर (m)	bāzīgar
clown (de)	जोकर (m)	jokar
acrobaat (de)	कलाबाज़ (m)	kalābāz
goochelaar (de)	जादूगर (m)	jādūgar

130. Verschillende beroepen

dokter, arts (de)	चिकित्सक (m)	chikitsak
ziekenzuster (de)	नर्स (m)	nars
psychiater (de)	मनोचिकित्सक (m)	manochikitsak
tandarts (de)	दंतचिकित्सक (m)	dantachikitsak
chirurg (de)	शल्य-चिकित्सक (m)	shaly-chikitsak

astronaut (de)	अंतरिक्षयात्री (m)	antarikshayātrī
astronoom (de)	खगोल-विज्ञानी (m)	khagol-vigyānī
piloot (de)	पाइलट (m)	pailat

chauffeur (de)	ड्राइवर (m)	draivar
machinist (de)	इंजन ड्राइवर (m)	injan draivar
mecanicien (de)	मैकेनिक (m)	maikenik

mijnwerker (de)	खनिक (m)	khanik
arbeider (de)	मज़दूर (m)	mazadūr
bankwerker (de)	ताला बनानेवाला (m)	tāla banānevāla
houtbewerker (de)	बढ़ई (m)	barhī
draaier (de)	खरादी (m)	kharādī
bouwvakker (de)	मज़ूदर (m)	mazūdar
lasser (de)	वेल्डर (m)	veldar

professor (de)	प्रोफ़ेसर (m)	profesar
architect (de)	वास्तुकार (m)	vāstukār
historicus (de)	इतिहासकार (m)	itihāsakār
wetenschapper (de)	वैज्ञानिक (m)	vaigyānik
fysicus (de)	भौतिक विज्ञानी (m)	bhautik vigyānī
scheikundige (de)	रसायनविज्ञानी (m)	rasāyanavigyānī

archeoloog (de)	पुरातत्वविद (m)	purātatvavid
geoloog (de)	भूविज्ञानी (m)	bhūvigyānī
onderzoeker (de)	शोधकर्ता (m)	shodhakarta

| babysitter (de) | दाई (f) | daī |
| leraar, pedagoog (de) | शिक्षक (m) | shikshak |

redacteur (de)	संपादक (m)	sampādak
chef-redacteur (de)	मुख्य संपादक (m)	mūkhy sampādak
correspondent (de)	पत्रकार (m)	patrakār
typiste (de)	टाइपिस्ट (f)	taipist

designer (de)	डिज़ाइनर (m)	dizainar
computerexpert (de)	कंप्यूटर विशेषज्ञ (m)	kampyūtar visheshagy
programmeur (de)	प्रोग्रामर (m)	progrāmar
ingenieur (de)	इंजीनियर (m)	injīniyar

matroos (de)	मल्लाह (m)	mallāh
zeeman (de)	मल्लाह (m)	mallāh
redder (de)	बचानेवाला (m)	bachānevāla

brandweerman (de)	दमकल कर्मचारी (m)	damakal karmachārī
politieagent (de)	पुलिसवाला (m)	pulisavāla
nachtwaker (de)	पहरेदार (m)	paharedār
detective (de)	जासूस (m)	jāsūs

douanier (de)	सीमाशुल्क अधिकारी (m)	sīmāshulk adhikārī
lijfwacht (de)	अंगरक्षक (m)	angarakshak
gevangenisbewaker (de)	जेल का पहरेदार (m)	jel ka paharedār
inspecteur (de)	अधीक्षक (m)	adhīkshak

| sportman (de) | खिलाड़ी (m) | khilārī |
| trainer (de) | प्रशिक्षक (m) | prashikshak |

slager, beenhouwer (de)	कसाई (m)	kasaī
schoenlapper (de)	मोची (m)	mochī
handelaar (de)	व्यापारी (m)	vyāpārī
lader (de)	कुली (m)	kulī

| kledingstilist (de) | फैशन डिज़ाइनर (m) | faishan dizainar |
| model (het) | मॉडल (m) | modal |

131. Beroepen. Sociale status

| scholier (de) | छात्र (m) | chhātr |
| student (de) | विद्यार्थी (m) | vidyārthī |

filosoof (de)	दर्शनशास्त्री (m)	darshanashāstrī
econoom (de)	अर्थशास्त्री (m)	arthashāstrī
uitvinder (de)	आविष्कारक (m)	āvishkārak

werkloze (de)	बेरोज़गार (m)	berozagār
gepensioneerde (de)	सेवा-निवृत्त (m)	seva-nivrtt
spion (de)	गुप्तचर (m)	guptachar

gedetineerde (de)	क़ैदी (m)	qaidī
staker (de)	हड़तालकारी (m)	haratālakārī
bureaucraat (de)	अफ़सरशाह (m)	afasarashāh
reiziger (de)	यात्री (m)	yātrī

| homoseksueel (de) | समलैंगिक (m) | samalaingik |
| hacker (computerkraker) | हैकर (m) | haikar |

bandiet (de)	डाकू (m)	dākū
huurmoordenaar (de)	हत्यारा (m)	hatyāra
drugsverslaafde (de)	नशेबाज़ (m)	nashebāz
drugshandelaar (de)	नशीली दवाओं का विक्रेता (m)	nashīlī davaon ka vikreta
prostituee (de)	वैश्या (f)	vaishya
pooier (de)	दलाल (m)	dalāl

tovenaar (de)	जादूगर (m)	jādūgar
tovenares (de)	डायन (f)	dāyan
piraat (de)	समुद्री लूटेरा (m)	samudrī lūtera
slaaf (de)	दास (m)	dās
samoerai (de)	सामुराई (m)	sāmuraī
wilde (de)	जंगली (m)	jangalī

Sport

132. Soorten sporten. Sporters

sportman (de)	खिलाड़ी (m)	khilārī
soort sport (de/het)	खेल (m)	khel
basketbal (het)	बास्केटबॉल (f)	bāsketabol
basketbalspeler (de)	बास्केटबॉल खिलाड़ी (m)	bāsketabol khilārī
baseball (het)	बेसबॉल (f)	besabol
baseballspeler (de)	बेसबॉल खिलाड़ी (m)	besabol khilārī
voetbal (het)	फुटबॉल (f)	futabol
voetballer (de)	फुटबॉल खिलाड़ी (m)	futabol khilārī
doelman (de)	गोलची (m)	golachī
hockey (het)	हॉकी (f)	hokī
hockeyspeler (de)	हॉकी खिलाड़ी (m)	hokī khilārī
volleybal (het)	वॉलीबॉल (f)	volībol
volleybalspeler (de)	वॉलीबॉल खिलाड़ी (m)	volībol khilārī
boksen (het)	मुक्केबाज़ी (f)	mukkebāzī
bokser (de)	मुक्केबाज़ (m)	mukkebāz
worstelen (het)	कुश्ती (m)	kushtī
worstelaar (de)	पहलवान (m)	pahalavān
karate (de)	कराटे (m)	karāte
karateka (de)	कराटेबाज़ (m)	karātebāz
judo (de)	जूडो (m)	jūdo
judoka (de)	जूडोबाज़ (m)	jūdobāz
tennis (het)	टेनिस (m)	tenis
tennisspeler (de)	टेनिस खिलाड़ी (m)	tenis khilārī
zwemmen (het)	तैराकी (m)	tairākī
zwemmer (de)	तैराक (m)	tairāk
schermen (het)	तलवारबाज़ी (f)	talavārabāzī
schermer (de)	तलवारबाज़ (m)	talavārabāz
schaak (het)	शतरंज (m)	shataranj
schaker (de)	शतंरजबाज़ (m)	shatanrajabāz
alpinisme (het)	पर्वतारोहण (m)	parvatārohan
alpinist (de)	पर्वतारोही (m)	parvatārohī
hardlopen (het)	दौड़ (f)	daur

renner (de)	धावक (m)	dhāvak
atletiek (de)	एथलेटिक्स (f)	ethaletiks
atleet (de)	एथलीट (m)	ethalīt

| paardensport (de) | घुड़सवारी (f) | ghurasavārī |
| ruiter (de) | घुड़सवार (m) | ghurasavār |

kunstschaatsen (het)	फ़ीगर स्केटिन्ग (m)	fīgar sketing
kunstschaatser (de)	फ़ीगर स्केटर (m)	fīgar sketar
kunstschaatsster (de)	फ़ीगर स्केटर (f)	fīgar sketar

gewichtheffen (het)	पॉवरलिफ्टिंग (m)	povaralifting
autoraces (mv.)	कार रेस (f)	kār res
coureur (de)	रेस ड्राइवर (m)	res draivar

| wielersport (de) | साइकिलिंग (f) | saikiling |
| wielrenner (de) | साइकिल चालक (m) | saikil chālak |

verspringen (het)	लांग जम्प (m)	lāng jamp
polsstokspringen (het)	बांस कूद (m)	bāns kūd
verspringer (de)	जम्पर (m)	jampar

133. Soorten sporten. Diversen

Amerikaans voetbal (het)	फुटबाल (m)	futabāl
badminton (het)	बैडमिंटन (m)	baidamintan
biatlon (de)	बायएथलॉन (m)	bāyethalon
biljart (het)	बिलियर्ड्स (m)	biliyards

bobsleeën (het)	बोबस्लेड (m)	bobasled
bodybuilding (de)	बांडीबिल्डिंग (m)	bodībilding
waterpolo (het)	वॉटर-पोलो (m)	votar-polo
handbal (de)	हैन्डबॉल (f)	haindabol
golf (het)	गोल्फ़ (m)	golf

roeisport (de)	नौकायन (m)	naukāyan
duiken (het)	स्कूबा डाइविंग (f)	skūba daiving
langlaufen (het)	क्रॉस कंट्री स्कीइंग (f)	kros kantrī skīing
tafeltennis (het)	टेबल टेनिस (m)	tebal tenis

zeilen (het)	पाल नौकायन (m)	pāl naukāyan
rally (de)	रैली रेसिंग (f)	railī resing
rugby (het)	रग्बी (m)	ragbī
snowboarden (het)	स्नोबोर्डिंग (m)	snobording
boogschieten (het)	तीरंदाज़ी (f)	tīrandāzī

134. Fitnessruimte

lange halter (de)	वेट (m)	vet
halters (mv.)	डाम्बबेल्स (m pl)	dāmbabels
training machine (de)	ट्रेनिंग मशीन (f)	trening mashīn
hometrainer (de)	व्यायाम साइकिल (f)	vyāyām saikil

loopband (de)	ट्रेडमिल (f)	tredamil
rekstok (de)	क्षैतिज बार (m)	kshaitij bār
brug (de) gelijke leggers	समानांतर बार (m)	samānāntar bār
paardsprong (de)	घोड़ा (m)	ghora
mat (de)	मैट (m)	mait

| aerobics (de) | एरोबिक (m) | erobik |
| yoga (de) | योग (m) | yog |

135. Hockey

hockey (het)	हॉकी (f)	hokī
hockeyspeler (de)	हॉकी का खिलाड़ी (m)	hokī ka khilārī
hockey spelen	हॉकी खेलना	hokī khelana
IJs (het)	बर्फ़ (m)	barf

puck (de)	पक (m)	pak
hockeystick (de)	स्टिक (m)	stik
schaatsen (mv.)	आइस स्केट्स (m)	āis skets

| boarding (de) | बोर्ड (m) | bord |
| schot (het) | शॉट (m) | shot |

doelman (de)	गोलची (m)	golachī
goal (de)	गोल (m)	gol
een goal scoren	गोल करना	gol karana

| periode (de) | अवधि (f) | avadhi |
| reservebank (de) | सब्सचिट्यूट बेंच (f) | sabsachityūt bench |

136. Voetbal

voetbal (het)	फ़ुटबॉल (m)	futabol
voetballer (de)	फ़ुटबॉल का खिलाड़ी (m)	futabol ka khilārī
voetbal spelen	फ़ुटबॉल खेलना	futabol khelana

eredivisie (de)	मेजर लीग (m)	mejar līg
voetbalclub (de)	फ़ुटबॉल क्लब (m)	futabol klab
trainer (de)	प्रशिक्षक (m)	prashikshak
eigenaar (de)	मालिक (m)	mālik

team (het)	दल (m)	dal
aanvoerder (de)	दल का कप्तान (m)	dal ka kaptān
speler (de)	खिलाड़ी (m)	khilārī
reservespeler (de)	रिज़र्व-खिलाड़ी (m)	rizarv-khilārī

aanvaller (de)	फ़ोर्वर्ड (m)	forvard
centrale aanvaller (de)	केन्द्रिय फ़ोर्वर्ड (m)	kendriy forvard
doelpuntmaker (de)	गोल स्कोरर (m)	gol skorar
verdediger (de)	रक्षक (m)	rakshak
middenvelder (de)	हाफ़बैक (m)	hāfabaik
match, wedstrijd (de)	मैच (m)	maich

elkaar ontmoeten (ww)	मिलना	milana
finale (de)	फ़ाइनल (m)	fainal
halve finale (de)	सेमीफ़ाइनल (m)	semīfainal
kampioenschap (het)	चैम्पियनशिप (f)	chaimpiyanaship
helft (de)	हाफ़ (m)	hāf
eerste helft (de)	पहला हाफ़ (m)	pahala hāf
pauze (de)	अंतराल (m)	antarāl
doel (het)	गोल (m)	gol
doelman (de)	गोलची (m)	golachī
doelpaal (de)	गोलपोस्ट (m)	golapost
lat (de)	अर्गला (f)	argala
doelnet (het)	जाल (m)	jāl
een goal incasseren	गोल देना	gol dena
bal (de)	गेंद (m)	gend
pass (de)	पास (m)	pās
schot (het), schop (de)	किक (f)	kik
schieten (de bal ~)	किक करना	kik karana
vrije schop (directe ~)	फ़्री किक (f)	frī kik
hoekschop, corner (de)	कॉर्नर किक (f)	kornar kik
aanval (de)	आक्रमण (m)	ākraman
tegenaanval (de)	काउन्टर अटैक (m)	kauntar ataik
combinatie (de)	कॉम्बिनेशन (m)	kombineshan
scheidsrechter (de)	रेफ़री (m)	refarī
fluiten (ww)	सीटी बजाना	sītī bajāna
fluitsignaal (het)	सीटी (f)	sītī
overtreding (de)	फाउल (m)	faul
een overtreding maken	फाउल करना	faul karana
uit het veld te sturen	बाहर निकालना	bāhar nikālana
gele kaart (de)	पीला कार्ड (m)	pīla kārd
rode kaart (de)	लाल कार्ड (m)	lāl kārd
diskwalificatie (de)	डिसक्वालिफ़िकेशन (m)	disakvālifikeshan
diskwalificeren (ww)	डिस्क्वालिफ़ाई करना	diskvālifaī karana
strafschop, penalty (de)	पेनल्टी किक (f)	penaltī kik
muur (de)	दीवार (f)	dīvār
scoren (ww)	स्कोर करना	skor karana
goal (de), doelpunt (het)	गोल (m)	gol
een goal scoren	गोल करना	gol karana
vervanging (de)	बदलाव (m)	badalāv
vervangen (ov.ww.)	खिलाड़ी बदलना	khilārī badalana
regels (mv.)	नियम (m pl)	niyam
tactiek (de)	टैक्टिक्स (m)	taiktiks
stadion (het)	स्टेडियम (m)	stediyam
tribune (de)	स्टॉल (m)	stol
fan, supporter (de)	फ़ैन (m)	fain
schreeuwen (ww)	चिल्लाना	chillāna
scorebord (het)	स्कोरबोर्ड (m)	skorabord
stand (~ is 3-1)	स्कोर (m)	skor

nederlaag (de)	हार (f)	hār
verliezen (ww)	हारना	hārana
gelijkspel (het)	टाई (m)	taī
in gelijk spel eindigen	टाई करना	taī karana
overwinning (de)	विजय (m)	vijay
overwinnen (ww)	जीतना	jītana
kampioen (de)	चैम्पियन (m)	chaimpiyan
best (bn)	सर्वोत्तम	sarvottam
feliciteren (ww)	बधाई देना	badhaī dena
commentator (de)	टिप्पणीकार (m)	tippanīkār
becommentariëren (ww)	टिप्पणी करना	tippanī karana
uitzending (de)	प्रसारण (m)	prasāran

137. Alpine skiën

ski's (mv.)	स्की (m pl)	skī
skiën (ww)	स्की करना	skī karana
skigebied (het)	माउंटेन स्की कैम्प (m)	maunten skī kaimp
skilift (de)	स्की लिफ्ट (m)	skī lift
skistokken (mv.)	स्की की डंडियाँ (f)	skī kī dandiyān
helling (de)	ढलान (f)	dhalān
slalom (de)	स्लालोम (m)	slālom

138. Tennis. Golf

golf (het)	गोल्फ़ (m)	golf
golfclub (de)	गोल्फ़-क्लब (m)	golf-klab
golfer (de)	गोल्फ़-खिलाड़ी (m)	golf-khilārī
hole (de)	गुच्ची (f)	guchchī
golfclub (de)	डंडा (m)	danda
trolley (de)	स्टिकों की गाड़ी (f)	stikon kī gārī
tennis (het)	टेनिस (m)	tenis
tennisveld (het)	कोर्ट (m)	kort
opslag (de)	सर्विस (f)	sarvis
serveren, opslaan (ww)	सर्विस करना	sarvis karana
racket (het)	रैकेट (m)	raiket
net (het)	नेट (m)	net
bal (de)	गेंद (m)	gend

139. Schaken

schaak (het)	शतरंज (m)	shataranj
schaakstukken (mv.)	शतरंज के मोहरे (m pl)	shataranj ke mohare
schaker (de)	शतरंज का खिलाड़ी (m)	shataranj ka khilārī
schaakbord (het)	शतरंज की बिसात (f)	shataranj kī bisāt

schaakstuk (het)	शतरंज का मोहरा (m)	shataranj ka mohara
witte stukken (mv.)	सफ़ेद (m)	safed
zwarte stukken (mv.)	काला (m)	kāla

pion (de)	प्यादा (f)	pyāda
loper (de)	ऊँठ (m)	ūnth
paard (het)	घोड़ा (m)	ghora
toren (de)	हाथी (m)	hāthī
koningin (de)	रानी (f)	rānī
koning (de)	बादशाह (m)	bādashāh

zet (de)	चाल (f)	chāl
zetten (ww)	चाल चलना	chāl chalana
opofferen (ww)	त्याग देना	tyāg dena
rokade (de)	कैसलिंग (m)	kaisaling
schaak (het)	शह (m)	shah
schaakmat (het)	शह और मात (m)	shah aur māt

schaakwedstrijd (de)	शतरंज की प्रतियोगिता (f)	shataranj kī pratiyogita
grootmeester (de)	ग्रांडमास्टर (m)	grāndamāstar
combinatie (de)	कॉम्बिनेशन (m)	kombineshan
partij (de)	बाज़ी (f)	bāzī
dammen (de)	चेकर्स (m)	chekars

140. Boksen

boksen (het)	मुक्केबाज़ी (f)	mukkebāzī
boksgevecht (het)	लड़ाई (f)	laraī
bokswedstrijd (de)	मुक्केबाज़ी का मुक़ाबला (m)	mukkebāzī ka muqābala
ronde (de)	मुक्केबाज़ी का राउंड (m)	mukkevāzī ka raund

| ring (de) | बॉक्सिंग रिंग (f) | boksing ring |
| gong (de) | घंटा (m) | ghanta |

stoot (de)	प्रहार (m)	prahār
knock-down (de)	नॉकडाउन (m)	nokadaun
knock-out (de)	नॉकआउट (m)	nokaut
knock-out slaan (ww)	नॉकआउट करना	nokaut karana

| bokshandschoen (de) | मुक्केबाज़ी के दस्ताने (m) | mukkebāzī ke dastāne |
| referee (de) | रेफ़री (m) | refarī |

lichtgewicht (het)	कम वज़न (m)	kam vazan
middengewicht (het)	मध्यम वज़न (m)	madhyam vazan
zwaargewicht (het)	भारी वज़न (m)	bhārī vazan

141. Sporten. Diversen

Olympische Spelen (mv.)	ओलिम्पिक खेल (m pl)	olimpik khel
winnaar (de)	विजेता (m)	vijeta
overwinnen (ww)	विजय पाना	vijay pāna
winnen (ww)	जीतना	jītana

| leider (de) | लीडर (m) | līdar |
| leiden (ww) | लीड करना | līd karana |

eerste plaats (de)	पहला स्थान (m)	pahala sthān
tweede plaats (de)	दूसरा स्थान (m)	dūsara sthān
derde plaats (de)	तीसरा स्थान (m)	tīsara sthān

medaille (de)	मेडल (m)	medal
trofee (de)	ट्रॉफ़ी (f)	trofī
beker (de)	कप (m)	kap
prijs (de)	पुरस्कार (m)	puraskār
hoofdprijs (de)	मुख्य पुरस्कार (m)	mukhy puraskār

| record (het) | रिकॉर्ड (m) | rikord |
| een record breken | रिकॉर्ड बनाना | rikord banāna |

| finale (de) | फ़ाइनल (m) | fainal |
| finale (bn) | अंतिम | antim |

| kampioen (de) | चेम्पियन (m) | chempiyan |
| kampioenschap (het) | चैम्पियनशिप (f) | chaimpiyanaship |

stadion (het)	स्टेडियम (m)	stediyam
tribune (de)	सीट (f)	sīt
fan, supporter (de)	फ़ैन (m)	fain
tegenstander (de)	प्रतिद्वंद्वी (f)	pratidvandvī

| start (de) | स्टार्ट (m) | stārt |
| finish (de) | फ़िनिश (f) | finish |

| nederlaag (de) | हार (f) | hār |
| verliezen (ww) | हारना | hārana |

rechter (de)	रेफ़री (m)	refarī
jury (de)	ज्यूरी (m)	jyūrī
stand (~ is 3-1)	स्कोर (m)	skor
gelijkspel (het)	टाई (m)	taī
in gelijk spel eindigen	खेल टाइ करना	khel tai karana
punt (het)	अंक (m)	ank
uitslag (de)	नतीजा (m)	natīja

| periode (de) | टाइम (m) | taim |
| pauze (de) | हाफ़ टाइम (m) | hāf taim |

doping (de)	अवैध दवाओं का इस्तेमाल (m)	avaidh davaon ka istemāl
straffen (ww)	पेनल्टी लगाना	penaltī lagāna
diskwalificeren (ww)	डिस्क्वेलिफ़ाई करना	diskvelifaī karana

toestel (het)	खेलकूद का सामान (m)	khelakūd ka sāmān
speer (de)	भाला (m)	bhāla
kogel (de)	गोला (m)	gola
bal (de)	गेंद (m)	gend

doel (het)	निशाना (m)	nishāna
schietkaart (de)	निशाना (m)	nishāna
schieten (ww)	गोली चलाना	golī chalāna

precies (bijv. precieze schot)	सटीक	satīk
trainer, coach (de)	प्रशिक्षक (m)	prashikshak
trainen (ww)	प्रशिक्षित करना	prashikshit karana
zich trainen (ww)	प्रशिक्षण करना	prashikshan karana
training (de)	प्रशिक्षण (f)	prashikshan
gymnastiekzaal (de)	जिम (m)	jim
oefening (de)	व्यायाम (m)	vyāyām
opwarming (de)	वार्म-अप (m)	vārm-ap

Onderwijs

142. School

school (de)	पाठशाला (m)	pāthashāla
schooldirecteur (de)	प्रिंसिपल (m)	prinsipal
leerling (de)	छात्र (m)	chhātr
leerlinge (de)	छात्रा (f)	chhātra
scholier (de)	छात्र (m)	chhātr
scholiere (de)	छात्रा (f)	chhātra
leren (lesgeven)	पढ़ाना	parhāna
studeren (bijv. een taal ~)	पढ़ना	parhana
van buiten leren	याद करना	yād karana
leren (bijv. ~ tellen)	सीखना	sīkhana
in school zijn	स्कूल में पढ़ना	skūl men parhana
(schooljongen zijn)		
naar school gaan	स्कूल जाना	skūl jāna
alfabet (het)	वर्णमाला (f)	varnamāla
vak (schoolvak)	विषय (m)	vishay
klaslokaal (het)	कक्षा (f)	kaksha
les (de)	पाठ (m)	pāth
pauze (de)	अंतराल (m)	antarāl
bel (de)	स्कूल की घंटी (f)	skūl kī ghantī
schooltafel (de)	बेंच (f)	bench
schoolbord (het)	चॉकबोर्ड (m)	chokabord
cijfer (het)	अंक (m)	ank
goed cijfer (het)	अच्छे अंक (m)	achchhe ank
slecht cijfer (het)	कम अंक (m)	kam ank
een cijfer geven	मार्क्स देना	mārks dena
fout (de)	ग़लती (f)	galatī
fouten maken	ग़लती करना	galatī karana
corrigeren (fouten ~)	ठीक करना	thīk karana
spiekbriefje (het)	कुंजी (f)	kunjī
huiswerk (het)	गृहकार्य (m)	grhakāry
oefening (de)	अभ्यास (m)	abhyās
aanwezig zijn (ww)	उपस्थित होना	upasthit hona
absent zijn (ww)	अनुपस्थित होना	anupasthit hona
bestraffen (een stout kind ~)	सज़ा देना	saza dena
bestraffing (de)	सज़ा (f)	saza
gedrag (het)	बरताव (m)	baratāv

cijferlijst (de)	रिपोर्ट कार्ड (f)	riport kārd
potlood (het)	पेंसिल (f)	pensil
gom (de)	रबड़ (f)	rabar
krijt (het)	चॉक (m)	chok
pennendoos (de)	पेंसिल का डिब्बा (m)	pensil ka dibba
boekentas (de)	बस्ता (m)	basta
pen (de)	कलम (m)	kalam
schrift (de)	कॉपी (f)	kopī
leerboek (het)	पाठ्यपुस्तक (f)	pāthyapustak
passer (de)	कंपास (m)	kampās
technisch tekenen (ww)	तकनीकी चित्रकारी बनाना	takanīkī chitrakārī banāna
technische tekening (de)	तकनीकी चित्रकारी (f)	takanīkī chitrakārī
gedicht (het)	कविता (f)	kavita
van buiten (bw)	रटकर	ratakar
van buiten leren	याद करना	yād karana
vakantie (de)	छुट्टियाँ (f pl)	chhuttiyān
met vakantie zijn	छुट्टी पर होना	chhuttī par hona
toets (schriftelijke ~)	परीक्षा (f)	parīksha
opstel (het)	रचना (f)	rachana
dictee (het)	श्रुतलेख (m)	shrutalekh
examen (het)	परीक्षा (f)	parīksha
examen afleggen	परीक्षा देना	parīksha dena
experiment (het)	परीक्षण (m)	parīkshan

143. Hogeschool. Universiteit

academie (de)	अकादमी (f)	akādamī
universiteit (de)	विश्वविद्यालय (m)	vishvavidyālay
faculteit (de)	संकाय (f)	sankāy
student (de)	छात्र (m)	chhātr
studente (de)	छात्रा (f)	chhātra
leraar (de)	अध्यापक (m)	adhyāpak
collegezaal (de)	व्याख्यान कक्ष (m)	vyākhyān kaksh
afgestudeerde (de)	स्नातक (m)	snātak
diploma (het)	डिप्लोमा (m)	diploma
dissertatie (de)	शोधनिबंध (m)	shodhanibandh
onderzoek (het)	अध्ययन (m)	adhyayan
laboratorium (het)	प्रयोगशाला (f)	prayogashāla
college (het)	व्याख्यान (f)	vyākhyān
medestudent (de)	सहपाठी (m)	sahapāthī
studiebeurs (de)	छात्रवृत्ति (f)	chhātravrtti
academische graad (de)	शैक्षणिक डिग्री (f)	shaikshanik digrī

144. Wetenschappen. Disciplines

wiskunde (de)	गणितशास्त्र (m)	ganitashāstr
algebra (de)	बीजगणित (m)	bījaganit
meetkunde (de)	रेखागणित (m)	rekhāganit

astronomie (de)	खगोलवैज्ञान (m)	khagolavaigyān
biologie (de)	जीवविज्ञान (m)	jīvavigyān
geografie (de)	भूगोल (m)	bhūgol
geologie (de)	भूविज्ञान (m)	bhūvigyān
geschiedenis (de)	इतिहास (m)	itihās

geneeskunde (de)	चिकित्सा (m)	chikitsa
pedagogiek (de)	शिक्षाविज्ञान (m)	shikshāvigyān
rechten (mv.)	कानून (m)	kānūn

fysica, natuurkunde (de)	भौतिकविज्ञान (m)	bhautikavigyān
scheikunde (de)	रसायन (m)	rasāyan
filosofie (de)	दर्शनशास्त्र (m)	darshanashāstr
psychologie (de)	मनोविज्ञान (m)	manovigyān

145. Schrift. Spelling

grammatica (de)	व्याकरण (m)	vyākaran
vocabulaire (het)	शब्दावली (f)	shabdāvalī
fonetiek (de)	स्वरविज्ञान (m)	svaravigyān

zelfstandig naamwoord (het)	संज्ञा (f)	sangya
bijvoeglijk naamwoord (het)	विशेषण (m)	visheshan
werkwoord (het)	क्रिया (m)	kriya
bijwoord (het)	क्रिया विशेषण (f)	kriya visheshan

voornaamwoord (het)	सर्वनाम (m)	sarvanām
tussenwerpsel (het)	विस्मयादिबोधक (m)	vismayādibodhak
voorzetsel (het)	पूर्वसर्ग (m)	pūrvasarg

stam (de)	मूल शब्द (m)	mūl shabd
achtervoegsel (het)	अन्त्याक्षर (m)	antyākshar
voorvoegsel (het)	उपसर्ग (m)	upasarg
lettergreep (de)	अक्षर (m)	akshar
achtervoegsel (het)	प्रत्यय (m)	pratyay

| nadruk (de) | बल चिह्न (m) | bal chihn |
| afkappingsteken (het) | वर्णलोप चिह्न (m) | varnalop chihn |

punt (de)	पूर्णविराम (m)	pūrnavirām
komma (de/het)	उपविराम (m)	upavirām
puntkomma (de)	अर्धविराम (m)	ardhavirām
dubbelpunt (de)	कोलन (m)	kolan
beletselteken (het)	तीन बिन्दु (m)	tīn bindu

| vraagteken (het) | प्रश्न चिह्न (m) | prashn chihn |
| uitroepteken (het) | विस्मयादिबोधक चिह्न (m) | vismayādibodhak chihn |

aanhalingstekens (mv.)	उद्धरण चिह्न (m)	uddharan chihn
tussen aanhalingstekens (bw)	उद्धरण चिह्न में	uddharan chihn men
haakjes (mv.)	कोष्ठक (m pl)	koshthak
tussen haakjes (bw)	कोष्ठक में	koshthak men

streepje (het)	हाइफन (m)	haifan
gedachtestreepje (het)	डैश (m)	daish
spatie	रिक्त स्थान (m)	rikt sthān
(~ tussen twee woorden)		

letter (de)	अक्षर (m)	akshar
hoofdletter (de)	बड़ा अक्षर (m)	bara akshar

klinker (de)	स्वर (m)	svar
medeklinker (de)	समस्वर (m)	samasvar

zin (de)	वाक्य (m)	vāky
onderwerp (het)	कर्त्ता (m)	kartta
gezegde (het)	विधेय (m)	vidhey

regel (in een tekst)	पंक्ति (f)	pankti
op een nieuwe regel (bw)	नई पंक्ति पर	naī pankti par
alinea (de)	अनुच्छेद (m)	anuchchhed

woord (het)	शब्द (m)	shabd
woordgroep (de)	शब्दों का समूह (m)	shabdon ka samūh
uitdrukking (de)	अभिव्यक्ति (f)	abhivyakti
synoniem (het)	समनार्थक शब्द (m)	samanārthak shabd
antoniem (het)	विपरीतार्थी शब्द (m)	viparītārthī shabd

regel (de)	नियम (m)	niyam
uitzondering (de)	अपवाद (m)	apavād
correct (bijv. ~e spelling)	ठीक	thīk

vervoeging, conjugatie (de)	क्रियारूप संयोजन (m)	kriyārūp sanyojan
verbuiging, declinatie (de)	विभक्ति-रूप (m)	vibhakti-rūp
naamval (de)	कारक (m)	kārak
vraag (de)	प्रश्न (m)	prashn
onderstrepen (ww)	रेखांकित करना	rekhānkit karana
stippellijn (de)	बिन्दुरेखा (f)	bindurekha

146. Vreemde talen

taal (de)	भाषा (f)	bhāsha
vreemde taal (de)	विदेशी भाषा (f)	videshī bhāsha
leren (bijv. van buiten ~)	पढ़ना	parhana
studeren (Nederlands ~)	सीखना	sīkhana

lezen (ww)	पढ़ना	parhana
spreken (ww)	बोलना	bolana
begrijpen (ww)	समझना	samajhana
schrijven (ww)	लिखना	likhana
snel (bw)	तेज़	tez
langzaam (bw)	धीरे	dhīre

vloeiend (bw)	धड़ल्ले से	dharalle se
regels (mv.)	नियम (m pl)	niyam
grammatica (de)	व्याकरण (m)	vyākaran
vocabulaire (het)	शब्दावली (f)	shabdāvalī
fonetiek (de)	स्वरविज्ञान (m)	svaravigyān
leerboek (het)	पाठ्यपुस्तक (f)	pāthyapustak
woordenboek (het)	शब्दकोश (m)	shabdakosh
leerboek (het) voor zelfstudie	स्वयंशिक्षक पुस्तक (m)	svayanshikshak pustak
taalgids (de)	वार्तालाप-पुस्तिका (f)	vārttālāp-pustika
cassette (de)	कैसेट (f)	kaiset
videocassette (de)	वीडियो कैसेट (m)	vīdiyo kaiset
CD (de)	सीडी (m)	sīdī
DVD (de)	डीवीडी (m)	dīvīdī
alfabet (het)	वर्णमाला (f)	varnamāla
spellen (ww)	हिज्जे करना	hijje karana
uitspraak (de)	उच्चारण (m)	uchchāran
accent (het)	लहज़ा (m)	lahaza
met een accent (bw)	लहज़े के साथ	lahaze ke sāth
zonder accent (bw)	बिना लहज़े	bina lahaze
woord (het)	शब्द (m)	shabd
betekenis (de)	मतलब (m)	matalab
cursus (de)	पाठ्यक्रम (m)	pāthyakram
zich inschrijven (ww)	सदस्य बनना	sadasy banana
leraar (de)	शिक्षक (m)	shikshak
vertaling (een ~ maken)	तर्जुमा (m)	tarjuma
vertaling (tekst)	अनुवाद (m)	anuvād
vertaler (de)	अनुवादक (m)	anuvādak
tolk (de)	दुभाषिया (m)	dubhāshiya
polyglot (de)	बहुभाषी (m)	bahubhāshī
geheugen (het)	स्मृति (f)	smrti

147. Sprookjesfiguren

Sinterklaas (de)	सांता क्लॉज़ (m)	sānta kloz
zeemeermin (de)	जलपरी (f)	jalaparī
magiër, tovenaar (de)	जादूगर (m)	jādūgar
goede heks (de)	परी (f)	parī
magisch (bn)	जादूई	jādūī
toverstokje (het)	जादू की छड़ी (f)	jādū kī chharī
sprookje (het)	परियों की कहानी (f)	pariyon kī kahānī
wonder (het)	करामात (f)	karāmāt
dwerg (de)	बौना (m)	bauna
veranderen in ... (anders worden)	... में बदल जाना	... men badal jāna

geest (de)	भूत (m)	bhūt
spook (het)	प्रेत (m)	pret
monster (het)	राक्षस (m)	rākshas
draak (de)	पंखवाला नाग (m)	pankhavāla nāg
reus (de)	भीमकाय (m)	bhīmakāy

148. Dierenriem

Ram (de)	मेष (m)	mesh
Stier (de)	वृषभ (m)	vrshabh
Tweelingen (mv.)	मिथुन (m)	mithun
Kreeft (de)	कर्क (m)	kark
Leeuw (de)	सिंह (m)	sinh
Maagd (de)	कन्या (f)	kanya
Weegschaal (de)	तुला (f pl)	tula
Schorpioen (de)	वृश्चिक (m)	vrshchik
Boogschutter (de)	धनु (m)	dhanu
Steenbok (de)	मकर (m)	makar
Waterman (de)	कुंभ (m)	kumbh
Vissen (mv.)	मीन (m pl)	mīn
karakter (het)	स्वभाव (m)	svabhāv
karaktertrekken (mv.)	गुण (m pl)	gun
gedrag (het)	बरताव (m)	baratāv
waarzeggen (ww)	भविष्यवाणी करना	bhavishyavānī karana
waarzegster (de)	ज्योतिषी (m)	jyotishī
horoscoop (de)	जन्म कुंडली (f)	janm kundalī

Kunst

149. Theater

theater (het)	रंगमंच (m)	rangamanch
opera (de)	ओपेरा (m)	opera
operette (de)	ओपेराटा (m)	operāta
ballet (het)	बैले (m)	baile
affiche (de/het)	रंगमंच इश्तहार (m)	rangamanch ishtahār
theatergezelschap (het)	थियेटर कंपनी (f)	thiyetar kampanī
tournee (de)	दौरा (m)	daura
op tournee zijn	दौरे पर जाना	daure par jāna
repeteren (ww)	अभ्यास करना	abhyās karana
repetitie (de)	अभ्यास (m)	abhyās
repertoire (het)	प्रदर्शनों की सूची (f)	pradarshanon kī sūchī
voorstelling (de)	प्रदर्शन (m)	pradarshan
spektakel (het)	प्रदर्शन (m)	pradarshan
toneelstuk (het)	नाटक (m)	nātak
biljet (het)	टिकट (m)	tikat
kassa (de)	टिकट घर (m)	tikat ghar
foyer (de)	हॉल (m)	hol
garderobe (de)	कपड़द्वार (m)	kaparadvār
garderobe nummer (het)	कपड़द्वार टैग (m)	kaparadvār taig
verrekijker (de)	दूरबीन (f)	dūrabīn
plaatsaanwijzer (de)	कंडक्टर (m)	kandaktar
parterre (de)	सीटें (f)	sīten
balkon (het)	अपर सर्कल (m)	apar sarkal
gouden rang (de)	दूसरी मंज़िल (f)	dūsarī manzil
loge (de)	बॉक्स (m)	boks
rij (de)	कतार (m)	katār
plaats (de)	सीट (f)	sīt
publiek (het)	दर्शक (m)	darshak
kijker (de)	दर्शक (m)	darshak
klappen (ww)	ताली बजाना	tālī bajāna
applaus (het)	तालियाँ (f pl)	tāliyān
ovatie (de)	तालियों की गड़गड़ाहट (m)	tāliyon kī garagarāhat
toneel (op het ~ staan)	मंच (m)	manch
gordijn, doek (het)	पर्दा (m)	parda
toneeldecor (het)	मंच सज्जा (f)	manch sajja
backstage (de)	नेपथ्य (m pl)	nepathy
scène (de)	दृश्य (m)	drshy
bedrijf (het)	एक्ट (m)	ekt
pauze (de)	अंतराल (m)	antarāl

150. Bioscoop

acteur (de)	अभिनेता (m)	abhineta
actrice (de)	अभिनेत्री (f)	abhinetrī
bioscoop (de)	सिनेमा (m)	sinema
speelfilm (de)	फ़िल्म (m)	film
aflevering (de)	उपकथा (m)	upakatha
detectivefilm (de)	जासूसी फ़िल्म (f)	jāsūsī film
actiefilm (de)	एक्शन फ़िल्म (f)	ekshan film
avonturenfilm (de)	जोखिम भरी फ़िल्म (f)	jokhim bharī film
sciencefictionfilm (de)	कल्पित विज्ञान की फ़िल्म (f)	kalpit vigyān kī film
griezelfilm (de)	डरावनी फ़िल्म (f)	darāvanī film
komedie (de)	मज़ाकिया फ़िल्म (f)	mazākiya film
melodrama (het)	भावुक नाटक (m)	bhāvuk nātak
drama (het)	नाटक (m)	nātak
speelfilm (de)	काल्पनिक फ़िल्म (f)	kālpanik film
documentaire (de)	वृत्तचित्र (m)	vrttachitr
tekenfilm (de)	कार्टून (m)	kārtūn
stomme film (de)	मूक फ़िल्म (f)	mūk film
rol (de)	भूमिका (f)	bhūmika
hoofdrol (de)	मुख्य भूमिका (f)	mūkhy bhūmika
spelen (ww)	भूमिका निभाना	bhūmika nibhāna
filmster (de)	फ़िल्म स्टार (m)	film stār
bekend (bn)	मशहूर	mashahūr
beroemd (bn)	मशहूर	mashahūr
populair (bn)	लोकप्रिय	lokapriy
scenario (het)	पटकथा (f)	patakatha
scenarioschrijver (de)	पटकथा लेखक (m)	patakatha lekhak
regisseur (de)	निर्देशक (m)	nirdeshak
filmproducent (de)	प्रइ्यूसर (m)	pradyūsar
assistent (de)	सहायक (m)	sahāyak
cameraman (de)	कैमरामैन (m)	kaimarāmain
stuntman (de)	स्टंटमैन (m)	stantamain
een film maken	फ़िल्म शूट करना	film shūt karana
auditie (de)	स्क्रीन टेस्ट (m)	skrīn test
opnamen (mv.)	शूटिंग (f pl)	shūting
filmploeg (de)	शूटिंग दल (m)	shūting dal
filmset (de)	शूटिंग स्थल (m)	shuting sthal
filmcamera (de)	कैमरा (m)	kaimara
bioscoop (de)	सिनेमाघर (m)	sinemāghar
scherm (het)	स्क्रीन (m)	skrīn
een film vertonen	फ़िल्म दिखाना	film dikhāna
geluidsspoor (de)	साउंडट्रैक (m)	saundatraik
speciale effecten (mv.)	ख़ास प्रभाव (m pl)	khās prabhāv
ondertiteling (de)	सबटाइटिल (f)	sabataitil

| voortiteling, aftiteling (de) | टाइटिल (m pl) | taitil |
| vertaling (de) | अनुवाद (m) | anuvād |

151. Schilderij

kunst (de)	कला (f)	kala
schone kunsten (mv.)	ललित कला (f)	lalit kala
kunstgalerie (de)	चित्रशाला (f)	chitrashāla
kunsttentoonstelling (de)	चित्रों की प्रदर्शनी (f)	chitron kī pradarshanī
schilderkunst (de)	चित्रकला (f)	chitrakala
grafiek (de)	रेखाचित्र कला (f)	rekhāchitr kala
abstracte kunst (de)	अमूर्त चित्रण (m)	amūrtt chitran
impressionisme (het)	प्रभाववाद (m)	prabhāvavād
schilderij (het)	चित्र (m)	chitr
tekening (de)	रेखाचित्र (f)	rekhāchitr
poster (de)	पोस्टर (m)	postar
illustratie (de)	चित्रण (m)	chitran
miniatuur (de)	लघु चित्र (m)	laghu chitr
kopie (de)	प्रति (f)	prati
reproductie (de)	प्रतिकृत (f)	pratikrt
mozaïek (het)	पच्चीकारी (f)	pachchīkārī
gebrandschilderd glas (het)	रंगीन काँच	rangīn kānch
fresco (het)	लेपचित्र (m)	lepachitr
gravure (de)	एनग्रेविंग (m)	enagreving
buste (de)	बस्ट (m)	bast
beeldhouwwerk (het)	मूर्तिकला (f)	mūrtikala
beeld (bronzen ~)	मूर्ति (f)	mūrti
gips (het)	सिलखड़ी (f)	silakharī
gipsen (bn)	सिलखड़ी से	silakharī se
portret (het)	रूपचित्र (m)	rūpachitr
zelfportret (het)	स्वचित्र (m)	svachitr
landschap (het)	प्रकृति चित्र (m)	prakrti chitr
stilleven (het)	अचल चित्र (m)	achal chitr
karikatuur (de)	कार्टून (m)	kārtūn
schets (de)	रेखाचित्र (f)	rekhāchitr
verf (de)	पेंट (f)	pent
aquarel (de)	जलरंग (m)	jalarang
olieverf (de)	तेलरंग (m)	telarang
potlood (het)	पेंसिल (f)	pensil
Oostindische inkt (de)	स्याही (f)	syāhī
houtskool (de)	कोयला (m)	koyala
tekenen (met krijt)	रेखाचित्र बनाना	rekhāchitr banāna
poseren (ww)	पोज़ करना	poz karana
naaktmodel (man)	मॉडल (m)	modal
naaktmodel (vrouw)	मॉडल (m)	modal
kunstenaar (de)	चित्रकार (m)	chitrakār

kunstwerk (het)	कलाकृति (f)	kalākrti
meesterwerk (het)	अत्युत्तम कृति (f)	atyuttam krti
studio, werkruimte (de)	स्टुडियो (m)	studiyo

schildersdoek (het)	चित्रपटी (f)	chitrapatī
schildersezel (de)	चित्राधार (m)	chitrādhār
palet (het)	रंग पट्टिका (f)	rang pattika

lijst (een vergulde ~)	ढांचा (m)	dhāncha
restauratie (de)	जीणीद्धार (m)	jīrnoddhār
restaureren (ww)	मरम्मत करना	marammat karana

152. Literatuur & Poëzie

literatuur (de)	साहित्य (m)	sāhity
auteur (de)	लेखक (m)	lekhak
pseudoniem (het)	छद्मनाम (m)	chhadmanām

boek (het)	किताब (f)	kitāb
boekdeel (het)	खंड (m)	khand
inhoudsopgave (de)	अनुक्रमणिका (f)	anukramanika
pagina (de)	पृष्ठ (m)	prshth
hoofdpersoon (de)	मुख्य किरदार (m)	mūkhy kiradār
handtekening (de)	स्वाक्षर (m)	svākshar

verhaal (het)	लघु कथा (f)	laghu katha
novelle (de)	उपन्यासिका (f)	upanyāsika
roman (de)	उपन्यास (m)	upanyās
werk (literatuur)	रचना (f)	rachana
fabel (de)	नीतिकथा (f)	nītikatha
detectiveroman (de)	जासूसी कहानी (f)	jāsūsī kahānī

gedicht (het)	कविता (f)	kavita
poëzie (de)	काव्य (m)	kāvy
epos (het)	कविता (f)	kavita
dichter (de)	कवि (m)	kavi

fictie (de)	उपन्यास (m)	upanyās
sciencefiction (de)	विज्ञान कथा (f)	vigyān katha
avonturenroman (de)	रोमांच (m)	romānch
opvoedkundige literatuur (de)	शैक्षिक साहित्य (m)	shaikshik sāhity
kinderliteratuur (de)	बाल साहित्य (m)	bāl sāhity

153. Circus

circus (de/het)	सर्कस (m)	sarkas
chapiteau circus (de/het)	सर्कस (m)	sarkas
programma (het)	प्रोग्रम (m)	program
voorstelling (de)	तमाशा (m)	tamāsha

| nummer (circus ~) | ऐक्ट (m) | aikt |
| arena (de) | सर्कस रिंग (m) | sarkas ring |

pantomime (de)	मूकाभिनय (m)	mūkābhinay
clown (de)	जोकर (m)	jokar
acrobaat (de)	कलाबाज़ (m)	kalābāz
acrobatiek (de)	कलाबाज़ी (f)	kalābāzī
gymnast (de)	जिमनैस्ट (m)	jimanaist
gymnastiek (de)	जिमनैस्टिक्स (m)	jimanaistiks
salto (de)	कलैया (m)	kalaiya
sterke man (de)	एथलीट (m)	ethalīt
temmer (de)	जानवरों का शिक्षक (m)	jānavaron ka shikshak
ruiter (de)	सवारी (m)	savārī
assistent (de)	सहायक (m)	sahāyak
stunt (de)	कलाबाज़ी (f)	kalābāzī
goocheltruc (de)	जादू (m)	jādū
goochelaar (de)	जादूगर (m)	jādūgar
jongleur (de)	बाज़ीगर (m)	bāzīgar
jongleren (ww)	बाज़ीगिरी दिखाना	bāzīgirī dikhāna
dierentrainer (de)	जानवरों का प्रशिक्षक (m)	jānavaron ka prashikshak
dressuur (de)	पशु प्रशिक्षण (m)	pashu prashikshan
dresseren (ww)	प्रशिक्षण देना	prashikshan dena

154. Muziek. Popmuziek

muziek (de)	संगीत (m)	sangit
muzikant (de)	साज़िन्दा (m)	sāzinda
muziekinstrument (het)	बाजा (m)	bāja
spelen (bijv. gitaar ~)	... बजाना	... bajāna
gitaar (de)	गिटार (m)	gitār
viool (de)	वॉयलिन (m)	voyalin
cello (de)	चैलो (m)	chailo
contrabas (de)	डबल बास (m)	dabal bās
harp (de)	हार्प (m)	hārp
piano (de)	पियानो (m)	piyāno
vleugel (de)	ग्रैंड पियानो (m)	graind piyāno
orgel (het)	ऑर्गन (m)	organ
blaasinstrumenten (mv.)	सुषिर वाध (m)	sushir vādy
hobo (de)	ओबो (m)	obo
saxofoon (de)	सैक्सोफ़ोन (m)	saiksofon
klarinet (de)	क्लेरिनेट (m)	klerinet
fluit (de)	मुरली (f)	muralī
trompet (de)	तुरही (f)	turahī
accordeon (de/het)	एकॉर्डियन (m)	ekordiyan
trommel (de)	नगाड़ा (m)	nagāra
duet (het)	द्विवाध (m)	dvivādy
trio (het)	त्रयी (f)	trayī
kwartet (het)	क्वार्टेट (m)	kvārtat

| koor (het) | कोरस (m) | koras |
| orkest (het) | ऑर्केस्ट्रा (m) | orkestra |

popmuziek (de)	पॉप संगीत (m)	pop sangīt
rockmuziek (de)	रॉक संगीत (m)	rok sangīt
rockgroep (de)	रॉक ग्रूप (m)	rok grūp
jazz (de)	जैज़ (m)	jaiz

| idool (het) | आइडल (m) | āidal |
| bewonderaar (de) | प्रशंसक (m) | prashansak |

concert (het)	कंसर्ट (m)	kansart
symfonie (de)	वाद्य-वृंद रचना (f)	vādy-vrnd rachana
compositie (de)	रचना (f)	rachana
componeren (muziek ~)	रचना बनाना	rachana banāna

zang (de)	गाना (m)	gāna
lied (het)	गीत (m)	gīt
melodie (de)	संगीत (m)	sangit
ritme (het)	ताल (m)	tāl
blues (de)	ब्लूज़ (m)	blūz

bladmuziek (de)	शीट संगीत (m)	shīt sangīt
dirigeerstok (baton)	छड़ी (f)	chharī
strijkstok (de)	गज (m)	gaj
snaar (de)	तार (m)	tār
koffer (de)	केस (m)	kes

Rusten. Entertainment. Reizen

155. Trip. Reizen

toerisme (het)	पर्यटन (m)	paryatan
toerist (de)	पर्यटक (m)	paryatak
reis (de)	यात्रा (f)	yātra
avontuur (het)	जाँबाज़ी (f)	jānbāzī
tocht (de)	यात्रा (f)	yātra

vakantie (de)	छुट्टी (f)	chhuttī
met vakantie zijn	छुट्टी पर होना	chhuttī par hona
rust (de)	आराम (m)	ārām

trein (de)	रेलगाड़ी, ट्रेन (f)	relagārī, tren
met de trein	रैलगाड़ी से	railagārī se
vliegtuig (het)	विमान (m)	vimān
met het vliegtuig	विमान से	vimān se
met de auto	कार से	kār se
per schip (bw)	जहाज़ पर	jahāz par

bagage (de)	सामान (m)	sāmān
valies (de)	सूटकेस (m)	sūtakes
bagagekarretje (het)	सामान के लिये गाड़ी (f)	sāmān ke liye gārī

paspoort (het)	पासपोर्ट (m)	pāsaport
visum (het)	वीज़ा (m)	vīza
kaartje (het)	टिकट (m)	tikat
vliegticket (het)	हवाई टिकट (m)	havaī tikat

reisgids (de)	गाइडबुक (f)	gaidabuk
kaart (de)	नक्शा (m)	naksha
gebied (landelijk ~)	क्षेत्र (m)	kshetr
plaats (de)	स्थान (m)	sthān

exotische bestemming (de)	विचित्र वस्तुएं	vichitr vastuen
exotisch (bn)	विचित्र	vichitr
verwonderlijk (bn)	अजीब	ajīb

groep (de)	समूह (m)	samūh
rondleiding (de)	पर्यटन (f)	paryatan
gids (de)	गाइड (m)	gaid

156. Hotel

motel (het)	मोटल (m)	motal
3-sterren	तीन सितारा	tīn sitāra
5-sterren	पाँच सितारा	pānch sitāra

overnachten (ww)	ठहरना	thaharana
kamer (de)	कमरा (m)	kamara
eenpersoonskamer (de)	एक पलंग का कमरा (m)	ek palang ka kamara
tweepersoonskamer (de)	दो पलंगों का कमरा (m)	do palangon ka kamara
een kamer reserveren	कमरा बुक करना	kamara buk karana
halfpension (het)	हाफ़-बोर्ड (m)	hãf-bord
volpension (het)	फ़ुल-बोर्ड (m)	ful-bord
met badkamer	स्नानघर के साथ	snānaghar ke sāth
met douche	शॉवर के साथ	shovar ke sāth
satelliet-tv (de)	सैटेलाइट टेलीविज़न (m)	saitelait telīvizan
airconditioner (de)	एयर-कंडिशनर (m)	eyar-kandishanar
handdoek (de)	तौलिया (f)	tauliya
sleutel (de)	चाबी (f)	chābī
administrateur (de)	मैनेजर (m)	mainejar
kamermeisje (het)	चैमबरमैड (f)	chaimabaramaid
piccolo (de)	कुली (m)	kulī
portier (de)	दरबान (m)	darabān
restaurant (het)	रेस्टराँ (m)	restarān
bar (de)	बार (m)	bār
ontbijt (het)	नाश्ता (m)	nāshta
avondeten (het)	रात्रिभोज (m)	rātribhoj
buffet (het)	बुफ़े (m)	bufe
hal (de)	लॉबी (f)	lobī
lift (de)	लिफ़्ट (m)	lift
NIET STOREN	परेशान न करें	pareshān na karen
VERBODEN TE ROKEN!	धूम्रपान निषेध!	dhumrapān nishedh!

157. Boeken. Lezen

boek (het)	किताब (f)	kitāb
auteur (de)	लेखक (m)	lekhak
schrijver (de)	लेखक (m)	lekhak
schrijven (een boek)	लिखना	likhana
lezer (de)	पाठक (m)	pāthak
lezen (ww)	पढ़ना	parhana
lezen (het)	पढ़ना (f)	parhana
stil (~ lezen)	मन ही मन	man hī man
hardop (~ lezen)	बोलकर	bolakar
uitgeven (boek ~)	प्रकाशित करना	prakāshit karana
uitgeven (het)	प्रकाशन (m)	prakāshan
uitgever (de)	प्रकाशक (m)	prakāshak
uitgeverij (de)	प्रकाशन संस्था (m)	prakāshan sanstha
verschijnen (bijv. boek)	बाज़ार में निकालना (m)	bāzār men nikālana
verschijnen (het)	बाज़ार में निकालना (m)	bāzār men nikālana

oplage (de)	मुद्रण संख्या (f)	mudran sankhya
boekhandel (de)	किताबों की दुकान (f)	kitābon kī dukān
bibliotheek (de)	पुस्तकालय (m)	pustakālay
novelle (de)	उपन्यासिका (f)	upanyāsika
verhaal (het)	लघु कहानी (f)	laghu kahānī
roman (de)	उपन्यास (m)	upanyās
detectiveroman (de)	जासूसी किताब (m)	jāsūsī kitāb
memoires (mv.)	संस्मरण (m pl)	sansmaran
legende (de)	उपाख्यान (m)	upākhyān
mythe (de)	पुराणकथा (m)	purānakatha
gedichten (mv.)	कविताएँ (f pl)	kavitaen
autobiografie (de)	आत्मकथा (m)	ātmakatha
bloemlezing (de)	चुनिंदा कृतियाँ (f)	chuninda krtiyān
sciencefiction (de)	कल्पित विज्ञान (m)	kalpit vigyān
naam (de)	किताब का नाम (m)	kitāb ka nām
inleiding (de)	भूमिका (f)	bhūmika
voorblad (het)	टाइटिल पृष्ठ (m)	taitil prshth
hoofdstuk (het)	अध्याय (m)	adhyāy
fragment (het)	अंश (m)	ansh
episode (de)	उपकथा (f)	upakatha
intrige (de)	कथानक (m)	kathānak
inhoud (de)	कथा-वस्तु (f)	katha-vastu
inhoudsopgave (de)	अनुक्रमणिका (f)	anukramanika
hoofdpersonage (het)	मुख्य किरदार (m)	mūkhy kiradār
boekdeel (het)	खंड (m)	khand
omslag (de/het)	जिल्द (f)	jild
boekband (de)	जिल्द (f)	jild
bladwijzer (de)	बुकमार्क (m)	bukamārk
pagina (de)	पृष्ठ (m)	prshth
bladeren (ww)	पन्ने पलटना	panne palatana
marges (mv.)	हाशिया (m pl)	hāshiya
annotatie (de)	टिप्पणी (f)	tippanī
opmerking (de)	टिप्पणी (f)	tippanī
tekst (de)	पाठ (m)	pāth
lettertype (het)	मुद्रलिपि (m)	mudrālipi
drukfout (de)	छपाई की भूल (f)	chhapaī kī bhūl
vertaling (de)	अनुवाद (m)	anuvād
vertalen (ww)	अनुवाद करना	anuvād karana
origineel (het)	मूल पाठ (m)	mūl pāth
beroemd (bn)	मशहूर	mashahūr
onbekend (bn)	अपरिचित	aparichit
interessant (bn)	दिलचस्प	dilachasp
bestseller (de)	बेस्ट सेलर (m)	best selar
woordenboek (het)	शब्दकोश (m)	shabdakosh
leerboek (het)	पाठ्यपुस्तक (f)	pāthyapustak
encyclopedie (de)	विश्वकोश (m)	vishvakosh

158. Jacht. Vissen

jacht (de)	शिकार (m)	shikār
jagen (ww)	शिकार करना	shikār karana
jager (de)	शिकारी (m)	shikārī

schieten (ww)	गोली चलाना	golī chalāna
geweer (het)	बंदूक (m)	bandūk
patroon (de)	कारतूस (m)	kāratūs
hagel (de)	कारतूस (m)	kāratūs
val (de)	जाल (m)	jāl
valstrik (de)	जाल (m)	jāl
een val zetten	जाल बिछाना	jāl bichhāna

stroper (de)	चोर शिकारी (m)	chor shikārī
wild (het)	शिकार के पशुपक्षी (f)	shikār ke pashupakshī
jachthond (de)	शिकार का कुत्ता (m)	shikār ka kutta
safari (de)	सफ़ारी (m)	safārī
opgezet dier (het)	जानवरों का पुतला (m)	jānavaron ka putala

visser (de)	मछुआरा (m)	machhuāra
visvangst (de)	मछली पकड़ना (f)	machhalī pakarana
vissen (ww)	मछली पकड़ना	machhalī pakarana

hengel (de)	बंसी (f)	bansī
vislijn (de)	डोरी (f)	dorī
haak (de)	हूक (m)	hūk
dobber (de)	फ्लोट (m)	flot
aas (het)	चारा (m)	chāra

de hengel uitwerpen	बंसी डालना	bansī dālana
bijten (ov. de vissen)	चुगना	chugana
vangst (de)	मछलियाँ (f)	machhaliyān
wak (het)	आइस होल (m)	āis hol

net (het)	जाल (m)	jāl
boot (de)	नाव (m)	nāv
vissen met netten	जाल से पकड़ना	jāl se pakarana
het net uitwerpen	जाल डालना	jāl dālana
het net binnenhalen	जाल निकालना	jāl nikālana

walvisvangst (de)	ह्वेलर (m)	hvelar
walvisvaarder (de)	ह्वेलमार जहाज़ (m)	hvelamār jahāz
harpoen (de)	मत्स्यभाला (m)	matsyabhāla

159. Spellen. Biljart

biljart (het)	बिलियइर्स (m)	biliyards
biljartzaal (de)	बिलियइर्स का कमरा (m)	biliyards ka kamara
biljartbal (de)	बिलियइर्स की गेंद (f)	biliyards kī gend
een bal in het gat jagen	गेंद पॉकेट में डालना	gend poket men dālana
keu (de)	बिलियइर्स का क्यू (m)	biliyards ka kyū
gat (het)	बिलियइर्स की पॉकेट (f)	biliyards kī poket

160. Spellen. Speelkaarten

ruiten (mv.)	ईंट (f pl)	īnt
schoppen (mv.)	हुक्म (m pl)	hukm
klaveren (mv.)	पान (m)	pān
harten (mv.)	चिड़ी (m)	chirī
aas (de)	इक्का (m)	ikka
koning (de)	बादशाह (m)	bādashāh
dame (de)	बेगम (f)	begam
boer (de)	गुलाम (m)	gulām
speelkaart (de)	ताश का पत्ता (m)	tāsh ka patta
kaarten (mv.)	ताश के पत्ते (m pl)	tāsh ke patte
troef (de)	ट्रम्प (m)	tramp
pak (het) kaarten	ताश की गड्डी (f)	tāsh kī gaddī
uitdelen (kaarten ~)	ताश बांटना	tāsh bāntana
schudden (de kaarten ~)	पत्ते फेंटना	patte fentana
beurt (de)	चाल (f)	chāl
valsspeler (de)	पत्तेबाज़ (m)	pattebāz

161. Casino. Roulette

casino (het)	केसिनो (m)	kesino
roulette (de)	रूले (m)	rūle
inzet (de)	दांव (m)	dānv
een bod doen	दांव लगाना	dānv lagāna
rood (de)	लाल (m)	lāl
zwart (de)	काला (m)	kāla
inzetten op rood	लाल पर दांव लगाना	lāl par dānv lagāna
inzetten op zwart	काले पर दांव लगाना	kāle par dānv lagāna
croupier (de)	क्रूप्ये (m)	krūpye
de cilinder draaien	पहिया घुमाना	pahiya ghumāna
spelregels (mv.)	खेल के नियम (m pl)	khel ke niyam
fiche (pokerfiche, etc.)	चिप (m)	chip
winnen (ww)	जीतना	jītana
winst (de)	जीती हुई रकम (f)	jītī huī rakam
verliezen (ww)	हार जाना	hār jāna
verlies (het)	हारी हुई रकम (f)	hārī huī rakam
speler (de)	खिलाड़ी (m)	khilārī
blackjack (kaartspel)	ब्लैक जैक (m)	blaik jaik
dobbelspel (het)	पासे का खेल (m)	pāse ka khel
speelautomaat (de)	स्लॉट मशीन (f)	slot mashīn

162. Rusten. Spellen. Diversen

wandelen (on.ww.)	घूमना	ghūmana
wandeling (de)	सैर (f)	sair
trip (per auto)	सफ़र (m)	safar
avontuur (het)	साहसिक कार्य (m)	sāhasik kāry
picknick (de)	पिकनिक (f)	pikanik
spel (het)	खेल (m)	khel
speler (de)	खिलाड़ी (m)	khilārī
partij (de)	बाज़ी (f)	bāzī
collectioneur (de)	संग्राहक (m)	sangrāhak
collectioneren (ww)	संग्राहण करना	sangrāhan karana
collectie (de)	संग्रह (m)	sangrah
kruiswoordraadsel (het)	पहेली (f)	pahelī
hippodroom (de)	रेसकोर्स (m)	resakors
discotheek (de)	डिस्को (m)	disko
sauna (de)	सौना (m)	sauna
loterij (de)	लॉटरी (f)	lotarī
trektocht (kampeertocht)	कैम्पिंग ट्रिप (f)	kaimping trip
kamp (het)	डेरा (m)	dera
tent (de)	तंबू (m)	tambū
kompas (het)	दिशा सूचक यंत्र (m)	disha sūchak yantr
rugzaktoerist (de)	शिविरार्थी (m)	shivirārthī
bekijken (een film ~)	देखना	dekhana
kijker (televisie~)	दर्शक (m)	darshak
televisie-uitzending (de)	टीवी प्रसारण (m)	tīvī prasāran

163. Fotografie

fotocamera (de)	कैमरा (m)	kaimara
foto (de)	फ़ोटो (m)	foto
fotograaf (de)	फ़ोटोग्राफ़र (m)	fotogrāfar
fotostudio (de)	फ़ोटो स्टूडियो (m)	foto stūdiyo
fotoalbum (het)	फ़ोटो अल्बम (f)	foto albam
lens (de), objectief (het)	कैमरे का लेंस (m)	kaimare ka lens
telelens (de)	टेलिफ़ोटो लेन्स (m)	telifoto lens
filter (de/het)	फ़िल्टर (m)	filtar
lens (de)	लेंस (m)	lens
optiek (de)	प्रकाशिकी (f)	prakāshikī
diafragma (het)	डायफ्राम (m)	dāyafarām
belichtingstijd (de)	शटर समय (m)	shatar samay
zoeker (de)	व्यू फाइंडर (m)	vyū faindar
digitale camera (de)	डिजिटल कैमरा (m)	dijital kaimara
statief (het)	तिपाई (f)	tipaī

flits (de)	प्लैश (m)	flaish
fotograferen (ww)	फ़ोटो खींचना	foto khīnchana
kieken (foto's maken)	फ़ोटो लेना	foto lena
zich laten fotograferen	अपनी फ़ोटो खींचवाना	apanī foto khīnchavāna

focus (de)	फ़ोकस (f)	fokas
scherpstellen (ww)	फ़ोकस करना	fokas karana
scherp (bn)	फ़ोकस में	fokas men
scherpte (de)	स्पष्टता (f)	spashtata

| contrast (het) | विपर्यास व्यतिरेक | viparyās vyatirek |
| contrastrijk (bn) | विपर्यासी | viparyāsī |

kiekje (het)	फ़ोटो (m)	foto
negatief (het)	नेगेटिव (m)	negetiv
filmpje (het)	कैमरा फ़िल्म (f)	kaimara film
beeld (frame)	फ्रेम (m)	frem
afdrukken (foto's ~)	छापना	chhāpana

164. Strand. Zwemmen

strand (het)	बालुतट (m)	bālutat
zand (het)	रेत (f)	ret
leeg (~ strand)	वीरान	vīrān

bruine kleur (de)	धूप की कालिमा (f)	dhūp kī kālima
zonnebaden (ww)	धूप में स्नान करना	dhūp men snān karana
gebruind (bn)	टैन	tain
zonnecrème (de)	धूप की क्रीम (f)	dhūp kī krīm

bikini (de)	बिकीनी (f)	bikīnī
badpak (het)	स्विम सूट (m)	svim sūt
zwembroek (de)	स्विम ट्रंक (m)	svim trank

zwembad (het)	तरण-ताल (m)	taran-tāl
zwemmen (ww)	तैरना	tairana
douche (de)	शावर (m)	shāvar
zich omkleden (ww)	बदलना	badalana
handdoek (de)	तौलिया (m)	tauliya

| boot (de) | नाव (f) | nāv |
| motorboot (de) | मोटरबोट (m) | motarabot |

waterski's (mv.)	वॉटर स्की (f)	votar skī
waterfiets (de)	चप्पु से चलने वाली नाव (f)	chappū se chalane vālī nāv
surfen (het)	सर्फ़िंग (m)	sarfing
surfer (de)	सर्फ़ करनेवाला (m)	sarf karanevāla

scuba, aqualong (de)	स्कूबा सेट (m)	skūba set
zwemvliezen (mv.)	फ़्लिपर्स (m)	flipars
duikmasker (het)	डाइविंग के लिए मास्क (m)	daiving ke lie māsk
duiker (de)	गोताखोर (m)	gotākhor
duiken (ww)	डुबकी मारना	dubakī mārana
onder water (bw)	पानी के नीचे	pānī ke nīche

parasol (de)	बालुतट की छतरी (f)	bālutat kī chhatarī
ligstoel (de)	बालूतट की कुर्सी (f)	bālūtat kī kursī
zonnebril (de)	धूप का चश्मा (m)	dhūp ka chashma
luchtmatras (de/het)	हवा वाला गद्दा (m)	hava vāla gadda
spelen (ww)	खेलना	khelana
gaan zwemmen (ww)	तैरने के लिए जाना	tairane ke lie jāna
bal (de)	बालूतट पर खेलने की गेंद (f)	bālūtat par khelane kī gend
opblazen (oppompen)	हवा भराना	hava bharāna
lucht-, opblaasbare (bn)	हवा से भरा	hava se bhara
golf (hoge ~)	तरंग (m)	tarang
boei (de)	बोया (m)	boya
verdrinken (ww)	डूब जाना	dūb jāna
redden (ww)	बचाना	bachāna
reddingsvest (de)	बचाव पेटी (f)	bachāv petī
waarnemen (ww)	देखना	dekhana
redder (de)	जीवनरक्षक (m)	jīvanarakshak

TECHNISCHE APPARATUUR. VERVOER

Technische apparatuur

165. Computer

computer (de)	कंप्यूटर (m)	kampyūtar
laptop (de)	लैपटॉप (m)	laipatop
aanzetten (ww)	चलाना	chalāna
uitzetten (ww)	बंद करना	band karana
toetsenbord (het)	कीबोर्ड (m)	kībord
toets (enter~)	कुंजी (m)	kunjī
muis (de)	माउस (m)	maus
muismat (de)	माउस पैड (m)	maus paid
knopje (het)	बटन (m)	batan
cursor (de)	कर्सर (m)	karsar
monitor (de)	मॉनिटर (m)	monitar
scherm (het)	स्क्रीन (m)	skrīn
harde schijf (de)	हार्ड डिस्क (m)	hārd disk
volume (het) van de harde schijf	हार्ड डिस्क क्षमता (f)	hārd disk kshamata
geheugen (het)	मेमोरी (f)	memorī
RAM-geheugen (het)	रैंडम ऐक्सेस मेमोरी (f)	raindam aikses memorī
bestand (het)	फ़ाइल (f)	fail
folder (de)	फ़ोल्डर (m)	foldar
openen (ww)	खोलना	kholana
sluiten (ww)	बंद करना	band karana
opslaan (ww)	सहेजना	sahejana
verwijderen (wissen)	हटाना	hatāna
kopiëren (ww)	कॉपी करना	kopī karana
sorteren (ww)	व्यवस्थित करना	vyavasthit karana
overplaatsen (ww)	स्थानांतरित करना	sthānāntarit karana
programma (het)	प्रोग्राम (m)	progrām
software (de)	सॉफ्टवेयर (m)	softaveyar
programmeur (de)	प्रोग्रामर (m)	progrāmar
programmeren (ww)	प्रोग्राम करना	program karana
hacker (computerkraker)	हैकर (m)	haikar
wachtwoord (het)	पासवर्ड (m)	pāsavard
virus (het)	वाइरस (m)	vairas
ontdekken (virus ~)	तलाश करना	talāsh karana

byte (de)	बाइट (m)	bait
megabyte (de)	मेगाबाइट (m)	megābait
data (de)	डाटा (m pl)	dāta
databank (de)	डाटाबेस (m)	dātābes
kabel (USB-~, enz.)	तार (m)	tār
afsluiten (ww)	अलग करना	alag karana
aansluiten op (ww)	जोड़ना	jorana

166. Internet. E-mail

internet (het)	इन्टरनेट (m)	intaranet
browser (de)	ब्राउज़र (m)	brauzar
zoekmachine (de)	सर्च इंजन (f)	sarch injan
internetprovider (de)	प्रोवाइडर (m)	provaidar
webmaster (de)	वेब मास्टर (m)	veb māstar
website (de)	वेब साइट (m)	veb sait
webpagina (de)	वेब पृष्ठ (m)	veb prshth
adres (het)	पता (m)	pata
adresboek (het)	संपर्क पुस्तक (f)	sampark pustak
postvak (het)	मेलबॉक्स (m)	melaboks
post (de)	डाक (m)	dāk
bericht (het)	संदेश (m)	sandesh
verzender (de)	प्रेषक (m)	preshak
verzenden (ww)	भेजना	bhejana
verzending (de)	भेजना (m)	bhejana
ontvanger (de)	प्रासकर्ता (m)	prāptakarta
ontvangen (ww)	प्रास करना	prāpt karana
correspondentie (de)	पत्राचार (m)	patrāchār
corresponderen (met ...)	पत्राचार करना	patrāchār karana
bestand (het)	फ़ाइल (f)	fail
downloaden (ww)	डाउनलोड करना	daunalod karana
creëren (ww)	बनाना	banāna
verwijderen (een bestand ~)	हटाना	hatāna
verwijderd (bn)	हटा दिया गया	hata diya gaya
verbinding (de)	कनेक्शन (m)	kanekshan
snelheid (de)	रफ़्तार (f)	rafatār
modem (de)	मोडेम (m)	modem
toegang (de)	पहुच (m)	pahunch
poort (de)	पोर्ट (m)	port
aansluiting (de)	कनेक्शन (m)	kanekshan
zich aansluiten (ww)	जुड़ना	jurana
selecteren (ww)	चुनना	chunana
zoeken (ww)	खोजना	khojana

167. Elektriciteit

elektriciteit (de)	बिजली (f)	bijalī
elektrisch (bn)	बिजली का	bijalī ka
elektriciteitscentrale (de)	बिजलीघर (m)	bijalīghar
energie (de)	ऊर्जा (f)	ūrja
elektrisch vermogen (het)	विद्युत शक्ति (f)	vidyut shakti
lamp (de)	बल्ब (m)	balb
zaklamp (de)	फ्लैशलाइट (f)	flaishalait
straatlantaarn (de)	सड़क की बत्ती (f)	sarak kī battī
licht (elektriciteit)	बिजली (f)	bijalī
aandoen (ww)	चलाना	chalāna
uitdoen (ww)	बंद करना	band karana
het licht uitdoen	बिजली बंद करना	bijalī band karana
doorbranden (gloeilamp)	फ्यूज़ होना	fyūz hona
kortsluiting (de)	शॉर्ट सर्किट (m)	shārt sarkit
onderbreking (de)	टूटा तार (m)	tūta tār
contact (het)	सॉकेट (m)	soket
schakelaar (de)	स्विच (m)	svich
stopcontact (het)	सॉकेट (m)	soket
stekker (de)	प्लग (m)	plag
verlengsnoer (de)	एक्स्टेंशन कोर्ड (m)	ekstenshan kord
zekering (de)	फ्यूज़ (m)	fyūz
kabel (de)	तार (m)	tār
bedrading (de)	तार (m)	tār
ampère (de)	ऐम्पेयर (m)	aimpeyar
stroomsterkte (de)	विद्युत शक्ति (f)	vidyut shakti
volt (de)	वोल्ट (m)	volt
spanning (de)	वोल्टेज (f)	voltej
elektrisch toestel (het)	विद्युत यंत्र (m)	vidyut yantr
indicator (de)	सूचक (m)	sūchak
elektricien (de)	विद्युत कारीगर (m)	vidyut kārīgar
solderen (ww)	धातु जोड़ना	dhātu jorana
soldeerbout (de)	सोल्डरिंग आयरन (m)	soldaring āyaran
stroom (de)	विद्युत प्रवाह (f)	vidyut pravāh

168. Gereedschappen

werktuig (stuk gereedschap)	औज़ार (m)	auzār
gereedschap (het)	औज़ार (m pl)	auzār
uitrusting (de)	मशीन (f)	mashīn
hamer (de)	हथौड़ी (f)	hathaurī
schroevendraaier (de)	पेंचकस (m)	penchakas
bijl (de)	कुल्हाड़ी (f)	kulhārī

zaag (de)	आरी (f)	ārī
zagen (ww)	आरी से काटना	ārī se kātana
schaaf (de)	रंदा (m)	randa
schaven (ww)	छीलना	chhīlana
soldeerbout (de)	सोल्डरिंग आयरन (m)	soldaring āyaran
solderen (ww)	धातु जोड़ना	dhātu jorana
vijl (de)	रेती (f)	retī
nijptang (de)	संडसी (f pl)	sandasī
combinatietang (de)	प्लायर (m)	plāyar
beitel (de)	छेनी (f)	chhenī
boorkop (de)	ड्रिल बिट (m)	dril bit
boormachine (de)	विद्युतीय बरमा (m)	vidyutīy barama
boren (ww)	ड्रिल करना	dril karana
mes (het)	छुरी (f)	chhurī
zakmes (het)	खुलने-बंद होने वाली छुरी (f)	khulane-band hone vālī chhurī
knip- (abn)	खुलने-बंद होने वाली छुरी	khulane-band hone vālī chhurī
lemmet (het)	धार (f)	dhār
scherp (bijv. ~ mes)	कटीला	katīla
bot (bn)	कुंद	kund
bot raken (ww)	कुंद करना	kund karana
slijpen (een mes ~)	धारदार बनाना	dhāradār banāna
bout (de)	बोल्ट (m)	bolt
moer (de)	नट (m)	nat
schroefdraad (de)	चूड़ी (f)	chūrī
houtschroef (de)	पेंच (m)	pench
nagel (de)	कील (f)	kīl
kop (de)	कील का सिरा (m)	kīl ka sira
liniaal (de/het)	स्केल (m)	skel
rolmeter (de)	इंची टेप (m)	inchī tep
waterpas (de/het)	स्पिरिट लेवल (m)	spirit leval
loep (de)	आवर्धक लेंस (m)	āvardhak lens
meetinstrument (het)	मापक यंत्र (m)	māpak yantr
opmeten (ww)	मापना	māpana
schaal (meetschaal)	स्केल (f)	skel
gegevens (mv.)	पाठ्यांक (m pl)	pāthyānk
compressor (de)	कंप्रेसर (m)	kampresar
microscoop (de)	माइक्रोस्कोप (m)	maikroskop
pomp (de)	पंप (m)	pamp
robot (de)	रोबोट (m)	robot
laser (de)	लेज़र (m)	lezar
moersleutel (de)	रिंच (m)	rinch
plakband (de)	फ़ीता (m)	fīta
lijm (de)	लेई (f)	leī

schuurpapier (het)	रेगमाल (m)	regamāl
veer (de)	कमानी (f)	kamānī
magneet (de)	मैग्नेट (m)	maignet
handschoenen (mv.)	दस्ताने (m pl)	dastāne

touw (bijv. henneptouw)	रस्सी (f)	rassī
snoer (het)	डोरी (f)	dorī
draad (de)	तार (m)	tār
kabel (de)	केबल (m)	kebal

moker (de)	हथौड़ा (m)	hathaura
breekijzer (het)	रंभा (m)	rambha
ladder (de)	सीढ़ी (f)	sīrhī
trapje (inklapbaar ~)	सीढ़ी (f)	sīrhī

aanschroeven (ww)	कसना	kasana
losschroeven (ww)	घुमाकर खोलना	ghumākar kholana
dichtpersen (ww)	कसना	kasana
vastlijmen (ww)	चिपकाना	chipakāna
snijden (ww)	काटना	kātana

defect (het)	ख़राबी (f)	kharābī
reparatie (de)	मरम्मत (f)	marammat
repareren (ww)	मरम्मत करना	marammat karana
regelen (een machine ~)	ठीक करना	thīk karana

nakijken (ww)	जांचना	jānchana
controle (de)	जांच (f)	jānch
gegevens (mv.)	पाठ्यांक (m)	pāthyānk

degelijk (bijv. ~ machine)	मज़बूत	mazabūt
ingewikkeld (bn)	जटिल	jatil

roesten (ww)	ज़ंग लगना	zang lagana
roestig (bn)	ज़ंग लगा हुआ	zang laga hua
roest (de/het)	ज़ंग (m)	zang

Vervoer

169. Vliegtuig

vliegtuig (het)	विमान (m)	vimān
vliegticket (het)	हवाई टिकट (m)	havaī tikat
luchtvaartmaatschappij (de)	हवाई कम्पनी (f)	havaī kampanī
luchthaven (de)	हवाई अड्डा (m)	havaī adda
supersonisch (bn)	पराध्वनिक	parādhvanik
gezagvoerder (de)	कसान (m)	kaptān
bemanning (de)	वैमानिक दल (m)	vaimānik dal
piloot (de)	विमान चालक (m)	vimān chālak
stewardess (de)	एयर होस्टस (f)	eyar hostas
stuurman (de)	नैवीगेटर (m)	naivīgetar
vleugels (mv.)	पंख (m pl)	pankh
staart (de)	पूँछ (f)	pūnchh
cabine (de)	कॉकपिट (m)	kokapit
motor (de)	इंजन (m)	injan
landingsgestel (het)	हवाई जहाज़ पहिये (m)	havaī jahāz pahiye
turbine (de)	टरबाइन (f)	tarabain
propeller (de)	प्रोपेलर (m)	propelar
zwarte doos (de)	ब्लैक बॉक्स (m)	blaik boks
stuur (het)	कंट्रोल कॉलम (m)	kantrol kolam
brandstof (de)	ईंधन (m)	īndhan
veiligheidskaart (de)	सुरक्षा-पत्र (m)	suraksha-patr
zuurstofmasker (het)	ऑक्सीजन मास्क (m)	oksījan māsk
uniform (het)	वर्दी (f)	vardī
reddingsvest (de)	बचाव पेटी (f)	bachāv petī
parachute (de)	पैराशूट (m)	pairāshūt
opstijgen (het)	उड़ान (m)	urān
opstijgen (ww)	उड़ना	urana
startbaan (de)	उड़ान पट्टी (f)	urān pattī
zicht (het)	दृश्यता (f)	drshyata
vlucht (de)	उड़ान (m)	urān
hoogte (de)	ऊंचाई (f)	ūnchaī
luchtzak (de)	वायु-पॉकेट (m)	vāyu-poket
plaats (de)	सीट (f)	sīt
koptelefoon (de)	हेडफ़ोन (m)	hedafon
tafeltje (het)	ट्रे टेबल (f)	tre tebal
venster (het)	हवाई जहाज़ की खिड़की (f)	havaī jahāz kī khirakī
gangpad (het)	गलियारा (m)	galiyāra

170. Trein

trein (de)	रेलगाड़ी, ट्रेन (f)	relagārī, tren
elektrische trein (de)	लोकल ट्रेन (f)	lokal tren
sneltrein (de)	तेज़ रेलगाड़ी (f)	tez relagārī
diesellocomotief (de)	डीज़ल रेलगाड़ी (f)	dīzal relagārī
locomotief (de)	स्टीम इंजन (f)	stīm injan
rijtuig (het)	कोच (f)	koch
restauratierijtuig (het)	डाइनर (f)	dainar
rails (mv.)	पटरियाँ (f)	patariyān
spoorweg (de)	रेलवे (f)	relave
dwarsligger (de)	पटरियाँ (f)	patariyān
perron (het)	प्लेटफॉर्म (m)	pletaform
spoor (het)	प्लेटफॉर्म (m)	pletaform
semafoor (de)	सिग्नल (m)	signal
halte (bijv. kleine treinhalte)	स्टेशन (m)	steshan
machinist (de)	इंजन ड्राइवर (m)	injan draivar
kruier (de)	कुली (m)	kulī
conducteur (de)	कोच एटेंडेंट (m)	koch etendent
passagier (de)	मुसाफ़िर (m)	musāfir
controleur (de)	टीटी (m)	tītī
gang (in een trein)	गलियारा (m)	galiyāra
noodrem (de)	आपात ब्रेक (m)	āpāt brek
coupé (de)	डिब्बा (m)	dibba
bed (slaapplaats)	बर्थ (f)	barth
bovenste bed (het)	ऊपरी बर्थ (f)	ūparī barth
onderste bed (het)	नीचली बर्थ (f)	nīchalī barth
beddengoed (het)	बिस्तर (m)	bistar
kaartje (het)	टिकट (m)	tikat
dienstregeling (de)	टाइम टेबुल (m)	taim taibul
informatiebord (het)	सूचना बोर्ड (m)	sūchana bord
vertrekken (De trein vertrekt ...)	चले जाना	chale jāna
vertrek (ov. een trein)	रवानगी (f)	ravānagī
aankomen (ov. de treinen)	पहुंचना	pahunchana
aankomst (de)	आगमन (m)	āgaman
aankomen per trein	गाड़ी से पहुंचना	gārī se pahunchana
in de trein stappen	गाड़ी पकड़ना	gādī pakarana
uit de trein stappen	गाड़ी से उतरना	gārī se utarana
treinwrak (het)	दुर्घटनाग्रस्त (f)	durghatanāgrast
locomotief (de)	स्टीम इंजन (m)	stīm injan
stoker (de)	अग्निशामक (m)	agnishāmak
stookplaats (de)	भट्ठी (f)	bhatthī
steenkool (de)	कोयला (m)	koyala

171. Schip

schip (het)	जहाज़ (m)	jahāz
vaartuig (het)	जहाज़ (m)	jahāz
stoomboot (de)	जहाज़ (m)	jahāz
motorschip (het)	मोटर बोट (m)	motar bot
lijnschip (het)	लाइनर (m)	lainar
kruiser (de)	क्रूज़र (m)	krūzar
jacht (het)	याख़्ट (m)	yākht
sleepboot (de)	कर्षक पोत (m)	karshak pot
duwbak (de)	बार्ज (f)	bārj
ferryboot (de)	फेरी बोट (f)	ferī bot
zeilboot (de)	पाल नाव (f)	pāl nāv
brigantijn (de)	बादबानी (f)	bādabānī
IJsbreker (de)	हिमभंजक पोत (m)	himabhanjak pot
duikboot (de)	पनडुब्बी (f)	panadubbī
boot (de)	नाव (m)	nāv
sloep (de)	किश्ती (f)	kishtī
reddingssloep (de)	जीवन रक्षा किश्ती (f)	jīvan raksha kishtī
motorboot (de)	मोटर बोट (m)	motar bot
kapitein (de)	कसान (m)	kaptān
zeeman (de)	मल्लाह (m)	mallāh
matroos (de)	मल्लाह (m)	mallāh
bemanning (de)	वैमानिक दल (m)	vaimānik dal
bootsman (de)	बोसुन (m)	bosun
scheepsjongen (de)	बोसुन (m)	bosun
kok (de)	रसोइया (m)	rasoiya
scheepsarts (de)	पोत डाक्टर (m)	pot dāktar
dek (het)	डेक (m)	dek
mast (de)	मस्तूल (m)	mastūl
zeil (het)	पाल (m)	pāl
ruim (het)	कागी (m)	kārgo
voorsteven (de)	जहाज़ का अगड़ा हिस्सा (m)	jahāz ka agara hissa
achtersteven (de)	जहाज़ का पिछला हिस्सा (m)	jahāz ka pichhala hissa
roeispaan (de)	चप्पू (m)	chappū
schroef (de)	जहाज़ की पंखी चलाने का पेंच (m)	jahāz kī pankhī chalāne ka pench
kajuit (de)	कैबिन (m)	kaibin
officierskamer (de)	मेस (f)	mes
machinekamer (de)	मशीन-कमरा (m)	mashīn-kamara
brug (de)	ब्रिज (m)	brij
radiokamer (de)	रेडियो केबिन (m)	rediyo kebin
radiogolf (de)	रेडियो तरंग (f)	rediyo tarang
logboek (het)	जहाज़ी रजिस्टर (m)	jahāzī rajistar
verrekijker (de)	टेलिस्कोप (m)	teliskop

| klok (de) | घंटा (m) | ghanta |
| vlag (de) | झंडा (m) | jhanda |

| kabel (de) | रस्सा (m) | rassa |
| knoop (de) | जहाज़ी गांठ (f) | jahāzī gānth |

| trapleuning (de) | रेलिंग (f) | reling |
| trap (de) | सीढ़ी (f) | sīrhī |

anker (het)	लंगर (m)	langar
het anker lichten	लंगर उठाना	langar uthāna
het anker neerlaten	लंगर डालना	langar dālana
ankerketting (de)	लंगर की ज़ंजीर (f)	langar kī zajīr

haven (bijv. containerhaven)	बंदरगाह (m)	bandaragāh
kaai (de)	घाट (m)	ghāt
aanleggen (ww)	किनारे लगना	kināre lagana
wegvaren (ww)	रवाना होना	ravāna hona

reis (de)	यात्रा (f)	yātra
cruise (de)	जलयात्रा (f)	jalayātra
koers (de)	दिशा (f)	disha
route (de)	मार्ग (m)	mārg

vaarwater (het)	नाव्य जलपथ (m)	nāvy jalapath
zandbank (de)	छिछला पानी (m)	chhichhala pānī
stranden (ww)	छिछले पानी में धसना	chhichhale pānī men dhansana

storm (de)	तूफ़ान (m)	tufān
signaal (het)	सिग्नल (m)	signal
zinken (ov. een boot)	डूबना	dūbana
SOS (noodsignaal)	एसओएस	esoes
reddingsboei (de)	लाइफ़ ब्वाय (m)	laif bvāy

172. Vliegveld

luchthaven (de)	हवाई अड्डा (m)	havaī adda
vliegtuig (het)	विमान (m)	vimān
luchtvaartmaatschappij (de)	हवाई कम्पनी (f)	havaī kampanī
luchtverkeersleider (de)	हवाई यातायात नियंत्रक (m)	havaī yātāyāt niyantrak

vertrek (het)	प्रस्थान (m)	prasthān
aankomst (de)	आगमन (m)	āgaman
aankomen (per vliegtuig)	पहुंचना	pahunchana

| vertrektijd (de) | उड़ान का समय (m) | urān ka samay |
| aankomstuur (het) | आगमन का समय (m) | āgaman ka samay |

| vertraagd zijn (ww) | देर से आना | der se āna |
| vluchtvertraging (de) | उड़ान देरी (f) | urān derī |

| informatiebord (het) | सूचना बोर्ड (m) | sūchana bord |
| informatie (de) | सूचना (f) | sūchana |

| aankondigen (ww) | घोषणा करना | ghoshana karana |
| vlucht (bijv. KLM ~) | फ़्लाइट (f) | flait |

| douane (de) | सीमाशुल्क कार्यालय (m) | sīmāshulk kāryālay |
| douanier (de) | सीमाशुल्क अधिकारी (m) | sīmāshulk adhikārī |

douaneaangifte (de)	सीमाशुल्क घोषणा (f)	sīmāshulk ghoshana
een douaneaangifte invullen	सीमाशुल्क घोषणा भरना	sīmāshulk ghoshana bharana
paspoortcontrole (de)	पासपोर्ट जांच (f)	pāsport jānch

bagage (de)	सामान (m)	sāmān
handbagage (de)	दस्ती सामान (m)	dastī sāmān
bagagekarretje (het)	सामान के लिये गाड़ी (f)	sāmān ke liye gārī

landing (de)	विमानारोहण (m)	vimānārohan
landingsbaan (de)	विमानारोहण मार्ग (m)	vimānārohan mārg
landen (ww)	उतरना	utarana
vliegtuigtrap (de)	सीढ़ी (f)	sīrhī

inchecken (het)	चेक-इन (m)	chek-in
incheckbalie (de)	चेक-इन डेस्क (m)	chek-in desk
inchecken (ww)	चेक-इन करना	chek-in karana
instapkaart (de)	बोर्डिंग पास (m)	bording pās
gate (de)	प्रस्थान गेट (m)	prasthān get

transit (de)	पारवहन (m)	pāravahan
wachten (ww)	इंतज़ार करना	intazār karana
wachtzaal (de)	प्रतीक्षालय (m)	pratīkshālay
begeleiden (uitwuiven)	विदा करना	vida karana
afscheid nemen (ww)	विदा कहना	vida kahana

173. Fiets. Motorfiets

fiets (de)	साइकिल (f)	saikil
bromfiets (de)	स्कूटर (m)	skūtar
motorfiets (de)	मोटरसाइकिल (f)	motarasaikil

met de fiets rijden	साइकिल से जाना	saikil se jāna
stuur (het)	हैंडल बार (m)	haindal bār
pedaal (de/het)	पेडल (m)	pedal
remmen (mv.)	ब्रेक (m pl)	brek
fietszadel (de/het)	सीट (f)	sīt

pomp (de)	पंप (m)	pamp
bagagedrager (de)	साइकिल का रैक (m)	sāikil ka raik
fietslicht (het)	बत्ती (f)	battī
helm (de)	हेलमेट (f)	helamet

wiel (het)	पहिया (m)	pahiya
spatbord (het)	कीचड़ रोकने की पंखी (f)	kīchar rokane kī pankhī
velg (de)	साइकिल रिम (f)	saikil rim
spaak (de)	पहिये का आरा (m)	pahiye ka āra

Auto's

174. Soorten auto's

auto (de)	कार (f)	kār
sportauto (de)	स्पोर्ट्स कार (f)	sports kār
limousine (de)	लीमोज़ीन (m)	līmozīn
terreinwagen (de)	जीप (m)	jīp
cabriolet (de)	कन्वर्टिबल (m)	kanvartibal
minibus (de)	मिनिबस (f)	minibas
ambulance (de)	एम्बुलेंस (f)	embulens
sneeuwruimer (de)	बर्फ़ हटाने की कार (f)	barf hatāne kī kār
vrachtwagen (de)	ट्रक (m)	trak
tankwagen (de)	टैंकर-लॉरी (f)	tainkar-lorī
bestelwagen (de)	वैन (m)	vain
trekker (de)	ट्रक-ट्रेक्टर (m)	trak-trektar
aanhangwagen (de)	ट्रेलर (m)	trelar
comfortabel (bn)	सुविधाजनक	suvidhājanak
tweedehands (bn)	पुरानी	purānī

175. Auto's. Carrosserie

motorkap (de)	बोनेट (f)	bonet
spatbord (het)	कीचड़ रोकने की पंखी (f)	kīchar rokane kī pankhī
dak (het)	छत (f)	chhat
voorruit (de)	विंडस्क्रीन (m)	vindaskrīn
achterruit (de)	रियरव्यू मिरर (m)	riyaravyū mirar
ruitensproeier (de)	विंडशील्ड वॉशर (m)	vindashīld voshar
wisserbladen (mv.)	वाइपर (m)	vaipar
zijruit (de)	साइड की खिड़की (f)	said kī khirakī
raamlift (de)	विंडो-लिफ़्ट (f)	vindo-lift
antenne (de)	एरियल (m)	eriyal
zonnedak (het)	सनरूफ़ (m)	sanarūf
bumper (de)	बम्पर (m)	bampar
koffer (de)	ट्रंक (m)	trank
portier (het)	दरवाज़ा (m)	daravāza
handvat (het)	दरवाज़े का हैंडल (m)	daravāze ka haindal
slot (het)	ताला (m)	tāla
nummerplaat (de)	कार का नम्बर (m)	kār ka nambar
knalpot (de)	साइलेंसर (m)	sailensar

benzinetank (de)	पेट्रोल टैंक (m)	petrol taink
uitlaatpijp (de)	रेचक नलिका (f)	rechak nalika

gas (het)	गैस (m)	gais
pedaal (de/het)	पेडल (m)	pedal
gaspedaal (de/het)	गैस पेडल (m)	gais pedal

rem (de)	ब्रैक (m)	braik
rempedaal (de/het)	ब्रेक पेडल (m)	brek pedal
remmen (ww)	ब्रेक लगाना	brek lagāna
handrem (de)	पार्किंग पेडल (m)	pārking pedal

koppeling (de)	क्लच (m)	klach
koppelingspedaal (de/het)	क्लच पेडल (m)	klach pedal
koppelingsschijf (de)	क्लच प्लेट (m)	klach plet
schokdemper (de)	धक्का सह (m)	dhakka sah

wiel (het)	पहिया (m)	pahiya
reservewiel (het)	स्पेयर टायर (m)	speyar tāyar
band (de)	टायर (m)	tāyar
wieldop (de)	हबकैप (m)	habakaip

aandrijfwielen (mv.)	प्रधान पहिया (m)	pradhān pahiya
met voorwielaandrijving	आगे के पहियों से चलने वाली	āge ke pahiyon se chalane vālī
met achterwielaandrijving	पीछे के पहियों से चलने वाली	pīchhe ke pahiyon se chalane vālī
met vierwielaandrijving	चार पहियों की कार	chār pahiyon kī kār

versnellingsbak (de)	गीयर बॉक्स (m)	gīyar boks
automatisch (bn)	स्वचालित	svachālit
mechanisch (bn)	मशीनी	mashīnī
versnellingspook (de)	गीयर बॉक्स का साधन (m)	gīyar boks ka sādhan

voorlicht (het)	हेडलाइट (f)	hedalait
voorlichten (mv.)	हेडलाइटें (f pl)	hedalaiten

dimlicht (het)	लो बीम (m)	lo bīm
grootlicht (het)	हाई बीम (m)	haī bīm
stoplicht (het)	ब्रेक लाइट (m)	brek lait

standlichten (mv.)	पार्किंग लाइटें (f pl)	pārking laiten
noodverlichting (de)	खतरे की बतियाँ (f pl)	khatare kī battiyān
mistlichten (mv.)	कोहरे की बत्तियाँ (f pl)	kohare kī battiyān
pinker (de)	मुड़ने का सिग्नल (m)	murane ka signal
achteruitrijdlicht (het)	पीछे जाने की लाइट (m)	pīchhe jāne kī lait

176. Auto's. Passagiersruimte

interieur (het)	गाड़ी का भीतरी हिस्सा (m)	gārī ka bhītarī hissa
leren (van leer gemaak)	चमड़े का बना	chamare ka bana
fluwelen (abn)	मख़मल का बना	makhamal ka bana
bekleding (de)	अपहोल्स्टरी (f)	apaholstarī
toestel (het)	यंत्र (m)	yantr

instrumentenbord (het)	यंत्र का पैनल (m)	yantr ka painal
snelheidsmeter (de)	चालमापी (m)	chālamāpī
pijltje (het)	सूई (f)	sūī
kilometerteller (de)	ओडोमीटर (m)	odomītar
sensor (de)	इंडिकेटर (m)	indiketar
niveau (het)	स्तर (m)	star
controlelampje (het)	चेतावनी लाइट (m)	chetāvanī lait
stuur (het)	स्टीयरिंग व्हील (m)	stīyaring vhīl
toeter (de)	हॉर्न (m)	horn
knopje (het)	बटन (m)	batan
schakelaar (de)	स्विच (m)	svich
stoel (bestuurders~)	सीट (m)	sīt
rugleuning (de)	पीठ (f)	pīth
hoofdsteun (de)	हेडरेस्ट (m)	hedarest
veiligheidsgordel (de)	सीट बेल्ट (m)	sīt belt
de gordel aandoen	बेल्ट लगाना	belt lagāna
regeling (de)	समायोजन (m)	samāyojan
airbag (de)	एयरबैग (m)	eyarabaig
airconditioner (de)	एयर कंडीशनर (m)	eyar kandīshanar
radio (de)	रेडियो (m)	rediyo
CD-speler (de)	सीडी प्लेयर (m)	sīdī pleyar
aanzetten (bijv. radio ~)	चलाना	chalāna
antenne (de)	एरियल (m)	eriyal
handschoenenkastje (het)	दराज़ (m)	darāz
asbak (de)	राखदानी (f)	rākhadānī

177. Auto's. Motor

diesel- (abn)	डीज़ल का	dīzal ka
benzine- (~motor)	तेल का	tel ka
motorinhoud (de)	इंजन का परिमाण (m)	injan ka parimān
vermogen (het)	शक्ति (f)	shakti
paardenkracht (de)	अश्व शक्ति (f)	ashv shakti
zuiger (de)	पिस्टन (m)	pistan
cilinder (de)	सिलिंडर (m)	silindar
klep (de)	वाल्व (m)	vālv
injectie (de)	इंजेक्टर (m)	injektar
generator (de)	जनरेटर (m)	janaretar
carburator (de)	कार्बरेटर (m)	kārbaretar
motorolie (de)	मोटर तेल (m)	motar tel
radiator (de)	रेडिएटर (m)	redietar
koelvloeistof (de)	शीतलक (m)	shītalak
ventilator (de)	पंखा (m)	pankha
accu (de)	बैटरी (f)	baitarī
starter (de)	स्टार्टर (m)	stārtar

| contact (ontsteking) | इग्निशन (m) | ignishan |
| bougie (de) | स्पार्क प्लग (m) | spārk plag |

pool (de)	बैटरी टर्मिनल (m)	baitarī tarminal
positieve pool (de)	प्लस टर्मिनल (m)	plas tarminal
negatieve pool (de)	माइनस टर्मिनल (m)	mainas tarminal
zekering (de)	सेफ्टी फ्यूज़ (m)	seftī fyūz

luchtfilter (de)	वायु फ़िल्टर (m)	vāyu filtar
oliefilter (de)	तेल फ़िल्टर (m)	tel filtar
benzinefilter (de)	ईंधन फ़िल्टर (m)	īndhan filtar

178. Auto's. Botsing. Reparatie

auto-ongeval (het)	दुर्घटना (f)	durghatana
verkeersongeluk (het)	दुर्घटना (f)	durghatana
aanrijden (tegen een boom, enz.)	टकराना	takarāna
verongelukken (ww)	नष्ट हो जाना	nashth ho jāna
beschadiging (de)	नुकसान (m)	nukasān
heelhuids (bn)	सुरक्षित	surakshit

| kapot gaan (zijn gebroken) | ख़राब हो जाना | kharāb ho jāna |
| sleeptouw (het) | रस्सा (m) | rassa |

lek (het)	पंक्चर (m)	pankchar
lekke krijgen (band)	पंक्चर होना	pankchar hona
oppompen (ww)	हवा भरना	hava bharana
druk (de)	दबाव (m)	dabāv
checken (controleren)	जांचना	jānchana

reparatie (de)	मरम्मत (f)	marammat
garage (de)	वाहन मरम्मत की दुकान (f)	vāhan marammat kī dukān
wisselstuk (het)	स्पेयर पार्ट (m)	speyar pārt
onderdeel (het)	पुरज़ा (m)	puraza

bout (de)	बोल्ट (m)	bolt
schroef (de)	पेंच (m)	pench
moer (de)	नट (m)	nat
sluitring (de)	वॉशर (m)	voshar
kogellager (de/het)	बियरिंग (m)	biyaring

pijp (de)	ट्यूब (f)	tyūb
pakking (de)	गास्केट (m)	gāsket
kabel (de)	तार (m)	tār

dommekracht (de)	जैक (m)	jaik
moersleutel (de)	स्पैनर (m)	spainar
hamer (de)	हथौड़ी (f)	hathaurī
pomp (de)	पंप (m)	pamp
schroevendraaier (de)	पेंचकस (m)	penchakas

| brandblusser (de) | अग्निशामक (m) | agnishāmak |
| gevarendriehoek (de) | चेतावनी त्रिकोण (m) | chetāvanī trikon |

afslaan (ophouden te werken)	बंद होना	band hona
uitvallen (het)	बंद (m)	band
zijn gebroken	टूटना	tūtana

ooververhitten (ww)	गरम होना	garam hona
verstopt raken (ww)	मैल जमना	mail jamana
bevriezen (autodeur, enz.)	ठंडा हो जाना	thanda ho jāna
barsten (leidingen, enz.)	फटना	fatana

druk (de)	दबाव (m)	dabāv
niveau (bijv. olieniveau)	स्तर (m)	star
slap (de drijfriem is ~)	कमज़ोर	kamazor

deuk (de)	गड्ढा (m)	gadrha
geklop (vreemde geluiden)	खटखट की आवाज़ (f)	khatakhat kī āvāz
barst (de)	दरार (f)	darār
kras (de)	खरोंच (f)	kharonch

179. Auto's. Weg

weg (de)	रास्ता (m)	rāsta
snelweg (de)	राजमार्ग (m)	rājamārg
autoweg (de)	राजमार्ग (m)	rājamārg
richting (de)	दिशा (f)	disha
afstand (de)	दूरी (f)	dūrī

brug (de)	पुल (m)	pul
parking (de)	पार्किन्ग (m)	pārking
plein (het)	मैदान (m)	maidān
verkeersknooppunt (het)	फ्लाई ओवर (m)	flaī ovar
tunnel (de)	सुरंग (m)	surang

benzinestation (het)	पेट्रोल पम्प (f)	petrol pamp
parking (de)	पार्किंग (m)	pārking
benzinepomp (de)	गैस पम्प (f)	gais pamp
garage (de)	गराज (m)	garāj
tanken (ww)	पेट्रोल भरवाना	petrol bharavāna
brandstof (de)	ईंधन (m)	īndhan
jerrycan (de)	जेरिकेन (m)	jeriken

asfalt (het)	तारकोल (m)	tārakol
markering (de)	मार्ग चिह्न (m)	mārg chihn
trottoirband (de)	फुटपाथ (m)	futapāth
geleiderail (de)	रेलिंग (f)	reling
greppel (de)	नाली (f)	nālī
vluchtstrook (de)	छोर (m)	chhor
lichtmast (de)	बिजली का खम्भा (m)	bijalī ka khambha

besturen (een auto ~)	चलाना	chalāna
afslaan (naar rechts ~)	मोड़ना	morana
U-bocht maken (ww)	मुड़ना	murana
achteruit (de)	रिवर्स (m)	rivars
toeteren (ww)	हॉर्न बजाना	horn bajāna

toeter (de)	हॉर्न (m)	horn
vastzitten (in modder)	फंसना	fansana
spinnen (wielen gaan ~)	पहिये को घुमाना	pahiye ko ghumāna
uitzetten (ww)	इंजन बंद करना	injan band karana
snelheid (de)	रफ़्तार (f)	rafatār
een snelheidsovertreding maken	गति सीमा पार करना	gati sīma pār karana
bekeuren (ww)	जुर्माना लगाना	jurmāna lagāna
verkeerslicht (het)	ट्रैफ़िक-लाइट (m)	traifik-lait
rijbewijs (het)	ड्राइवर-लाइसेंस (m)	draivar-laisens
overgang (de)	रेल क्रॉसिंग (m)	rel krosing
kruispunt (het)	चौराहा (m)	chaurāha
zebrapad (oversteekplaats)	पार-पथ (m)	pār-path
bocht (de)	मोड़ (m)	mor
voetgangerszone (de)	पैदल सड़क (f)	paidal sarak

180. Verkeersborden

verkeersregels (mv.)	यातायात के नियम (m pl)	yātāyāt ke niyam
verkeersbord (het)	ट्रैफ़िक साइन (m)	traifik sain
inhalen (het)	ओवरटेकिंग (f)	ovarateking
bocht (de)	मोड़ (m)	mor
U-bocht, kering (de)	यू-टर्न (m)	yū-tarn
Rotonde (de)	गोलचक्कर (m)	golachakkar
Verboden richting	अंदर जाना मना है	andar jāna mana hai
Verboden toegang	वाहन जाना मना है	vāhan jāna mana hai
Inhalen verboden	ओवरटैकिंग मना है	ovarataiking mana hai
Parkeerverbod	पार्किंग मना है	pārking mana hai
Verbod stil te staan	रुकना मना है	rukana mana hai
Gevaarlijke bocht	खतरनाक मोड़ (m)	khataranāk mor
Gevaarlijke daling	ढलवां उतार (m)	dhalavān utār
Eenrichtingsweg	इकतरफ़ा यातायात (f)	ikatarafa yātāyāt
Voetgangers	पार-पथ (m)	pār-path
Slipgevaar	फिसलाऊ रास्ता (m)	fisalaū rāsta
Voorrang verlenen	निकलने देना	nikalane dena

MENSEN. GEBEURTENISSEN IN HET LEVEN

Gebeurtenissen in het leven

181. Vakanties. Evenement

feest (het)	त्योहार (m)	tyohār
nationale feestdag (de)	राष्ट्रीय त्योहार (m)	rāshtrīy tyohār
feestdag (de)	त्योहार का दिन (m)	tyohār ka din
herdenken (ww)	पुण्यस्मरण करना	punyasmaran karana
gebeurtenis (de)	घटना (f)	ghatana
evenement (het)	आयोजन (m)	āyojan
banket (het)	राजभोज (m)	rājabhoj
receptie (de)	दावत (f)	dāvat
feestmaal (het)	दावत (f)	dāvat
verjaardag (de)	वर्षगांठ (m)	varshagānth
jubileum (het)	वर्षगांठ (m)	varshagānth
vieren (ww)	मनाना	manāna
Nieuwjaar (het)	नव वर्ष (m)	nav varsh
Gelukkig Nieuwjaar!	नव वर्ष की शुभकामना!	nav varsh kī shubhakāmana!
Sinterklaas (de)	सांता क्लॉज़ (m)	sānta kloz
Kerstfeest (het)	बड़ा दिन (m)	bara din
Vrolijk kerstfeest!	क्रिसमस की शुभकामनाएं!	krisamas kī shubhakāmanaen!
kerstboom (de)	क्रिस्मस ट्री (m)	krismas trī
vuurwerk (het)	अग्नि क्रीड़ा (f)	agni krīra
bruiloft (de)	शादी (f)	shādī
bruidegom (de)	दुल्हा (m)	dulha
bruid (de)	दुल्हन (f)	dulhan
uitnodigen (ww)	आमंत्रित करना	āmantrit karana
uitnodiging (de)	निमंत्रण पत्र (m)	nimantran patr
gast (de)	मेहमान (m)	mehamān
op bezoek gaan	मिलने जाना	milane jāna
gasten verwelkomen	मेहमानों से मिलना	mehamānon se milana
geschenk, cadeau (het)	उपहार (m)	upahār
geven (iets cadeau ~)	उपहार देना	upahār dena
geschenken ontvangen	उपहार मिलना	upahār milana
boeket (het)	गुलदस्ता (m)	guladasta
felicitaties (mv.)	बधाई (f)	badhaī
feliciteren (ww)	बधाई देना	badhaī dena

wenskaart (de)	बधाई पोस्टकार्ड (m)	badhaī postakārd
een kaartje versturen	पोस्टकार्ड भेजना	postakārd bhejana
een kaartje ontvangen	पोस्टकार्ड पाना	postakārd pāna
toast (de)	टोस्ट (m)	tost
aanbieden (een drankje ~)	ऑफ़र करना	ofar karana
champagne (de)	शैम्पेन (f)	shaimpen
plezier hebben (ww)	मज़े करना	maze karana
plezier (het)	आमोद (m)	āmod
vreugde (de)	खुशी (f)	khushī
dans (de)	नाच (m)	nāch
dansen (ww)	नाचना	nāchana
wals (de)	वॉल्ट्ज़ (m)	voltz
tango (de)	टैंगो (m)	taingo

182. Begrafenissen. Begrafenis

kerkhof (het)	क़ब्रिस्तान (m)	kabristān
graf (het)	क़ब्र (m)	kabr
kruis (het)	क्रॉस (m)	kros
grafsteen (de)	सामाधि शिला (f)	sāmādhi shila
omheining (de)	बाड़ (f)	bār
kapel (de)	चैपल (m)	chaipal
dood (de)	मृत्यु (f)	mrtyu
sterven (ww)	मरना	marana
overledene (de)	मृतक (m)	mrtak
rouw (de)	शोक (m)	shok
begraven (ww)	दफनाना	dafanāna
begrafenisonderneming (de)	दफ़्नालय (m)	dafanālay
begrafenis (de)	अंतिम संस्कार (m)	antim sanskār
krans (de)	फूलमाला (f)	fūlamāla
doodskist (de)	ताबूत (m)	tābūt
lijkwagen (de)	शव मंच (m)	shav manch
lijkkleed (de)	कफन (m)	kafan
urn (de)	भस्मी कलश (m)	bhasmī kalash
crematorium (het)	दाहगृह (m)	dāhagrh
overlijdensbericht (het)	निधन सूचना (f)	nidhan sūchana
huilen (wenen)	रोना	rona
snikken (huilen)	रोना	rona

183. Oorlog. Soldaten

peloton (het)	दस्ता (m)	dasta
compagnie (de)	कंपनी (f)	kampanī

regiment (het)	रेजीमेंट (f)	rejīment
leger (armee)	सेना (f)	sena
divisie (de)	डिवीज़न (m)	divīzan
sectie (de)	दल (m)	dal
troep (de)	फौज (m)	fauj
soldaat (militair)	सिपाही (m)	sipāhī
officier (de)	अफ़्सर (m)	afsar
soldaat (rang)	सैनिक (m)	sainik
sergeant (de)	सार्जेंट (m)	sārjent
luitenant (de)	लेफ्टिनेंट (m)	leftinent
kapitein (de)	कसान (m)	kaptān
majoor (de)	मेजर (m)	mejar
kolonel (de)	कर्नल (m)	karnal
generaal (de)	जनरल (m)	janaral
matroos (de)	मल्लाह (m)	mallāh
kapitein (de)	कसान (m)	kaptān
bootsman (de)	बोसुन (m)	bosun
artillerist (de)	तोपची (m)	topachī
valschermjager (de)	पैराट्रूपर (m)	pairātrūpar
piloot (de)	पाइलट (m)	pailat
stuurman (de)	नैवीगेटर (m)	naivīgetar
mecanicien (de)	मैकेनिक (m)	maikenik
sappeur (de)	सैपर (m)	saipar
parachutist (de)	छतरीबाज़ (m)	chhatarībāz
verkenner (de)	जासूस (m)	jāsūs
scherpschutter (de)	निशानची (m)	nishānachī
patrouille (de)	गश्त (m)	gasht
patrouilleren (ww)	गश्त लगाना	gasht lagāna
wacht (de)	प्रहरी (m)	praharī
krijger (de)	सैनिक (m)	sainik
held (de)	हिरो (m)	hiro
heldin (de)	हिरोइन (f)	hiroin
patriot (de)	देशभक्त (m)	deshabhakt
verrader (de)	गद्दार (m)	gaddār
deserteur (de)	भगोड़ा (m)	bhagora
deserteren (ww)	भाग जाना	bhāg jāna
huurling (de)	भाड़े का सैनिक (m)	bhāre ka sainik
rekruut (de)	रंगरूट (m)	rangarūt
vrijwilliger (de)	स्वयंसेवी (m)	svayansevī
gedode (de)	मृतक (m)	mrtak
gewonde (de)	घायल (m)	ghāyal
krijgsgevangene (de)	युद्ध कैदी (m)	yuddh qaidī

184. Oorlog. Militaire acties. Deel 1

oorlog (de)	युद्ध (m)	yuddh
oorlog voeren (ww)	युद्ध करना	yuddh karana
burgeroorlog (de)	गृहयुद्ध (m)	grhayuddh
achterbaks (bw)	विश्वासघाती ढंग से	vishvāsaghātī dhang se
oorlogsverklaring (de)	युद्ध का एलान (m)	yuddh ka elān
verklaren (de oorlog ~)	एलान करना	elān karana
agressie (de)	हमला (m)	hamala
aanvallen (binnenvallen)	हमला करना	hamala karana
binnenvallen (ww)	हमला करना	hamala karana
invaller (de)	आक्रमणकारी (m)	ākramanakārī
veroveraar (de)	विजेता (m)	vijeta
verdediging (de)	हिफ़ाज़त (f)	hifāzat
verdedigen (je land ~)	हिफ़ाज़त करना	hifāzat karana
zich verdedigen (ww)	के विरुद्ध हिफ़ाज़त करना	ke virūddh hifāzat karana
vijand (de)	दुश्मन (m)	dushman
tegenstander (de)	विपक्ष (m)	vipaksh
vijandelijk (bn)	दुश्मनों का	dushmanon ka
strategie (de)	रणनीति (f)	rananīti
tactiek (de)	युक्ति (f)	yukti
order (de)	हुक्म (m)	hukm
bevel (het)	आज्ञा (f)	āgya
bevelen (ww)	हुक्म देना	hukm dena
opdracht (de)	मिशन (m)	mishan
geheim (bn)	गुप्त	gupt
strijd, slag (de)	लड़ाई (f)	laraī
strijd (de)	युद्ध (m)	yuddh
aanval (de)	आक्रमण (m)	ākraman
bestorming (de)	धावा (m)	dhāva
bestormen (ww)	धावा करना	dhāva karana
bezetting (de)	घेरा (m)	ghera
aanval (de)	आक्रमण (m)	ākraman
in het offensief te gaan	आक्रमण करना	ākraman karana
terugtrekking (de)	अपयान (m)	apayān
zich terugtrekken (ww)	अपयान करना	apayān karana
omsingeling (de)	घेराई (f)	gheraī
omsingelen (ww)	घेरना	gherana
bombardement (het)	बमबारी (f)	bamabārī
een bom gooien	बम गिराना	bam girāna
bombarderen (ww)	बमबारी करना	bamabārī karana
ontploffing (de)	विस्फोट (m)	visfot
schot (het)	गोली (m)	golī

een schot lossen	गोली चलाना	golī chalāna
schieten (het)	गोलीबारी (f)	golībārī
mikken op (ww)	निशाना लगाना	nishāna lagāna
aanleggen (een wapen ~)	निशाना बांधना	nishāna bāndhana
treffen (doelwit ~)	गोली मारना	golī mārana
zinken (tot zinken brengen)	डुबाना	dubāna
kogelgat (het)	छेद (m)	chhed
zinken (gezonken zijn)	डूबना	dūbana
front (het)	मोरचा (m)	moracha
evacuatie (de)	निकास (m)	nikās
evacueren (ww)	निकास करना	nikās karana
prikkeldraad (de)	कांटेदार तार (m)	kāntedār tār
verdedigingsobstakel (het)	बाड़ (m)	bār
wachttoren (de)	बुर्ज (m)	burj
hospitaal (het)	सैनिक अस्पताल (m)	sainik aspatāl
verwonden (ww)	घायल करना	ghāyal karana
wond (de)	घाव (m)	ghāv
gewonde (de)	घायल (m)	ghāyal
gewond raken (ww)	घायल होना	ghāyal hona
ernstig (~e wond)	गम्भीर	gambhīr

185. Oorlog. Militaire acties. Deel 2

krijgsgevangenschap (de)	क़ैद (f)	qaid
krijgsgevangen nemen	क़ैद करना	qaid karana
krijgsgevangene zijn	क़ैद में रखना	qaid men rakhana
krijgsgevangen genomen worden	क़ैद में लेना	qaid men lena
concentratiekamp (het)	कन्सेंट्रेशन कैंप (m)	kansentreshan kaimp
krijgsgevangene (de)	युद्ध-क़ैदी (m)	yuddh-qaidī
vluchten (ww)	क़ैद से भाग जाना	qaid se bhāg jāna
verraden (ww)	गद्दारी करना	gaddārī karana
verrader (de)	गद्दार (m)	gaddār
verraad (het)	गद्दारी (f)	gaddārī
fusilleren (executeren)	फाँसी देना	fānsī dena
executie (de)	प्राणदण्ड (f)	prānadand
uitrusting (de)	फौजी पोशाक (m)	faujī poshak
schouderstuk (het)	कंधे का फीता (m)	kandhe ka fīta
gasmasker (het)	गैस मास्क (m)	gais māsk
portofoon (de)	ट्रांस-रिसिवर (m)	trāns-risivar
geheime code (de)	गुप्तलेख (m)	guptalekh
samenzwering (de)	गुप्तता (f)	guptata
wachtwoord (het)	पासवर्ड (m)	pāsavard
mijn (landmijn)	बारूदी सुरंग (f)	bārūdī surang

ondermijnen (legden mijnen)	सुरंग खोदना	surang khodana
mijnenveld (het)	सुरंग-क्षेत्र (m)	surang-kshetr
luchtalarm (het)	हवाई हमले की चेतावनी (f)	havaī hamale kī chetāvanī
alarm (het)	चेतावनी (f)	chetāvanī
signaal (het)	सिग्नल (m)	signal
vuurpijl (de)	सिग्नल रॉकेट (m)	signal roket
staf (generale ~)	सैनिक मुख्यालय (m)	sainik mukhyālay
verkenningstocht (de)	जासूसी देख-भाल (m)	jāsūsī dekh-bhāl
toestand (de)	हालत (f)	hālat
rapport (het)	रिपोर्ट (m)	riport
hinderlaag (de)	घात (f)	ghāt
versterking (de)	बलवृद्धि (m)	balavrddhi
doel (bewegend ~)	निशाना (m)	nishāna
proefterrein (het)	प्रशिक्षण क्षेत्र (m)	prashikshan kshetr
manoeuvres (mv.)	युद्धाभ्यास (m pl)	yuddhābhyās
paniek (de)	भगदड़ (f)	bhagadar
verwoesting (de)	तबाही (f)	tabāhī
verwoestingen (mv.)	विनाश (m pl)	vināsh
verwoesten (ww)	नष्ट करना	nasht karana
overleven (ww)	जीवित रहना	jīvit rahana
ontwapenen (ww)	निरस्त्र करना	nirastr karana
behandelen (een pistool ~)	हथियार चलाना	hathiyār chalāna
Geeft acht!	सावधान!	sāvadhān!
Op de plaats rust!	आराम!	ārām!
heldendaad (de)	साहस का कार्य (m)	sāhas ka kāry
eed (de)	शपथ (f)	shapath
zweren (een eed doen)	शपथ लेना	shapath lena
decoratie (de)	पदक (m)	padak
onderscheiden (een ereteken geven)	इनाम देना	inām dena
medaille (de)	मेडल (m)	medal
orde (de)	आर्डर (m)	ārdar
overwinning (de)	विजय (m)	vijay
verlies (het)	हार (f)	hār
wapenstilstand (de)	युद्धविराम (m)	yuddhavirām
wimpel (vaandel)	झंडा (m)	jhanda
roem (de)	प्रताप (m)	pratāp
parade (de)	परेड (m)	pared
marcheren (ww)	मार्च करना	mārch karana

186. Wapens

wapens (mv.)	हथियार (m)	hathiyār
vuurwapens (mv.)	हथियार (m)	hathiyār

koude wapens (mv.)	पैने हथियार (m)	paine hathiyār
chemische wapens (mv.)	रसायनिक शस्त्र (m)	rasāyanik shastr
kern-, nucleair (bn)	आण्विक	ānvik
kernwapens (mv.)	आण्विक-शस्त्र (m)	ānvik-shastr
bom (de)	बम (m)	bam
atoombom (de)	परमाणु बम (m)	paramānu bam
pistool (het)	पिस्तौल (m)	pistaul
geweer (het)	बंदूक (m)	bandūk
machinepistool (het)	टामी गन (f)	tāmī gan
machinegeweer (het)	मशीन गन (f)	mashīn gan
loop (schietbuis)	नालमुख (m)	nālamukh
loop (bijv. geweer met kortere ~)	नाल (m)	nāl
kaliber (het)	नली का व्यास (m)	nalī ka vyās
trekker (de)	घोड़ा (m)	ghora
korrel (de)	लक्षक (m)	lakshak
magazijn (het)	मैगज़ीन (m)	maigazīn
geweerkolf (de)	कुंदा (m)	kunda
granaat (handgranaat)	ग्रेनेड (m)	grened
explosieven (mv.)	विस्फोटक (m)	visfotak
kogel (de)	गोली (f)	golī
patroon (de)	कारतूस (m)	kāratūs
lading (de)	गति (f)	gati
ammunitie (de)	गोला बारूद (m pl)	gola bārūd
bommenwerper (de)	बमबार (m)	bamabār
straaljager (de)	लड़ाकू विमान (m)	larākū vimān
helikopter (de)	हेलिकॉप्टर (m)	helikoptar
afweergeschut (het)	विमान-विध्वंस तोप (f)	vimān-vidhvans top
tank (de)	टैंक (m)	taink
kanon (tank met een ~ van 76 mm)	तोप (m)	top
artillerie (de)	तोपें (m)	topen
aanleggen (een wapen ~)	निशाना बांधना	nishāna bāndhana
projectiel (het)	गोला (m)	gola
mortiergranaat (de)	मोर्टार बम (m)	mortār bam
mortier (de)	मोर्टार (m)	mortār
granaatscherf (de)	किरच (m)	kirach
duikboot (de)	पनडुब्बी (f)	panadubbī
torpedo (de)	टोर्पीडो (m)	torapīdo
raket (de)	रॉकेट (m)	roket
laden (geweer, kanon)	बंदूक भरना	bandūk bharana
schieten (ww)	गोली चलाना	golī chalāna
richten op (mikken)	निशाना लगाना	nishāna lagāna
bajonet (de)	किरिच (m)	kirich

degen (de)	खंजर (m)	khanjar
sabel (de)	कृपाण (m)	krpān
speer (de)	भाला (m)	bhāla
boog (de)	धनुष (m)	dhanush
pijl (de)	बाण (m)	bān
musket (de)	मसकट (m)	masakat
kruisboog (de)	क्रॉसबो (m)	krosabo

187. Oude mensen

primitief (bn)	आदिकालीन	ādikālīn
voorhistorisch (bn)	प्रागैतिहासिक	prāgaitihāsik
eeuwenoude (~ beschaving)	प्राचीन	prāchīn

Steentijd (de)	पाषाण युग (m)	pāshān yug
Bronstijd (de)	कांस्य युग (m)	kānsy yug
IJstijd (de)	हिम युग (m)	him yug

stam (de)	जनजाति (f)	janajāti
menseneter (de)	नरभक्षी (m)	narabhakshī
jager (de)	शिकारी (m)	shikārī
jagen (ww)	शिकार करना	shikār karana
mammoet (de)	प्राचीन युग हाथी (m)	prāchīn yug hāthī

grot (de)	गुफ़ा (f)	gufa
vuur (het)	अग्नि (m)	agni
kampvuur (het)	अलाव (m)	alāv
rotstekening (de)	शिला चित्र (m)	shila chitr

werkinstrument (het)	औज़ार (m)	auzār
speer (de)	भाला (m)	bhāla
stenen bijl (de)	पत्थर की कुल्हाड़ी (f)	patthar kī kulhārī
oorlog voeren (ww)	युद्ध पर होना	yuddh par hona
temmen (bijv. wolf ~)	जानवरों को पालतू बनाना	jānavaron ko pālatū banāna

idool (het)	मूर्ति (f)	mūrti
aanbidden (ww)	पूजना	pūjana
bijgeloof (het)	अंधविश्वास (m)	andhavishvās
ritueel (het)	अनुष्ठान (m)	anushthān

evolutie (de)	उद्भव (m)	udbhav
ontwikkeling (de)	विकास (m)	vikās

verdwijning (de)	गायब (m)	gāyab
zich aanpassen (ww)	अनुकूल बनाना	anukūl banāna

archeologie (de)	पुरातत्व (m)	purātatv
archeoloog (de)	पुरातत्वविद (m)	purātatvavid
archeologisch (bn)	पुरातात्विक	purātātvik

opgravingsplaats (de)	खुदाई क्षेत्र (m pl)	khudaī kshetr
opgravingen (mv.)	उत्खनन (f)	utkhanan
vondst (de)	खोज (f)	khoj
fragment (het)	टुकड़ा (m)	tukara

188. Middeleeuwen

volk (het)	लोग (m)	log
volkeren (mv.)	लोग (m pl)	log
stam (de)	जनजाति (f)	janajāti
stammen (mv.)	जनजातियाँ (f pl)	janajātiyān

barbaren (mv.)	बर्बर (m pl)	barbar
Galliërs (mv.)	गॉल्स (m pl)	gols
Goten (mv.)	गोथ्स (m pl)	goths
Slaven (mv.)	स्लैव्स (m pl)	slaivs
Vikings (mv.)	वाइकिंग्स (m pl)	vaikings

| Romeinen (mv.) | रोमन (m pl) | roman |
| Romeins (bn) | रोमन | roman |

Byzantijnen (mv.)	बाइज़ेंटीनी (m pl)	baizentīnī
Byzantium (het)	बाइज़ेंटीयम (m)	baizentīyam
Byzantijns (bn)	बाइज़ेंटीन	baizentīn

keizer (bijv. Romeinse ~)	सम्राट् (m)	samrāt
opperhoofd (het)	सरदार (m)	saradār
machtig (bn)	प्रबल	prabal
koning (de)	बादशाह (m)	bādashāh
heerser (de)	शासक (m)	shāsak

ridder (de)	योद्धा (m)	yoddha
feodaal (de)	सामंत (m)	sāmant
feodaal (bn)	सामंतिक	sāmantik
vazal (de)	जागीरदार (m)	jāgīradār

hertog (de)	ड्यूक (m)	dyūk
graaf (de)	अर्ल (m)	arl
baron (de)	बैरन (m)	bairan
bisschop (de)	बिशप (m)	bishap

harnas (het)	कवच (m)	kavach
schild (het)	ढाल (m)	dhāl
zwaard (het)	तलवार (f)	talavār
vizier (het)	मुखावरण (m)	mukhāvaran
maliënkolder (de)	कवच (m)	kavach

| kruistocht (de) | धर्मयुद्ध (m) | dharmayuddh |
| kruisvaarder (de) | धर्मयोद्धा (m) | dharmayoddha |

gebied (bijv. bezette ~en)	प्रदेश (m)	pradesh
aanvallen (binnenvallen)	हमला करना	hamala karana
veroveren (ww)	जीतना	jītana
innemen (binnenvallen)	कब्ज़ा करना	kabza karana

bezetting (de)	घेरा (m)	ghera
bezet (bn)	घेरा हुआ	ghera hua
belegeren (ww)	घेरना	gherana
inquisitie (de)	न्यायिक जांच (m)	nyāyik jānch
inquisiteur (de)	न्यायिक जांचकर्ता (m)	nyāyik jānchakarta

foltering (de)	घोड़ शरीरिक यंत्रणा (f)	ghor sharīrik yantrana
wreed (bn)	निर्दयी	nirdayī
ketter (de)	विधर्मी (m)	vidharmī
ketterij (de)	विधर्म (m)	vidharm

zeevaart (de)	जहाज़रानी (f)	jahāzarānī
piraat (de)	समुद्री लूटेरा (m)	samudrī lūtera
piraterij (de)	समुद्री डकैती (f)	samudrī dakaitī
enteren (het)	बोर्डिंग (m)	bording
buit (de)	लूट का माल (m)	lūt ka māl
schatten (mv.)	खज़ाना (m)	khazāna

ontdekking (de)	खोज (f)	khoj
ontdekken (bijv. nieuw land)	नई ज़मीन खोजना	naī zamīn khojana
expeditie (de)	अभियान (m)	abhiyān

musketier (de)	बंदूक धारी सिपाही (m)	bandūk dhārī sipāhī
kardinaal (de)	कार्डिनल (m)	kārdinal
heraldiek (de)	शौर्यशास्त्र (f)	shauryashāstr
heraldisch (bn)	हेरल्डिक	heraldik

189. Leider. Baas. Autoriteiten

koning (de)	बादशाह (m)	bādashāh
koningin (de)	महारानी (f)	mahārānī
koninklijk (bn)	राजसी	rājasī
koninkrijk (het)	राज्य (m)	rājy

prins (de)	राजकुमार (m)	rājakumār
prinses (de)	राजकुमारी (f)	rājakumārī

president (de)	राष्ट्रपति (m)	rāshtrapati
vicepresident (de)	उपराष्ट्रपति (m)	uparāshtrapati
senator (de)	सांसद (m)	sānsad

monarch (de)	सम्राट (m)	samrāt
heerser (de)	शासक (m)	shāsak
dictator (de)	तानाशाह (m)	tānāshāh
tiran (de)	तानाशाह (m)	tānāshāh
magnaat (de)	रईस (m)	raīs

directeur (de)	निदेशक (m)	nideshak
chef (de)	मुखिया (m)	mukhiya
beheerder (de)	मैनेजर (m)	mainejar
baas (de)	साहब (m)	sāhab
eigenaar (de)	मालिक (m)	mālik

hoofd (bijv. ~ van de delegatie)	मुखिया (m)	mukhiya
autoriteiten (mv.)	अधिकारी वर्ग (m pl)	adhikārī varg
superieuren (mv.)	अधिकारी (m)	adhikārī

gouverneur (de)	राज्यपाल (m)	rājyapāl
consul (de)	वाणिज्य-दूत (m)	vānijy-dūt

diplomaat (de)	राजनयिक (m)	rājanayik
burgemeester (de)	महापालिकाध्यक्ष (m)	mahāpālikādhyaksh
sheriff (de)	प्रधान हाकिम (m)	pradhān hākim
keizer (bijv. Romeinse ~)	सम्राट (m)	samrāt
tsaar (de)	राजा (m)	rāja
farao (de)	फिरौन (m)	firaun
kan (de)	ख़ान (m)	khān

190. Weg. Weg. Routebeschrijving

weg (de)	रास्ता (m)	rāsta
route (de kortste ~)	मार्ग (m)	mārg
autoweg (de)	राजमार्ग (m)	rājamārg
snelweg (de)	राजमार्ग (m)	rājamārg
rijksweg (de)	अंतरराज्यीय (m)	antararājyīy
hoofdweg (de)	मुख्य मार्ग (m)	mukhy mārg
landweg (de)	कच्ची सड़क (f)	kachchī sarak
pad (het)	पगडंडी (f)	pagadandī
paadje (het)	कच्चा रास्ता (m)	kachcha rāsta
Waar?	कहाँ?	kahān?
Waarheen?	किधर?	kidhar?
Waaruit?	कहाँ से?	kahān se?
richting (de)	तरफ़ (f)	taraf
aanwijzen (de weg ~)	दिखाना	dikhāna
naar links (bw)	बाईं ओर	baīn or
naar rechts (bw)	दाईं ओर	daīn or
rechtdoor (bw)	सीधा	sīdha
terug (bijv. ~ keren)	पीछे	pīchhe
bocht (de)	मोड़ (m)	mor
afslaan (naar rechts ~)	मोड़ना	morana
U-bocht maken (ww)	यू-टर्न लेना	yū-tarn lena
zichtbaar worden (ww)	दिखाई देना	dikhaī dena
verschijnen (in zicht komen)	नज़र आना	nazar āna
stop (korte onderbreking)	ठहराव (m)	thaharāv
zich verpozen (uitrusten)	आराम करना	ārām karana
rust (de)	विराम (m)	virām
verdwalen (de weg kwijt zijn)	रास्ता भूलना	rāsta bhūlana
leiden naar ... (de weg)	ले जाना	le jāna
bereiken (ergens aankomen)	निकलना	nikalana
deel (~ van de weg)	रास्ते का हिस्सा (m)	rāste ka hissa
asfalt (het)	तारकोल (m)	tārakol
trottoirband (de)	फुटपाथ (m)	futapāth

greppel (de)	खाई (f)	khaī
putdeksel (het)	मैनहोल (m)	mainahol
vluchtstrook (de)	सड़क का किनारा (m)	sarak ka kināra
kuil (de)	खड्ढा (m)	khaddha

| gaan (te voet) | जाना | jāna |
| inhalen (voorbijgaan) | आगे निकलना | āge nikalana |

| stap (de) | कदम (m) | kadam |
| te voet (bw) | पैदल | paidal |

blokkeren (de weg ~)	रास्ता रोक देना	rāsta rok dena
slagboom (de)	बैरियर (m)	bairiyar
doodlopende straat (de)	बंद गली (f)	band galī

191. De wet overtreden. Criminelen. Deel 1

bandiet (de)	डाकू (m)	dākū
misdaad (de)	जुर्म (m)	jurm
misdadiger (de)	अपराधी (m)	aparādhī

| dief (de) | चोर (m) | chor |
| stelen, diefstal (de) | चोरी (f) | chorī |

kidnappen (ww)	अपहरण करना	apaharan karana
kidnapping (de)	अपहरण (m)	apaharan
kidnapper (de)	अपहरणकर्ता (m)	apaharanakartta

| losgeld (het) | फ़िरौती (f) | firautī |
| eisen losgeld (ww) | फ़िरौती मांगना | firautī māngana |

| overvallen (ww) | लूटना | lūtana |
| overvaller (de) | लुटेरा (m) | lutera |

afpersen (ww)	ऐंठना	ainthana
afperser (de)	वसूलिकर्ता (m)	vasūlikarta
afpersing (de)	जबरन वसूली (m)	jabaran vasūlī

vermoorden (ww)	मारना	mārana
moord (de)	हत्या (f)	hatya
moordenaar (de)	हत्यारा (m)	hatyāra

schot (het)	गोली (m)	golī
een schot lossen	गोली चलाना	golī chalāna
neerschieten (ww)	गोली मारकर हत्या करना	golī mārakar hatya karana
schieten (ww)	गोली चलाना	golī chalāna
schieten (het)	गोलीबारी (f)	golībārī

ongeluk (gevecht, enz.)	घटना (f)	ghatana
gevecht (het)	झगड़ा (m)	jhagara
Help!	बचाओ!	bachao!
slachtoffer (het)	शिकार (m)	shikār
beschadigen (ww)	हानि पहुँचाना	hāni pahunchāna
schade (de)	नुक्सान (m)	nuksān

lijk (het)	शव (m)	shav
zwaar (~ misdrijf)	गंभीर	gambhīr

aanvallen (ww)	आक्रमण करना	ākraman karana
slaan (iemand ~)	पीटना	pītana
in elkaar slaan (toetakelen)	पीट जाना	pīt jāna
ontnemen (beroven)	लूटना	lūtana
steken (met een mes)	चाकू से मार डालना	chākū se mār dālana
verminken (ww)	अपाहिज करना	apāhij karana
verwonden (ww)	घाव करना	ghāv karana

chantage (de)	ब्लैकमेल (m)	blaikamel
chanteren (ww)	धमकी से रुपया ऐंठना	dhamakī se rupaya ainthana
chanteur (de)	ब्लैकमेलर (m)	blaikamelar

afpersing (de)	ठग व्यापार (m)	thag vyāpār
afperser (de)	ठग व्यापारी (m)	thag vyāpārī
gangster (de)	गैंगस्टर (m)	gaingastar
maffia (de)	माफ़िया (f)	māfiya

kruimeldief (de)	जेबकतरा (m)	jebakatara
inbreker (de)	सेंधमार (m)	sendhamār
smokkelen (het)	तस्करी (m)	taskarī
smokkelaar (de)	तस्कर (m)	taskar

namaak (de)	जालसाज़ी (f)	jālasāzī
namaken (ww)	जलसाज़ी करना	jalasāzī karana
namaak-, vals (bn)	नक़ली	naqalī

192. De wet overtreden. Criminelen. Deel 2

verkrachting (de)	बलात्कार (m)	balātkār
verkrachten (ww)	बलात्कार करना	balātkār karana
verkrachter (de)	बलात्कारी (m)	balātkārī
maniak (de)	कामोन्मादी (m)	kāmonmādī

prostituee (de)	वैश्या (f)	vaishya
prostitutie (de)	वेश्यावृत्ति (m)	veshyāvrtti
pooier (de)	भड़ुआ (m)	bharua

drugsverslaafde (de)	नशेबाज़ (m)	nashebāz
drugshandelaar (de)	नशीली दवा के विक्रेता (m)	nashīlī dava ke vikreta

opblazen (ww)	विस्फोट करना	visfot karana
explosie (de)	विस्फोट (m)	visfot
in brand steken (ww)	आग जलाना	āg jalāna
brandstichter (de)	आग जलानेवाला (m)	āg jalānevāla

terrorisme (het)	आतंकवाद (m)	ātankavād
terrorist (de)	आतंकवादी (m)	ātankavādī
gijzelaar (de)	बंधक (m)	bandhak

bedriegen (ww)	धोखा देना	dhokha dena
bedrog (het)	धोखा (m)	dhokha

oplichter (de)	धोखेबाज़ (m)	dhokhebāz
omkopen (ww)	रिश्वत देना	rishvat dena
omkoperij (de)	रिश्वतखोरी (m)	rishvatakhorī
smeergeld (het)	रिश्वत (m)	rishvat

vergif (het)	ज़हर (m)	zahar
vergiftigen (ww)	ज़हर खिलाना	zahar khilāna
vergif innemen (ww)	ज़हर खाना	zahar khāna

| zelfmoord (de) | आत्महत्या (f) | ātmahatya |
| zelfmoordenaar (de) | आत्महत्यारा (m) | ātmahatyāra |

bedreigen (bijv. met een pistool)	धमकाना	dhamakāna
bedreiging (de)	धमकी (f)	dhamakī
een aanslag plegen	प्रयत्न करना	prayatn karana
aanslag (de)	हत्या का प्रयत्न (m)	hatya ka prayatn

| stelen (een auto) | चुराना | churāna |
| kapen (een vliegtuig) | विमान का अपहरण करना | vimān ka apaharan karana |

| wraak (de) | बदला (m) | badala |
| wreken (ww) | बदला लेना | badala lena |

martelen (gevangenen)	घोर शरीरिक यंत्रणा पहुंचाना	ghor sharīrik yantrana pahunchāna
foltering (de)	घोर शरीरिक यंत्रणा (f)	ghor sharīrik yantrana
folteren (ww)	सताना	satāna

piraat (de)	समुद्री लूटेरा (m)	samudrī lūtera
straatschender (de)	बदमाश (m)	badamāsh
gewapend (bn)	सशस्त्र	sashastr
geweld (het)	अत्यचार (m)	atyachār

| spionage (de) | जासूसी (f) | jāsūsī |
| spioneren (ww) | जासूसी करना | jāsūsī karana |

193. Politie. Wet. Deel 1

| gerecht (het) | मुक़दमा (m) | muqadama |
| gerechtshof (het) | न्यायालय (m) | nyāyālay |

rechter (de)	न्यायाधीश (m)	nyāyādhīsh
jury (de)	जूरी सदस्य (m pl)	jūrī sadasy
juryrechtspraak (de)	जूरी (f)	jūrī
berechten (ww)	मुक़दमा सुनना	muqadama sunana

advocaat (de)	वकील (m)	vakīl
beklaagde (de)	मुलज़िम (m)	mulazim
beklaagdenbank (de)	अदालत का कठघरा (m)	adālat ka kathaghara

beschuldiging (de)	आरोप (m)	ārop
beschuldigde (de)	मुलज़िम (m)	mulazim
vonnis (het)	निर्णय (m)	nirnay

veroordelen (in een rechtszaak)	निर्णय करना	nirnay karana
schuldige (de)	दोषी (m)	doshī
straffen (ww)	सज़ा देना	saza dena
bestraffing (de)	सज़ा (f)	saza
boete (de)	जुर्माना (m)	jurmāna
levenslange opsluiting (de)	आजीवन करावास (m)	ājīvan karāvās
doodstraf (de)	मृत्युदंड (m)	mrtyudand
elektrische stoel (de)	बिजली की कुर्सी (f)	bijalī kī kursī
schavot (het)	फांसी का तख़्ता (m)	fānsī ka takhta
executeren (ww)	फांसी देना	fānsī dena
executie (de)	मौत की सज़ा (f)	maut kī saza
gevangenis (de)	जेल (f)	jel
cel (de)	जेल का कमरा (m)	jel ka kamara
konvooi (het)	अनुरक्षक दल (m)	anurakshak dal
gevangenisbewaker (de)	जेल का पहरेदार (m)	jel ka paharedār
gedetineerde (de)	क़ैदी (m)	qaidī
handboeien (mv.)	हथकड़ी (f)	hathakarī
handboeien omdoen	हथकड़ी लगाना	hathakarī lagāna
ontsnapping (de)	काराभंग (m)	kārābhang
ontsnappen (ww)	जेल से फरार हो जाना	jel se farār ho jāna
verdwijnen (ww)	ग़ायब हो जाना	gāyab ho jāna
vrijlaten (uit de gevangenis)	जेल से आज़ाद होना	jel se āzād hona
amnestie (de)	राजक्षमा (f)	rājakshama
politie (de)	पुलिस (m)	pulis
politieagent (de)	पुलिसवाला (m)	pulisavāla
politiebureau (het)	थाना (m)	thāna
knuppel (de)	रबड़ की लाठी (f)	rabar kī lāthī
megafoon (de)	मेगाफ़ोन (m)	megāfon
patrouilleerwagen (de)	गश्त कार (f)	gasht kār
sirene (de)	साइरन (f)	sairan
de sirene aansteken	साइरन बजाना	sairan bajāna
geloei (het) van de sirene	साइरन की चिल्लाहट (m)	sairan kī chillāhat
plaats delict (de)	घटना स्थल (m)	ghatana sthal
getuige (de)	गवाह (m)	gavāh
vrijheid (de)	आज़ादी (f)	āzādī
handlanger (de)	सह अपराधी (m)	sah aparādhī
ontvluchten (ww)	भाग जाना	bhāg jāna
spoor (het)	निशान (m)	nishān

194. Politie. Wet. Deel 2

opsporing (de)	तफ़तीश (f)	tafatīsh
opsporen (ww)	तफ़तीश करना	tafatīsh karana
verdenking (de)	शक (m)	shak

verdacht (bn)	शक करना	shak karana
aanhouden (stoppen)	रोकना	rokana
tegenhouden (ww)	रोक के रखना	rok ke rakhana

strafzaak (de)	मुक़दमा (m)	mukadama
onderzoek (het)	जाँच (f)	jānch
detective (de)	जासूस (m)	jāsūs
onderzoeksrechter (de)	जाँचकर्ता (m)	jānchakartta
versie (de)	अंदाज़ा (m)	andāza

motief (het)	वजह (f)	vajah
verhoor (het)	पूछताछ (f)	pūchhatāchh
ondervragen (door de politie)	पूछताछ करना	pūchhatāchh karana
ondervragen (omstanders ~)	पुछताछ करना	puchhatāchh karana
controle (de)	जाँच (f)	jānch

razzia (de)	घेराव (m)	gherāv
huiszoeking (de)	तलाशी (f)	talāshī
achtervolging (de)	पीछा (m)	pīchha
achtervolgen (ww)	पीछा करना	pīchha karana
opsporen (ww)	खोज निकालना	khoj nikālana

arrest (het)	गिरफ़्तारी (f)	giraftārī
arresteren (ww)	गिरफ़्तार करना	giraftār karana
vangen, aanhouden (een dief, enz.)	पकड़ना	pakarana
aanhouding (de)	पकड़ (m)	pakar

document (het)	दस्तावेज़ (m)	dastāvez
bewijs (het)	सबूत (m)	sabūt
bewijzen (ww)	साबित करना	sābit karana
voetspoor (het)	पैरों के निशान (m)	pairon ke nishān
vingerafdrukken (mv.)	उंगलियों के निशान (m)	ungaliyon ke nishān
bewijs (het)	सबूत (m)	sabūt

alibi (het)	अन्यत्रता (m)	anyatrata
onschuldig (bn)	बेगुनाह	begunāh
onrecht (het)	अन्याय (m)	anyāy
onrechtvaardig (bn)	अन्यायपूर्ण	anyāyapūrn

crimineel (bn)	आपराधिक	āparādhik
confisqueren (in beslag nemen)	कुर्क करना	kurk karana
drug (de)	अवैध पदार्थ (m)	avaidh padārth
wapen (het)	हथियार (m)	hathiyār
ontwapenen (ww)	निरस्त्र करना	nirastr karana

bevelen (ww)	हुक्म देना	hukm dena
verdwijnen (ww)	गायब होना	gāyab hona

wet (de)	कानून (m)	kānūn
wettelijk (bn)	कानूनी	kānūnī
onwettelijk (bn)	अवैध	avaidh

verantwoordelijkheid (de)	ज़िम्मेदारी (f)	zimmedārī
verantwoordelijk (bn)	ज़िम्मेदार	zimmedār

NATUUR

De Aarde. Deel 1

195. De kosmische ruimte

kosmos (de)	अंतरिक्ष (m)	antariksh
kosmisch (bn)	अंतरिक्षीय	antarikshīy
kosmische ruimte (de)	अंतरिक्ष (m)	antariksh
wereld (de), heelal (het)	ब्रह्माण्ड (m)	brahmānd
sterrenstelsel (het)	आकाशगंगा (f)	ākāshaganga
ster (de)	सितारा (m)	sitāra
sterrenbeeld (het)	नक्षत्र (m)	nakshatr
planeet (de)	ग्रह (m)	grah
satelliet (de)	उपग्रह (m)	upagrah
meteoriet (de)	उल्का पिंड (m)	ulka pind
komeet (de)	पुच्छल तारा (m)	puchchhal tāra
asteroïde (de)	ग्रहिका (f)	grahika
baan (de)	ग्रहपथ (m)	grahapath
draaien (om de zon, enz.)	चक्कर लगाना	chakkar lagana
atmosfeer (de)	वातावरण (m)	vātāvaran
Zon (de)	सूरज (m)	sūraj
zonnestelsel (het)	सौर प्रणाली (f)	saur pranālī
zonsverduistering (de)	सूर्य ग्रहण (m)	sūry grahan
Aarde (de)	पृथ्वी (f)	prthvī
Maan (de)	चांद (m)	chānd
Mars (de)	मंगल (m)	mangal
Venus (de)	शुक्र (m)	shukr
Jupiter (de)	बृहस्पति (m)	brhaspati
Saturnus (de)	शनि (m)	shani
Mercurius (de)	बुध (m)	budh
Uranus (de)	अरुण (m)	arun
Neptunus (de)	वरुण (m)	varūn
Pluto (de)	प्लूटो (m)	plūto
Melkweg (de)	आकाश गंगा (f)	ākāsh ganga
Grote Beer (de)	सप्तर्षिमंडल (m)	saptarshimandal
Poolster (de)	ध्रुव तारा (m)	dhruv tāra
marsmannetje (het)	मंगल ग्रह का निवासी (m)	mangal grah ka nivāsī
buitenaards wezen (het)	अन्य नक्षत्र का निवासी (m)	any nakshatr ka nivāsī
bovenaards (het)	अन्य नक्षत्र का निवासी (m)	any nakshatr ka nivāsī

vliegende schotel (de)	उड़न तश्तरी (f)	uran tashtarī
ruimtevaartuig (het)	अंतरिक्ष विमान (m)	antariksh vimān
ruimtestation (het)	अंतरिक्ष अड्डा (m)	antariksh adda
start (de)	चालू करना (m)	chālū karana

motor (de)	इंजन (m)	injan
straalpijp (de)	नोज़ल (m)	nozal
brandstof (de)	ईंधन (m)	īndhan

| cabine (de) | केबिन (m) | kebin |
| antenne (de) | एरियल (m) | eriyal |

patrijspoort (de)	विमान गवाक्ष (m)	vimān gavāksh
zonnebatterij (de)	सौर पेनल (m)	saur penal
ruimtepak (het)	अंतरिक्ष पोशाक (m)	antariksh poshāk

| gewichtloosheid (de) | भारहीनता (m) | bhārahīnata |
| zuurstof (de) | आक्सीजन (m) | āksījan |

| koppeling (de) | डॉकिंग (f) | doking |
| koppeling maken | डॉकिंग करना | doking karana |

| observatorium (het) | वेधशाला (m) | vedhashāla |
| telescoop (de) | दूरबीन (f) | dūrabīn |

| waarnemen (ww) | देखना | dekhana |
| exploreren (ww) | जाँचना | jānchana |

196. De Aarde

Aarde (de)	पृथ्वी (f)	prthvī
aardbol (de)	गोला (m)	gola
planeet (de)	ग्रह (m)	grah

atmosfeer (de)	वातावरण (m)	vātāvaran
aardrijkskunde (de)	भूगोल (m)	bhūgol
natuur (de)	प्रकृति (f)	prakrti

wereldbol (de)	गोलक (m)	golak
kaart (de)	नक्शा (m)	naksha
atlas (de)	मानचित्रावली (f)	mānachitrāvalī

| Europa (het) | यूरोप (m) | yūrop |
| Azië (het) | एशिया (f) | eshiya |

| Afrika (het) | अफ़्रीका (m) | afrīka |
| Australië (het) | ऑस्ट्रेलिया (m) | ostreliya |

Amerika (het)	अमेरिका (f)	amerika
Noord-Amerika (het)	उत्तरी अमेरिका (f)	uttarī amerika
Zuid-Amerika (het)	दक्षिणी अमेरिका (f)	dakshinī amerika

| Antarctica (het) | अंटार्कटिक (m) | antārkatik |
| Arctis (de) | आर्कटिक (m) | ārkatik |

197. Windrichtingen

noorden (het)	उत्तर (m)	uttar
naar het noorden	उत्तर की ओर	uttar kī or
in het noorden	उत्तर में	uttar men
noordelijk (bn)	उत्तरी	uttarī
zuiden (het)	दक्षिण (m)	dakshin
naar het zuiden	दक्षिण की ओर	dakshin kī or
in het zuiden	दक्षिण में	dakshin men
zuidelijk (bn)	दक्षिणी	dakshinī
westen (het)	पश्चिम (m)	pashchim
naar het westen	पश्चिम की ओर	pashchim kī or
in het westen	पश्चिम में	pashchim men
westelijk (bn)	पश्चिमी	pashchimī
oosten (het)	पूर्व (m)	pūrv
naar het oosten	पूर्व की ओर	pūrv kī or
in het oosten	पूर्व में	pūrv men
oostelijk (bn)	पूर्वी	pūrvī

198. Zee. Oceaan

zee (de)	सागर (m)	sāgar
oceaan (de)	महासागर (m)	mahāsāgar
golf (baai)	खाड़ी (f)	khārī
straat (de)	जलग्रीवा (m)	jalagrīva
continent (het)	महाद्वीप (m)	mahādvīp
eiland (het)	द्वीप (m)	dvīp
schiereiland (het)	प्रायद्वीप (m)	prāyadvīp
archipel (de)	द्वीप समूह (m)	dvīp samūh
baai, bocht (de)	तट-खाड़ी (f)	tat-khārī
haven (de)	बंदरगाह (m)	bandaragāh
lagune (de)	लैगून (m)	laigūn
kaap (de)	अंतरीप (m)	antarīp
atol (de)	एटोल (m)	etol
rif (het)	रीफ़ (m)	rīf
koraal (het)	प्रवाल (m)	pravāl
koraalrif (het)	प्रवाल रीफ़ (m)	pravāl rīf
diep (bn)	गहरा	gahara
diepte (de)	गहराई (f)	gaharaī
diepzee (de)	रसातल (m)	rasātal
trog (bijv. Marianentrog)	गढ़ा (m)	garha
stroming (de)	धारा (f)	dhāra
omspoelen (ww)	घिरा होना	ghira hona
oever (de)	किनारा (m)	kināra
kust (de)	तटबंध (m)	tatabandh

vloed (de)	ज्वार (m)	jvār
eb (de)	भाटा (m)	bhāta
ondiepte (ondiep water)	रेती (m)	retī
bodem (de)	तला (m)	tala

golf (hoge ~)	तरंग (f)	tarang
golfkam (de)	तरंग शिखर (f)	tarang shikhar
schuim (het)	झाग (m)	jhāg

orkaan (de)	तुफ़ान (m)	tufān
tsunami (de)	सुनामी (f)	sunāmī
windstilte (de)	शांत (m)	shānt
kalm (bijv. ~e zee)	शांत	shānt

pool (de)	ध्रुव (m)	dhruv
polair (bn)	ध्रुवीय	dhruvīy

breedtegraad (de)	अक्षांश (m)	akshānsh
lengtegraad (de)	देशान्तर (m)	deshāntar
parallel (de)	समांतर-रेखा (f)	samāntar-rekha
evenaar (de)	भूमध्य रेखा (f)	bhūmadhy rekha

hemel (de)	आकाश (f)	ākāsh
horizon (de)	क्षितिज (m)	kshitij
lucht (de)	हवा (f)	hava

vuurtoren (de)	प्रकाशस्तंभ (m)	prakāshastambh
duiken (ww)	गोता मारना	gota mārana
zinken (ov. een boot)	डूब जाना	dūb jāna
schatten (mv.)	खज़ाना (m)	khazāna

199. Namen van zeeën en oceanen

Atlantische Oceaan (de)	अटलांटिक महासागर (m)	atalāntik mahāsāgar
Indische Oceaan (de)	हिन्द महासागर (m)	hind mahāsāgar
Stille Oceaan (de)	प्रशांत महासागर (m)	prashānt mahāsāgar
Noordelijke IJszee (de)	उत्तरी ध्रुव महासागर (m)	uttarī dhuv mahāsāgar

Zwarte Zee (de)	काला सागर (m)	kāla sāgar
Rode Zee (de)	लाल सागर (m)	lāl sāgar
Gele Zee (de)	पीला सागर (m)	pīla sāgar
Witte Zee (de)	सफ़ेद सागर (m)	safed sāgar

Kaspische Zee (de)	कैस्पियन सागर (m)	kaispiyan sāgar
Dode Zee (de)	मृत सागर (m)	mrt sāgar
Middellandse Zee (de)	भूमध्य सागर (m)	bhūmadhy sāgar

Egeïsche Zee (de)	ईजियन सागर (m)	Ijiyan sāgar
Adriatische Zee (de)	एड्रिएटिक सागर (m)	edrietik sāgar

Arabische Zee (de)	अरब सागर (m)	arab sāgar
Japanse Zee (de)	जापान सागर (m)	jāpān sāgar
Beringzee (de)	बेरिंग सागर (m)	bering sāgar
Zuid-Chinese Zee (de)	दक्षिण चीन सागर (m)	dakshin chīn sāgar

Koraalzee (de)	कोरल सागर (m)	koral sāgar
Tasmanzee (de)	तस्मान सागर (m)	tasmān sāgar
Caribische Zee (de)	करिबियन सागर (m)	karibiyan sāgar
Barentszzee (de)	बैरेंट्स सागर (m)	bairents sāgar
Karische Zee (de)	काड़ा सागर (m)	kāra sāgar
Noordzee (de)	उत्तर सागर (m)	uttar sāgar
Baltische Zee (de)	बाल्टिक सागर (m)	bāltik sāgar
Noorse Zee (de)	नार्वे सागर (m)	nārve sāgar

200. Bergen

berg (de)	पहाड़ (m)	pahār
bergketen (de)	पर्वत माला (f)	parvat māla
gebergte (het)	पहाड़ों का सिलसिला (m)	pahāron ka silasila
bergtop (de)	चोटी (f)	chotī
bergpiek (de)	शिखर (m)	shikhar
voet (ov. de berg)	तलहटी (f)	talahatī
helling (de)	ढलान (f)	dhalān
vulkaan (de)	ज्वालामुखी (m)	jvālāmukhī
actieve vulkaan (de)	सक्रिय ज्वालामुखी (m)	sakriy jvālāmukhī
uitgedoofde vulkaan (de)	निष्क्रिय ज्वालामुखी (m)	nishkriy jvālāmukhī
uitbarsting (de)	विस्फोटन (m)	visfotan
krater (de)	ज्वालामुखी का मुख (m)	jvālāmukhī ka mukh
magma (het)	मैग्मा (m)	maigma
lava (de)	लावा (m)	lāva
gloeiend (~e lava)	पिघला हुआ	pighala hua
kloof (canyon)	घाटी (m)	ghātī
bergkloof (de)	तंग घाटी (f)	tang ghātī
spleet (de)	दरार (m)	darār
bergpas (de)	मार्ग (m)	mārg
plateau (het)	पठार (m)	pathār
klip (de)	शिला (f)	shila
heuvel (de)	टीला (m)	tīla
gletsjer (de)	हिमनद (m)	himanad
waterval (de)	झरना (m)	jharana
geiser (de)	उष्ण जल स्रोत (m)	ushn jal srot
meer (het)	तालाब (m)	tālāb
vlakte (de)	समतल प्रदेश (m)	samatal pradesh
landschap (het)	परिदृश्य (m)	paridrshy
echo (de)	गूँज (f)	gūnj
alpinist (de)	पर्वतारोही (m)	parvatārohī
bergbeklimmer (de)	पर्वतारोही (m)	parvatārohī
trotseren (berg ~)	चोटी पर पहुँचना	chotī par pahunchana
beklimming (de)	चढ़ाव (m)	charhāv

201. Bergen namen

Alpen (de)	आल्पस (m)	ālpas
Mont Blanc (de)	मोन्ट ब्लैक (m)	mont blaink
Pyreneeën (de)	पाइरीनीज़ (f pl)	pairīnīz
Karpaten (de)	कार्पाथियेन्स (m)	kārpāthiyens
Oeralgebergte (het)	यूरल (m)	yūral
Kaukasus (de)	कोकेशिया के पहाड़ (m)	kokeshiya ke pahār
Elbroes (de)	एल्ब्रस पर्वत (m)	elbras parvat
Altaj (de)	अल्टाई पर्वत (m)	altaī parvat
Tiensjan (de)	तियान शान (m)	tiyān shān
Pamir (de)	पामीर पर्वत (m)	pāmīr parvat
Himalaya (de)	हिमालय (m)	himālay
Everest (de)	माउंट एवरेस्ट (m)	maunt evarest
Andes (de)	एंडीज़ (f pl)	endīz
Kilimanjaro (de)	किलीमन्जारो (m)	kilīmanjāro

202. Rivieren

rivier (de)	नदी (f)	nadī
bron (~ van een rivier)	झरना (m)	jharana
rivierbedding (de)	नदी तल (m)	nadī tal
rivierbekken (het)	बेसिन (m)	besin
uitmonden in …	गिरना	girana
zijrivier (de)	उपनदी (f)	upanadī
oever (de)	तट (m)	tat
stroming (de)	धारा (f)	dhāra
stroomafwaarts (bw)	बहाव के साथ	bahāv ke sāth
stroomopwaarts (bw)	बहाव के विरुद्ध	bahāv ke virūddh
overstroming (de)	बाढ़ (f)	bārh
overstroming (de)	बाढ़ (f)	bārh
buiten zijn oevers treden	उमड़ना	umarana
overstromen (ww)	पानी से भरना	pānī se bharana
zandbank (de)	छिछला पानी (m)	chhichhala pānī
stroomversnelling (de)	तेज़ उतार (m)	tez utār
dam (de)	बांध (m)	bāndh
kanaal (het)	नहर (f)	nahar
spaarbekken (het)	जलाशय (m)	jalāshay
sluis (de)	स्लूस (m)	slūs
waterlichaam (het)	जल स्रोत (m)	jal srot
moeras (het)	दलदल (f)	daladal
broek (het)	दलदल (f)	daladal
draaikolk (de)	भंवर (m)	bhanvar
stroom (de)	झरना (m)	jharana

drink- (abn)	पीने का	pīne ka
zoet (~ water)	ताज़ा	tāza

IJs (het)	बर्फ़ (m)	barf
bevriezen (rivier, enz.)	जम जाना	jam jāna

203. Namen van rivieren

Seine (de)	सीन (f)	sīn
Loire (de)	लॉयर (f)	loyar

Theems (de)	थेम्स (f)	thems
Rijn (de)	राइन (f)	rain
Donau (de)	डेन्यूब (f)	denyūb

Wolga (de)	वोल्गा (f)	volga
Don (de)	डॉन (f)	don
Lena (de)	लेना (f)	lena

Gele Rivier (de)	ह्वांग हे (f)	hvāng he
Blauwe Rivier (de)	यांग्त्ज़ी (f)	yāngtzī
Mekong (de)	मेकांग (f)	mekāng
Ganges (de)	गंगा (f)	ganga

Nijl (de)	नील (f)	nīl
Kongo (de)	कांगो (f)	kāngo
Okavango (de)	ओकावान्गो (f)	okāvāngo
Zambezi (de)	ज़म्बेज़ी (f)	zambezī
Limpopo (de)	लिम्पोपो (f)	limpopo
Mississippi (de)	मिसिसिपी (f)	misisipī

204. Bos

bos (het)	जंगल (m)	jangal
bos- (abn)	जंगली	jangalī

oerwoud (dicht bos)	घना जंगल (m)	ghana jangal
bosje (klein bos)	उपवान (m)	upavān
open plek (de)	खुला छोटा मैदान (m)	khula chhota maidān

struikgewas (het)	झाड़ियाँ (f pl)	jhāriyān
struiken (mv.)	झाड़ियों भरा मैदान (m)	jhāriyon bhara maidān

paadje (het)	फुटपाथ (m)	futapāth
ravijn (het)	नाली (f)	nālī

boom (de)	पेड़ (m)	per
blad (het)	पत्ता (m)	patta
gebladerte (het)	पत्तियां (f)	pattiyān

vallende bladeren (mv.)	पतझड़ (m)	patajhar
vallen (ov. de bladeren)	गिरना	girana

boomtop (de)	शिखर (m)	shikhar
tak (de)	टहनी (f)	tahanī
ent (de)	शाखा (f)	shākha
knop (de)	कलिका (f)	kalika
naald (de)	सुई (f)	suī
dennenappel (de)	शंकुफल (m)	shankufal
boom holte (de)	खोखला (m)	khokhala
nest (het)	घोंसला (m)	ghonsala
hol (het)	बिल (m)	bil
stam (de)	तना (m)	tana
wortel (bijv. boom~s)	जड़ (f)	jar
schors (de)	छाल (f)	chhāl
mos (het)	काई (f)	kaī
ontwortelen (een boom)	उखाड़ना	ukhārana
kappen (een boom ~)	काटना	kātana
ontbossen (ww)	जंगल काटना	jangal kātana
stronk (de)	ठूंठ (m)	thūnth
kampvuur (het)	अलाव (m)	alāv
bosbrand (de)	जंगल की आग (f)	jangal kī āg
blussen (ww)	आग बुझाना	āg bujhāna
boswachter (de)	वनरक्षक (m)	vanarakshak
bescherming (de)	रक्षा (f)	raksha
beschermen (bijv. de natuur ~)	रक्षा करना	raksha karana
stroper (de)	चोर शिकारी (m)	chor shikārī
val (de)	फंदा (m)	fanda
plukken (vruchten, enz.)	बटोरना	batorana
verdwalen (de weg kwijt zijn)	रास्ता भूलना	rāsta bhūlana

205. Natuurlijke hulpbronnen

natuurlijke rijkdommen (mv.)	प्राकृतिक संसाधन (m pl)	prākrtik sansādhan
delfstoffen (mv.)	खनिज पदार्थ (m pl)	khanij padārth
lagen (mv.)	तह (f pl)	tah
veld (bijv. olie~)	क्षेत्र (m)	kshetr
winnen (uit erts ~)	खोदना	khodana
winning (de)	खनिकर्म (m)	khanikarm
erts (het)	अयस्क (m)	ayask
mijn (bijv. kolenmijn)	खान (f)	khān
mijnschacht (de)	शैफ़्ट (m)	shaifat
mijnwerker (de)	खनिक (m)	khanik
gas (het)	गैस (m)	gais
gasleiding (de)	गैस पाइप लाइन (m)	gais paip lain
olie (aardolie)	पेट्रोल (m)	petrol
olieleiding (de)	तेल पाइप लाइन (m)	tel paip lain

oliebron (de)	तेल का कुँआ (m)	tel ka kuna
boortoren (de)	डेरिक (m)	derik
tanker (de)	टैंकर (m)	tainkar

zand (het)	रेत (m)	ret
kalksteen (de)	चूना पत्थर (m)	chūna patthar
grind (het)	बजरी (f)	bajarī
veen (het)	पीट (m)	pīt
klei (de)	मिट्टी (f)	mittī
steenkool (de)	कोयला (m)	koyala

IJzer (het)	लोहा (m)	loha
goud (het)	सोना (m)	sona
zilver (het)	चाँदी (f)	chāndī
nikkel (het)	गिलट (m)	gilat
koper (het)	ताँबा (m)	tānba

zink (het)	जस्ता (m)	jasta
mangaan (het)	अयस (m)	ayas
kwik (het)	पारा (f)	pāra
lood (het)	सीसा (f)	sīsa

mineraal (het)	खनिज (m)	khanij
kristal (het)	क्रिस्टल (m)	kristal
marmer (het)	संगमरमर (m)	sangamaramar
uraan (het)	यूरेनियम (m)	yūreniyam

De Aarde. Deel 2

206. Weer

weer (het)	मौसम (m)	mausam
weersvoorspelling (de)	मौसम का पूर्वानुमान (m)	mausam ka pūrvānumān
temperatuur (de)	तापमान (m)	tāpamān
thermometer (de)	थर्मामीटर (m)	tharmāmītar
barometer (de)	बैरोमीटर (m)	bairomītar
vochtigheid (de)	नमी (f)	namī
hitte (de)	गरमी (f)	garamī
heet (bn)	गरम	garam
het is heet	गरमी है	garamī hai
het is warm	गरम है	garam hai
warm (bn)	गरम	garam
het is koud	ठंडक है	thandak hai
koud (bn)	ठंडा	thanda
zon (de)	सूरज (m)	sūraj
schijnen (de zon)	चमकना	chamakana
zonnig (~e dag)	धूपदार	dhūpadār
opgaan (ov. de zon)	उगना	ugana
ondergaan (ww)	डूबना	dūbana
wolk (de)	बादल (m)	bādal
bewolkt (bn)	मेघाच्छादित	meghāchchhādit
regenwolk (de)	घना बादल (m)	ghana bādal
somber (bn)	बदली	badalī
regen (de)	बारिश (f)	bārish
het regent	बारिश हो रही है	bārish ho rahī hai
regenachtig (bn)	बरसाती	barasātī
motregenen (ww)	बूँदाबांदी होना	būndābāndī hona
plensbui (de)	मूसलधार बारिश (f)	mūsaladhār bārish
stortbui (de)	मूसलधार बारिश (f)	mūsaladhār bārish
hard (bn)	भारी	bhārī
plas (de)	पोखर (m)	pokhar
nat worden (ww)	भीगना	bhīgana
mist (de)	कुहरा (m)	kuhara
mistig (bn)	कुहरेदार	kuharedār
sneeuw (de)	बर्फ़ (f)	barf
het sneeuwt	बर्फ़ पड़ रही है	barf par rahī hai

207. Zwaar weer. Natuurrampen

noodweer (storm)	गरजवाला तुफ़ान (m)	garajavāla tufān
bliksem (de)	बिजली (m)	bijalī
flitsen (ww)	चमकना	chamakana

donder (de)	गरज (m)	garaj
donderen (ww)	बादल गरजना	bādal garajana
het dondert	बादल गरज रहा है	bādal garaj raha hai

hagel (de)	ओला (m)	ola
het hagelt	ओले प्रड रहे हैं	ole par rahe hain

overstromen (ww)	बाढ़ आ जाना	bārh ā jāna
overstroming (de)	बाढ़ (f)	bārh

aardbeving (de)	भूकंप (m)	bhūkamp
aardschok (de)	झटका (m)	jhataka
epicentrum (het)	अधिकेंद्र (m)	adhikendr

uitbarsting (de)	उद्गार (m)	udgār
lava (de)	लावा (m)	lāva

wervelwind (de)	बवंडर (m)	bavandar
windhoos (de)	टोर्नेडो (m)	tornedo
tyfoon (de)	रतूफ़ान (m)	ratūfān

orkaan (de)	समुद्री तूफ़ान (m)	samudrī tūfān
storm (de)	तूफ़ान (m)	tufān
tsunami (de)	सुनामी (f)	sunāmī

cycloon (de)	चक्रवात (m)	chakravāt
onweer (het)	ख़राब मौसम (m)	kharāb mausam
brand (de)	आग (f)	āg
ramp (de)	प्रलय (m)	pralay
meteoriet (de)	उल्का पिंड (m)	ulka pind

lawine (de)	हिमस्खलन (m)	himaskhalan
sneeuwverschuiving (de)	हिमस्खलन (m)	himaskhalan
sneeuwjacht (de)	बर्फ़ का तुफ़ान (m)	barf ka tufān
sneeuwstorm (de)	बर्फ़ीला तुफ़ान (m)	barfila tufān

208. Geluiden. Geluiden

stilte (de)	सन्नाटा (m)	sannāta
geluid (het)	ध्वनि (m)	dhvani
lawaai (het)	शोर (m)	shor
lawaai maken (ww)	शोर मचाना	shor machāna
lawaaierig (bn)	कोलाहलमय	kolāhalamay

luid (~ spreken)	ऊँचा	ūncha
luid (bijv. ~e stem)	ऊंचा	ūncha
aanhoudend (voortdurend)	लगातार	lagātār

schreeuw (de)	चिल्लाहट (f)	chillāhat
schreeuwen (ww)	चिल्लाना	chillāna
gefluister (het)	फुसफुस (m)	fusafus
fluisteren (ww)	फुसफुसाना	fusafusāna

| geblaf (het) | भौं-भौं (f) | bhaun-bhaun |
| blaffen (ww) | भौंकना | bhaunkana |

gekreun (het)	कराह (m)	karāh
kreunen (ww)	कराहना	karāhana
hoest (de)	खाँस (f)	khāns
hoesten (ww)	खाँसना	khānsana

gefluit (het)	सीटी (f)	sītī
fluiten (op het fluitje blazen)	सीटी बजाना	sītī bajāna
geklop (het)	खटखट (f)	khatakhat
kloppen (aan een deur)	खटखटाना	khatakhatāna

| kraken (hout, ijs) | चीर पड़ना | chīr parana |
| gekraak (het) | कड़क (m) | karak |

sirene (de)	साइरन (f)	sairan
fluit (stoom ~)	साइरन (m)	sairan
fluiten (schip, trein)	सीटी बजना	sītī bajana
toeter (de)	हॉर्न (m)	horn
toeteren (ww)	हॉर्न बजाना	horn bajāna

209. Winter

winter (de)	सर्दी (f)	sardī
winter- (abn)	सर्दी का	sardī ka
in de winter (bw)	सर्दियों में	sardiyon men

sneeuw (de)	बर्फ़ (f)	barf
het sneeuwt	बर्फ़ पड़ रही है	barf par rahī hai
sneeuwval (de)	बर्फ़बारी (f)	barfabārī
sneeuwhoop (de)	बर्फ़ का ढेर (m)	barf ka rher

sneeuwvlok (de)	हिमकण (m)	himakan
sneeuwbal (de)	बर्फ़ का गोला (m)	barf ka gola
sneeuwman (de)	हिम मानव (m)	him mānav
IJspegel (de)	हिमलंब (m)	himalamb

december (de)	दिसम्बर (m)	disambar
januari (de)	जनवरी (f)	janavarī
februari (de)	फ़रवरी (m)	faravarī

| vorst (de) | पाला (m) | pāla |
| vries- (abn) | शीत | shīt |

onder nul (bw)	शून्य से नीचे	shūny se nīche
eerste vorst (de)	पहली ठंड (f)	pahalī thand
rijp (de)	पाला (m)	pāla
koude (de)	ठंडक (m)	thandak

het is koud	ठंडक है	thandak hai
bontjas (de)	फरकोट (m)	farakot
wanten (mv.)	दस्ताने (m pl)	dastāne

ziek worden (ww)	बीमार पड़ जाना	bīmār par jāna
verkoudheid (de)	ज़ुकाम (m)	zukām
verkouden raken (ww)	ज़ुकाम होना	zukām hona

IJs (het)	बर्फ़ (m)	barf
IJzel (de)	बर्फ़ की परत (f)	barf kī parat
bevriezen (rivier, enz.)	जम जाना	jam jāna
IJsschol (de)	हिमखंड (m)	himakhand

ski's (mv.)	स्की (m pl)	skī
skiër (de)	स्कीयर (m)	skīyar
skiën (ww)	स्कीइंग करना	skīing karana
schaatsen (ww)	स्केटिंग करना	sketing karana

Fauna

210. Zoogdieren. Roofdieren

roofdier (het)	परभक्षी (m)	parabhakshī
tijger (de)	बाघ (m)	bāgh
leeuw (de)	शेर (m)	sher
wolf (de)	भेड़िया (m)	bheriya
vos (de)	लोमड़ी (f)	lomri

jaguar (de)	जागुआर (m)	jāguār
luipaard (de)	तेंदुआ (m)	tendua
jachtluipaard (de)	चीता (m)	chīta

panter (de)	काला तेंदुआ (m)	kāla tendua
poema (de)	पहाड़ी बिलाव (m)	pahādī bilāv
sneeuwluipaard (de)	हिम तेंदुआ (m)	him tendua
lynx (de)	वन बिलाव (m)	van bilāv

coyote (de)	कोयोट (m)	koyot
jakhals (de)	गीदड़ (m)	gīdar
hyena (de)	लकड़बग्घा (m)	lakarabaggha

211. Wilde dieren

dier (het)	जानवर (m)	jānavar
beest (het)	जानवर (m)	jānavar

eekhoorn (de)	गिलहरी (f)	gilaharī
egel (de)	कांटा-चूहा (m)	kānta-chūha
haas (de)	खरगोश (m)	kharagosh
konijn (het)	खरगोश (m)	kharagosh

das (de)	बिज्जू (m)	bijjū
wasbeer (de)	रैकून (m)	raikūn
hamster (de)	हैम्स्टर (m)	haimstar
marmot (de)	मारमोट (m)	māramot

mol (de)	छछूंदर (m)	chhachhūndar
muis (de)	चूहा (m)	chūha
rat (de)	घूस (m)	ghūs
vleermuis (de)	चमगादड़ (m)	chamagādar

hermelijn (de)	नेवला (m)	nevala
sabeldier (het)	सेबल (m)	sebal
marter (de)	मारटेन (m)	māraten
wezel (de)	नेवला (m)	nevala
nerts (de)	मिंक (m)	mink

| bever (de) | ऊदबिलाव (m) | ūdabilāv |
| otter (de) | ऊदबिलाव (m) | ūdabilāv |

paard (het)	घोड़ा (m)	ghora
eland (de)	मूस (m)	mūs
hert (het)	हिरण (m)	hiran
kameel (de)	ऊंट (m)	ūnt

bizon (de)	बाइसन (m)	baisan
oeros (de)	जंगली बैल (m)	jangalī bail
buffel (de)	भैंस (m)	bhains

zebra (de)	ज़ेबरा (m)	zebara
antilope (de)	मृग (f)	mrg
ree (de)	मृग्नी (f)	mrgnī
damhert (het)	चीतल (m)	chītal
gems (de)	शैमी (f)	shaimī
everzwijn (het)	जंगली सुआर (m)	jangalī suār

walvis (de)	ह्वेल (f)	hvel
rob (de)	सील (m)	sīl
walrus (de)	वॉलरस (m)	volaras
zeehond (de)	फर सील (f)	far sīl
dolfijn (de)	डॉलफ़िन (f)	dolafin

beer (de)	रीछ (m)	rīchh
IJsbeer (de)	सफ़ेद रीछ (m)	safed rīchh
panda (de)	पांडा (m)	pānda

aap (de)	बंदर (m)	bandar
chimpansee (de)	वनमानुष (m)	vanamānush
orang-oetan (de)	वनमानुष (m)	vanamānush
gorilla (de)	गोरिला (m)	gorila
makaak (de)	अफ़्रीकन लंगूर (m)	afrikan langūr
gibbon (de)	गिब्बन (m)	gibban

olifant (de)	हाथी (m)	hāthī
neushoorn (de)	गैंडा (m)	gainda
giraffe (de)	जिराफ़ (m)	jirāf
nijlpaard (het)	दरियाई घोड़ा (m)	dariyaī ghora

| kangoeroe (de) | कंगारू (m) | kangārū |
| koala (de) | कोआला (m) | koāla |

mangoest (de)	नेवला (m)	nevala
chinchilla (de)	चिनचीला (f)	chinachīla
stinkdier (het)	स्कंक (m)	skank
stekelvarken (het)	शल्यक (f)	shalyak

212. Huisdieren

poes (de)	बिल्ली (f)	billī
kater (de)	बिल्ला (m)	billa
hond (de)	कुत्ता (m)	kutta

paard (het)	घोड़ा (m)	ghora
hengst (de)	घोड़ा (m)	ghora
merrie (de)	घोड़ी (f)	ghorī

koe (de)	गाय (f)	gāy
stier (de)	बैल (m)	bail
os (de)	बैल (m)	bail

schaap (het)	भेड़ (f)	bher
ram (de)	भेड़ा (m)	bhera
geit (de)	बकरी (f)	bakarī
bok (de)	बकरा (m)	bakara

ezel (de)	गधा (m)	gadha
muilezel (de)	खच्चर (m)	khachchar

varken (het)	सुअर (m)	suar
biggetje (het)	घंटा (m)	ghenta
konijn (het)	खरगोश (m)	kharagosh

kip (de)	मुर्गी (f)	murgī
haan (de)	मुर्गा (m)	murga

eend (de)	बत्तख़ (f)	battakh
woerd (de)	नर बत्तख़ (m)	nar battakh
gans (de)	हंस (m)	hans

kalkoen haan (de)	नर टर्की (m)	nar tarkī
kalkoen (de)	टर्की (f)	tarkī

huisdieren (mv.)	घरेलू पशु (m pl)	gharelū pashu
tam (bijv. hamster)	पालतू	pālatū
temmen (tam maken)	पालतू बनाना	pālatū banāna
fokken (bijv. paarden ~)	पालना	pālana

boerderij (de)	खेत (m)	khet
gevogelte (het)	मुर्गी पालन (f)	murgī pālan
rundvee (het)	मवेशी (m)	maveshī
kudde (de)	पशु समूह (m)	pashu samūh

paardenstal (de)	अस्तबल (m)	astabal
zwijnenstal (de)	सूअरखाना (m)	sūarakhāna
koeienstal (de)	गोशाला (f)	goshāla
konijnenhok (het)	खरगोश का दरबा (m)	kharagosh ka daraba
kippenhok (het)	मुर्गीखाना (m)	murgīkhāna

213. Honden. Hondenrassen

hond (de)	कुत्ता (m)	kutta
herdershond (de)	गड़ेरिये का कुत्ता (m)	garariye ka kutta
poedel (de)	पूडल (m)	pūdal
teckel (de)	डॉक्सहूण्ड (m)	dāksahūnd
buldog (de)	बुलडॉग (m)	buladog
boxer (de)	बॉक्सर (m)	boksar

mastiff (de)	मास्टिफ़ (m)	māstif
rottweiler (de)	रॉटवायलर (m)	rotavāyalar
doberman (de)	डोबरमैन (m)	dobaramain

basset (de)	बास्सेट (m)	bāsset
bobtail (de)	बोब्टेल (m)	bobtel
dalmatiër (de)	डालमेशियन (m)	dālameshiyan
cockerspaniël (de)	कॉकर स्पैनियल (m)	kokar spainiyal

| newfoundlander (de) | न्यूफाउंडलंड (m) | nyūfaundaland |
| sint-bernard (de) | सेंट बर्नार्ड (m) | sent barnārd |

poolhond (de)	हस्की (m)	haskī
chowchow (de)	चाउ-चाउ (m)	chau-chau
spits (de)	स्पीट्ज़ (m)	spītz
mopshond (de)	पग (m)	pag

214. Dierengeluiden

geblaf (het)	भौं-भौं (f)	bhaun-bhaun
blaffen (ww)	भौंकना	bhaunkana
miauwen (ww)	म्याऊं-म्याऊं करना	myaūn-myaun karana
spinnen (katten)	घुरघुराना	ghuraghurāna

loeien (ov. een koe)	रँभाना	ranbhāna
brullen (stier)	गरजना	garjana
grommen (ov. de honden)	गुर्राना	gurrāna

gehuil (het)	गुर्राहट (f)	gurrāhat
huilen (wolf, enz.)	चिल्लाना (m)	chillāna
janken (ov. een hond)	रिरियाना	ririyāna

mekkeren (schapen)	मिमियाना	mimiyāna
knorren (varkens)	घुरघुराना	ghuraghurāna
gillen (bijv. varken)	किकियाना	kikiyāna

kwaken (kikvorsen)	टर्र-टर्र करना	tarr-tarr karana
zoemen (hommel, enz.)	भनभनाना	bhanabhanāna
tjirpen (sprinkhanen)	चरचराना	characharāna

215. Jonge dieren

jong (het)	पशुशावक (m)	pashushāvak
poesje (het)	बिल्लौटा (m)	billauta
muisje (het)	चुहिया (f)	chuhiya
puppy (de)	पिल्ला (m)	pilla

jonge haas (de)	खरगोश का बच्चा (m)	kharagosh ka bachcha
konijntje (het)	खरगोश का बच्चा (m)	kharagosh ka bachcha
wolfje (het)	भेड़िये का शावक (m)	bheriye ka shāvak
vosje (het)	लोमड़ी का शावक (m)	lomri ka shāvak
beertje (het)	भालू का बच्चा (m)	bhālū ka bachcha

leeuwenjong (het)	शेर का बच्चा (m)	sher ka bachcha
tijgertje (het)	बाघ का बच्चा (m)	bāgh ka bachcha
olifantenjong (het)	हाथी का बच्चा (m)	hāthī ka bachcha
biggetje (het)	घेंटा (m)	ghenta
kalf (het)	बछड़ा (m)	bachhara
geitje (het)	बकरी का बच्चा (m)	bakarī ka bachcha
lam (het)	भेड़ का बच्चा (m)	bher ka bachcha
reekalf (het)	मृग का बच्चा (m)	mrg ka bachcha
jonge kameel (de)	ऊँट का बच्चा (m)	ūnt ka bachcha
slangenjong (het)	सर्प का बच्चा (m)	sarp ka bachcha
kikkertje (het)	मेंढक का बच्चा (m)	mendhak ka bachcha
vogeltje (het)	चिड़िया का बच्चा (m)	chiriya ka bachcha
kuiken (het)	मुर्गी का बच्चा (m)	murgī ka bachcha
eendje (het)	बत्तख का बच्चा (m)	battakh ka bachcha

216. Vogels

vogel (de)	चिड़िया (f)	chiriya
duif (de)	कबूतर (m)	kabūtar
mus (de)	गौरैया (f)	gauraiya
koolmees (de)	टिटरी (f)	titarī
ekster (de)	नीलकण्ठ पक्षी (f)	nīlakanth pakshī
raaf (de)	काला कौआ (m)	kāla kaua
kraai (de)	कौआ (m)	kaua
kauw (de)	कौआ (m)	kaua
roek (de)	कौआ (m)	kaua
eend (de)	बत्तख (f)	battakh
gans (de)	हंस (m)	hans
fazant (de)	तीतर (m)	tītar
arend (de)	चील (f)	chīl
havik (de)	बाज़ (m)	bāz
valk (de)	बाज़ (m)	bāz
gier (de)	गिद्ध (m)	giddh
condor (de)	कॉन्डोर (m)	kondor
zwaan (de)	राजहंस (m)	rājahans
kraanvogel (de)	सारस (m)	sāras
ooievaar (de)	लकलक (m)	lakalak
papegaai (de)	तोता (m)	tota
kolibrie (de)	हमिंग बर्ड (f)	haming bard
pauw (de)	मोर (m)	mor
struisvogel (de)	शुतुरमुर्ग (m)	shuturamurg
reiger (de)	बगुला (m)	bagula
flamingo (de)	फ्लेमिन्गो (m)	flemingo
pelikaan (de)	हवासिल (m)	havāsil
nachtegaal (de)	बुलबुल (m)	bulabul

zwaluw (de)	अबाबील (f)	abābīl
lijster (de)	मुखवरन (f)	mukhavran
zanglijster (de)	मुखवरन (f)	mukhavran
merel (de)	ब्लैकबर्ड (m)	blaikabard

gierzwaluw (de)	बतासी (f)	batāsī
leeuwerik (de)	भरत (m)	bharat
kwartel (de)	वर्तक (m)	varttak

specht (de)	कठफोड़ा (m)	kathafora
koekoek (de)	कोयल (f)	koyal
uil (de)	उल्लू (m)	ullū
oehoe (de)	गरुड़ उल्लू (m)	garūr ullū
auerhoen (het)	तीतर (m)	tītar
korhoen (het)	काला तीतर (m)	kāla tītar
patrijs (de)	चकोर (m)	chakor

spreeuw (de)	तिलिया (f)	tiliya
kanarie (de)	कनारी (f)	kanārī
hazelhoen (het)	पिंगल तीतर (m)	pingal tītar
vink (de)	फिंच (m)	finch
goudvink (de)	बुलफिंच (m)	bulafinch

meeuw (de)	गंगा-चिल्ली (f)	ganga-chillī
albatros (de)	अल्बात्रोस (m)	albātros
pinguïn (de)	पेंगुइन (m)	penguin

217. Vogels. Zingen en geluiden

fluiten, zingen (ww)	गाना	gāna
schreeuwen (dieren, vogels)	बुलाना	bulāna
kraaien (ov. een haan)	बाँग देना	bāng dena
kukeleku	कुकड़ूंकू	kukarūnkū

klokken (hen)	कुड़कुड़ाना	kurakurāna
krassen (kraai)	काय काय करना	kāny kāny karana
kwaken (eend)	कुवैक कुवैक करना	kuvaik kuvaik karana
piepen (kuiken)	चीं चीं करना	chīn chīn karana
tjilpen (bijv. een mus)	चहकना	chahakana

218. Vis. Zeedieren

brasem (de)	ब्रीम (f)	brīm
karper (de)	कार्प (f)	kārp
baars (de)	पर्च (f)	parch
meerval (de)	कैटफ़िश (f)	kaitafish
snoek (de)	पाइक (f)	paik

zalm (de)	सैल्मन (f)	sailman
steur (de)	स्टर्जन (f)	starjan
haring (de)	हेरिंग (f)	hering
atlantische zalm (de)	अटलांटिक सैल्मन (f)	atalāntik sailman

196

| makreel (de) | माक्रैल (f) | mākrail |
| platvis (de) | फ्लैटफ़िश (f) | flaitafish |

snoekbaars (de)	पाइक पर्च (f)	paik parch
kabeljauw (de)	कॉड (f)	kod
tonijn (de)	ट्ना (f)	tūna
forel (de)	ट्राउट (f)	traut

paling (de)	सर्पमीन (f)	sarpamīn
sidderrog (de)	विद्युत शंकुश (f)	vidyut shankush
murene (de)	मोरे सर्पमीन (f)	more sarpamīn
piranha (de)	पिरान्हा (f)	pirānha

haai (de)	शार्क (f)	shārk
dolfijn (de)	डॉलफ़िन (f)	dolafin
walvis (de)	ह्वेल (f)	hvel

krab (de)	केकड़ा (m)	kekara
kwal (de)	जेली फ़िश (f)	jelī fish
octopus (de)	आक्टोपस (m)	āktopas

zeester (de)	स्टार फ़िश (f)	stār fish
zee-egel (de)	जलसाही (f)	jalasāhī
zeepaardje (het)	समुद्री घोड़ा (m)	samudrī ghora

oester (de)	कस्तूरा (m)	kastūra
garnaal (de)	झींगा (f)	jhīnga
kreeft (de)	लॉब्सटर (m)	lobsatar
langoest (de)	स्पाइनी लॉब्सटर (m)	spainī lobsatar

219. Amfibieën. Reptielen

| slang (de) | सर्प (m) | sarp |
| giftig (slang) | विषैला | vishaila |

adder (de)	वाइपर (m)	vaipar
cobra (de)	नाग (m)	nāg
python (de)	अजगर (m)	ajagar
boa (de)	अजगर (m)	ajagar
ringslang (de)	साँप (f)	sānp
ratelslang (de)	रैटल सर्प (m)	raital sarp
anaconda (de)	एनाकोन्डा (f)	enākonda

hagedis (de)	छिपकली (f)	chhipakalī
leguaan (de)	इग्यूना (m)	igyūena
varaan (de)	मॉनिटर छिपकली (f)	monitar chhipakalī
salamander (de)	सैलामैंडर (m)	sailāmaindar
kameleon (de)	गिरगिट (m)	giragit
schorpioen (de)	वृश्चिक (m)	vrshchik

schildpad (de)	कछुआ (m)	kachhua
kikker (de)	मेंढक (m)	mendhak
pad (de)	भेक (m)	bhek
krokodil (de)	मगर (m)	magar

220. Insecten

insect (het)	कीट (m)	kīt
vlinder (de)	तितली (f)	titalī
mier (de)	चींटी (f)	chīntī
vlieg (de)	मक्खी (f)	makkhī
mug (de)	मच्छर (m)	machchhar
kever (de)	भृंग (m)	bhrng
wesp (de)	हड्डा (m)	hadda
bij (de)	मधुमक्खी (f)	madhumakkhī
hommel (de)	भंवरा (m)	bhanvara
horzel (de)	गोमक्खी (f)	gomakkhī
spin (de)	मकड़ी (f)	makarī
spinnenweb (het)	मकड़ी का जाल (m)	makarī ka jāl
libel (de)	व्याध-पतंग (m)	vyādh-patang
sprinkhaan (de)	टिड्डा (m)	tidda
nachtvlinder (de)	पतंगा (m)	patanga
kakkerlak (de)	तिलचट्टा (m)	tilachatta
mijt (de)	जूँआ (m)	juna
vlo (de)	पिस्सू (m)	pissū
kriebelmug (de)	भुनगा (m)	bhunaga
treksprinkhaan (de)	टिड्डी (f)	tiddī
slak (de)	घोंघा (m)	ghongha
krekel (de)	झींगुर (m)	jhīngur
glimworm (de)	जुगनू (m)	juganū
lieveheersbeestje (het)	सोनपंखी (f)	sonapankhī
meikever (de)	कोकचाफ़ (m)	kokachāf
bloedzuiger (de)	जोक (m)	jok
rups (de)	इल्ली (f)	illī
aardworm (de)	केंचुआ (m)	kenchua
larve (de)	कीटडिंभ (m)	kītadimbh

221. Dieren. Lichaamsdelen

snavel (de)	चोंच (f)	chonch
vleugels (mv.)	पंख (m pl)	pankh
poot (ov. een vogel)	पंजा (m)	panja
verenkleed (het)	पक्षी के पर (m)	pakshī ke par
veer (de)	पर (m)	par
kuifje (het)	कलगी (f)	kalagī
kieuwen (mv.)	गलफड़ा (m)	galafara
kuit, dril (de)	अंडा (m)	anda
larve (de)	लार्वा (f)	lārva
vin (de)	मछली का पंख (m)	machhalī ka pankh
schubben (mv.)	स्केल (f)	skel
slagtand (de)	खांग (m)	khāng

poot (bijv. ~ van een kat)	पंजा (m)	panja
muil (de)	थूथन (m)	thūthan
bek (mond van dieren)	मुँह (m)	munh
staart (de)	पूँछ (f)	pūnchh
snorharen (mv.)	मूँछें (f pl)	mūnchhen

hoef (de)	खुर (m)	khur
hoorn (de)	शृंग (m)	shrng

schild (schildpad, enz.)	कवच (m)	kavach
schelp (de)	कौड़ी (f)	kaurī
eierschaal (de)	अंडे का छिलका (m)	ande ka chhilaka

vacht (de)	जानवर के बाल (m)	jānavar ke bāl
huid (de)	पशुचर्म (m)	pashucharm

222. Acties van de dieren

vliegen (ww)	उड़ना	urana
cirkelen (vogel)	चक्कर लगाना	chakkar lagāna
wegvliegen (ww)	उड़ जाना	ur jāna
klapwieken (ww)	पंख फड़फड़ाना	pankh farafarāna

pikken (vogels)	चुगना	chugana
broeden (de eend zit te ~)	अंडे सेना	ande sena
uitbroeden (ww)	अंडे से बाहर निकलना	ande se bāhar nikalana
een nest bouwen	घोंसला बनाना	ghonsala banāna

kruipen (ww)	रेंगना	rengana
steken (bij)	डसना	dasana
bijten (de hond, enz.)	काटना	kātana

snuffelen (ov. de dieren)	सूँघना	sūnghana
blaffen (ww)	भौंकना	bhaunkana
sissen (slang)	फुफकारना	fufakārana
doen schrikken (ww)	डराना	darāna
aanvallen (ww)	हमला करना	hamala karana

knagen (ww)	कुतरना	kutarana
schrammen (ww)	कुरेदना	kuredana
zich verbergen (ww)	छिपाना	chhipāna

spelen (ww)	खेलना	khelana
jagen (ww)	शिकार करना	shikār karana
winterslapen	सीतनिद्रा में होना	sītanidra men hona
uitsterven (dinosauriërs, enz.)	समाप्त हो जाना	samāpt ho jāna

223. Dieren. Leefomgevingen

leefgebied (het)	निवास-स्थान (m)	nivās-sthān
migratie (de)	देशांतरण (m)	deshāntaran
berg (de)	पहाड़ (m)	pahār

| rif (het) | रीफ़ (m) | rīf |
| klip (de) | शिला (f) | shila |

bos (het)	वन (m)	van
jungle (de)	जंगल (m)	jangal
savanne (de)	सवान्ना (m)	savānna
toendra (de)	तुंड्रा (m)	tundra

steppe (de)	घास का मैदान (m)	ghās ka maidān
woestijn (de)	रेगिस्तान (m)	registān
oase (de)	नख़लिस्तान (m)	nakhalistān

zee (de)	सागर (m)	sāgar
meer (het)	तालाब (m)	tālāb
oceaan (de)	महासागर (m)	mahāsāgar

moeras (het)	दलदल (m)	daladal
zoetwater- (abn)	मीठे पानी का	mīthe pānī ka
vijver (de)	ताल (m)	tāl
rivier (de)	नदी (f)	nadī

berenhol (het)	गुफ़ा (f)	gufa
nest (het)	घोंसला (m)	ghonsala
boom holte (de)	खोखला (m)	khokhala
hol (het)	बिल (m)	bil
mierenhoop (de)	बांबी (f)	bāmbī

224. Dierverzorging

| dierentuin (de) | चिड़ियाघर (m) | chiriyāghar |
| natuurreservaat (het) | पशुविहार (m) | pashuvihār |

fokkerij (de)	पशुफ़ार्म (m)	pashufārm
openluchtkooi (de)	अहाता (m)	ahāta
kooi (de)	पिंजरा (m)	pinjara
hondenhok (het)	कुत्ताघर (m)	kuttāghar

duiventil (de)	कबूतरखाना (m)	kabūtarakhāna
aquarium (het)	मछलीघर (m)	machhalīghar
dolfinarium (het)	डॉल्फ़िनघर (m)	dolafinaghar

fokken (bijv. honden ~)	पालन करना	pālan karana
nakomelingen (mv.)	बच्चे (m)	bachche
temmen (tam maken)	पालतू बनाना	pālatū banāna

voeding (de)	चारा (m)	chāra
voederen (ww)	खिलाना	khilāna
dresseren (ww)	सधाना	sadhāna

dierenwinkel (de)	पालतू जानवरों की दुकान (f)	pālatū jānavaron kī dukān
muilkorf (de)	थूथन (f)	thūthan
halsband (de)	पट्टा (m)	patta
naam (ov. een dier)	नाम (m)	nām
stamboom (honden met ~)	वंशावली (f)	vanshāvalī

225. Dieren. Diversen

meute (wolven)	झुंड (m)	jhund
zwerm (vogels)	झुंड (m)	jhund
school (vissen)	झुंड (m)	jhund
kudde (wilde paarden)	झुंड (m)	jhund
mannetje (het)	नर (m)	nar
vrouwtje (het)	मादा (f)	māda
hongerig (bn)	भूखा	bhūkha
wild (bn)	जंगली	jangalī
gevaarlijk (bn)	खतरनाक	khataranāk

226. Paarden

paard (het)	घोड़ा (m)	ghora
ras (het)	नस्ल (f)	nasl
veulen (het)	बछड़ा (m)	bachhara
merrie (de)	घोड़ी (f)	ghorī
mustang (de)	मुस्तांग (m)	mustāng
pony (de)	टट्टू (m)	tattū
koudbloed (de)	भारवाही घोड़ा (m)	bhāravāhī ghora
manen (mv.)	अयाल (m)	ayāl
staart (de)	पूँछ (f)	pūnchh
hoef (de)	खुर (m)	khur
hoefijzer (het)	अश्वनाल (f)	ashvanāl
beslaan (ww)	नाल जड़ना	nāl jarana
paardensmid (de)	लोहार (m)	lohār
zadel (het)	काठी (f)	kāthī
stijgbeugel (de)	रक़ाब (m)	raqāb
breidel (de)	लगाम (f)	lagām
leidsels (mv.)	लगाम (f)	lagām
zweep (de)	चाबूक (m)	chābūk
ruiter (de)	सवार (m)	savār
zadelen (ww)	काठी कसना	kāthī kasana
een paard bestijgen	काठी पर बैठना	kāthī par baithana
galop (de)	सरपट (f)	sarapat
galopperen (ww)	सरपट दौड़ना	sarapat daurana
draf (de)	दुलकी चाल (m)	dulakī chāl
in draf (bw)	दुलकी चाल चलना	dulakī chāl chalana
renpaard (het)	दौड़ का घोड़ा (m)	daur ka ghora
paardenrace (de)	घुड़दौड़ (m pl)	ghuradaur
paardenstal (de)	अस्तबल (m)	astabal
voederen (ww)	खिलाना	khilāna

hooi (het)	सूखी घास (f)	sūkhī ghās
water geven (ww)	पिलाना	pilāna
wassen (paard ~)	नहलाना	nahalāna
grazen (gras eten)	चरना	charana
hinniken (ww)	हिनहिनाना	hinahināna
een trap geven	लात मारना	lāt mārana

Flora

227. Bomen

boom (de)	पेड़ (m)	per
loof- (abn)	पर्णपाती	parnapātī
dennen- (abn)	शंकुधर	shankudhar
groenblijvend (bn)	सदाबहार	sadābahār
appelboom (de)	सेब वृक्ष (m)	seb vrksh
perenboom (de)	नाश्पाती का पेड़ (m)	nāshpātī ka per
kers (de)	चेरी का पेड़ (f)	cherī ka per
pruimelaar (de)	आलूबुख़ारे का पेड़ (m)	ālūbukhāre ka per
berk (de)	सनोबर का पेड़ (m)	sanobar ka per
eik (de)	बलूत (m)	balūt
linde (de)	लिनडेन वृक्ष (m)	linaden vrksh
esp (de)	आस्पेन वृक्ष (m)	āspen vrksh
esdoorn (de)	मेपल (m)	mepal
spar (de)	फर का पेड़ (m)	far ka per
den (de)	देवदार (m)	devadār
lariks (de)	लार्च (m)	lārch
zilverspar (de)	फर (m)	far
ceder (de)	देवदर (m)	devadar
populier (de)	पोप्लर वृक्ष (m)	poplar vrksh
lijsterbes (de)	रोवाण (m)	rovān
wilg (de)	विलो (f)	vilo
els (de)	आल्डर वृक्ष (m)	āldar vrksh
beuk (de)	बीच (m)	bīch
iep (de)	एल्म वृक्ष (m)	elm vrksh
es (de)	एश-वृक्ष (m)	esh-vrksh
kastanje (de)	चेस्टनट (m)	chestanat
magnolia (de)	मैगनोलिया (f)	maiganoliya
palm (de)	ताड़ का पेड़ (m)	tār ka per
cipres (de)	सरो (m)	saro
mangrove (de)	मैनग्रोव (m)	mainagrov
baobab (apenbroodboom)	गोरक्षी (m)	gorakshī
eucalyptus (de)	यूकेलिप्टस (m)	yūkeliptas
mammoetboom (de)	सेकोइया (f)	sekoiya

228. Heesters

struik (de)	झाड़ी (f)	jhārī
heester (de)	झाड़ी (f)	jhārī

203

wijnstok (de)	अंगूर की बेल (f)	angūr kī bel
wijngaard (de)	अंगूर का बाग़ (m)	angūr ka bāg
frambozenstruik (de)	रास्पबेरी की झाड़ी (f)	rāspaberī kī jhārī
rode bessenstruik (de)	लाल करेंट की झाड़ी (f)	lāl karent kī jhārī
kruisbessenstruik (de)	गूज़बेरी की झाड़ी (f)	gūzaberī kī jhārī
acacia (de)	ऐकेशिय (m)	aikeshiy
zuurbes (de)	बारबेरी झाड़ी (f)	bāraberī jhārī
jasmijn (de)	चमेली (f)	chamelī
jeneverbes (de)	जूनिपर (m)	jūnipar
rozenstruik (de)	गुलाब की झाड़ी (f)	gulāb kī jhārī
hondsroos (de)	जंगली गुलाब (m)	jangalī gulāb

229. Champignons

paddenstoel (de)	गगन-धूलि (f)	gagan-dhūli
eetbare paddenstoel (de)	खाने योग्य गगन-धूलि (f)	khāne yogy gagan-dhūli
giftige paddenstoel (de)	ज़हरीली गगन-धूलि (f)	zaharīlī gagan-dhūli
hoed (de)	छतरी (f)	chhatarī
steel (de)	डंठल (f)	danthal
gewoon eekhoorntjesbrood (het)	सफ़ेद गगन-धूलि (f)	safed gagan-dhūli
rosse populierenboleet (de)	नारंगी छतरी वाली गगन-धूलि (f)	nārangī chhatarī vālī gagan-dhūli
berkenboleet (de)	बर्च बोलेट (f)	barch bolet
cantharel (de)	शैंटरेल (f)	shentarel
russula (de)	रसुला (f)	rasula
morille (de)	मोरेल (f)	morel
vliegenzwam (de)	फ्लाई ऐगेरिक (f)	flaī aigerik
groene knolzwam (de)	डेथ कैप (f)	deth kaip

230. Vruchten. Bessen

vrucht (de)	फल (m)	fal
vruchten (mv.)	फल (m pl)	fal
appel (de)	सेब (m)	seb
peer (de)	नाशपाती (f)	nāshpātī
pruim (de)	आलूबुखारा (m)	ālūbukhāra
aardbei (de)	स्ट्रॉबेरी (f)	stroberī
kers (de)	चेरी (f)	cherī
druif (de)	अंगूर (m)	angūr
framboos (de)	रास्पबेरी (f)	rāspaberī
zwarte bes (de)	काली करेंट (f)	kālī karent
rode bes (de)	लाल करेंट (f)	lāl karent
kruisbes (de)	गूज़बेरी (f)	gūzaberī
veenbes (de)	क्रेनबेरी (f)	krenaberī

sinaasappel (de)	संतरा (m)	santara
mandarijn (de)	नारंगी (f)	nārangī
ananas (de)	अनानास (m)	anānās
banaan (de)	केला (m)	kela
dadel (de)	खजूर (m)	khajūr
citroen (de)	नींबू (m)	nīmbū
abrikoos (de)	खूबानी (f)	khūbānī
perzik (de)	आड़ू (m)	ārū
kiwi (de)	चीकू (m)	chīkū
grapefruit (de)	ग्रेपफ्रूट (m)	grepafrūt
bes (de)	बेरी (f)	berī
bessen (mv.)	बेरियाँ (f pl)	beriyān
vossenbes (de)	काऔबेरी (f)	kaoberī
bosaardbei (de)	जंगली स्ट्रॉबेरी (f)	jangalī stroberī
bosbes (de)	बिलबेरी (f)	bilaberī

231. Bloemen. Planten

bloem (de)	फूल (m)	fūl
boeket (het)	गुलदस्ता (m)	guladasta
roos (de)	गुलाब (f)	gulāb
tulp (de)	ट्यूलिप (m)	tyūlip
anjer (de)	गुलनार (m)	gulanār
gladiool (de)	ग्लेडियोलस (m)	glediyolas
korenbloem (de)	नीलकूपी (m)	nīlakūpī
klokje (het)	ब्लूबेल (m)	blūbel
paardenbloem (de)	कुकरौंधा (m)	kukaraundha
kamille (de)	कैमोमाइल (m)	kaimomail
aloë (de)	मुसब्बर (m)	musabbar
cactus (de)	कैक्टस (m)	kaiktas
ficus (de)	रबड़ का पौधा (m)	rabar ka paudha
lelie (de)	कुमुदिनी (f)	kumudinī
geranium (de)	जेरानियम (m)	jeraniyam
hyacint (de)	हायसिंथ (m)	hāyasinth
mimosa (de)	मिमोसा (m)	mimosa
narcis (de)	नरगिस (f)	naragis
Oostindische kers (de)	नस्टाशयम (m)	nastāshayam
orchidee (de)	आर्किड (m)	ārkid
pioenroos (de)	पियोनी (m)	piyonī
viooltje (het)	वॉयलेट (m)	voyalet
driekleurig viooltje (het)	पैंज़ी (m pl)	painzī
vergeet-mij-nietje (het)	फर्गेट मी नाट (m)	fargent mī nāt
madeliefje (het)	गुलबहार (n)	gulabahār
papaver (de)	खशखाश (m)	khashakhāsh
hennep (de)	भांग (f)	bhāng

munt (de)	पुदीना (m)	pudīna
lelietje-van-dalen (het)	कामुदिनी (f)	kāmudinī
sneeuwklokje (het)	सफ़ेद फूल (m)	safed fūl

brandnetel (de)	बिच्छू बूटी (f)	bichchhū būtī
veldzuring (de)	सोरेल (m)	sorel
waterlelie (de)	कुमुदिनी (f)	kumudinī
varen (de)	फ़र्न (m)	farn
korstmos (het)	शैवाक (m)	shaivāk

oranjerie (de)	शीशाघर (m)	shīshāghar
gazon (het)	घास का मैदान (m)	ghās ka maidān
bloemperk (het)	फुलवारी (f)	fulavārī

plant (de)	पौधा (m)	paudha
gras (het)	घास (f)	ghās
grasspriet (de)	तिनका (m)	tinaka

blad (het)	पत्ती (f)	pattī
bloemblad (het)	पंखड़ी (f)	pankharī
stengel (de)	डंडी (f)	dandī
knol (de)	कंद (m)	kand

| scheut (de) | अंकुर (m) | ankur |
| doorn (de) | कांटा (m) | kānta |

bloeien (ww)	खिलना	khilana
verwelken (ww)	मुरझाना	murajhāna
geur (de)	बू (m)	bū
snijden (bijv. bloemen ~)	काटना	kātana
plukken (bloemen ~)	तोड़ना	torana

232. Granen, graankorrels

graan (het)	दाना (m)	dāna
graangewassen (mv.)	अनाज की फ़सलें (m pl)	anāj kī fasalen
aar (de)	बाल (f)	bāl

tarwe (de)	गेहूं (m)	gehūn
rogge (de)	रई (f)	raī
haver (de)	जई (f)	jaī

| gierst (de) | बाजरा (m) | bājara |
| gerst (de) | जौ (m) | jau |

maïs (de)	मक्का (m)	makka
rijst (de)	चावल (m)	chāval
boekweit (de)	मोथी (m)	mothī

erwt (de)	मटर (m)	matar
boon (de)	राजमा (f)	rājama
soja (de)	सोया (m)	soya
linze (de)	दाल (m)	dāl
bonen (mv.)	फली (f pl)	falī

233. Groenten. Groene groenten

groenten (mv.)	सब्ज़ियाँ (f pl)	sabziyān
verse kruiden (mv.)	हरी सब्ज़ियाँ (f)	harī sabjiyān
tomaat (de)	टमाटर (m)	tamātar
augurk (de)	खीरा (m)	khīra
wortel (de)	गाजर (f)	gājar
aardappel (de)	आलू (m)	ālū
ui (de)	प्याज़ (f)	pyāz
knoflook (de)	लहसुन (m)	lahasun
kool (de)	बंदगोभी (f)	bandagobhī
bloemkool (de)	फूल गोभी (f)	fūl gobhī
spruitkool (de)	ब्रसेल्स स्प्राउट्स (m)	brasels sprauts
rode biet (de)	चुकन्दर (m)	chukandar
aubergine (de)	बैंगन (m)	baingan
courgette (de)	लौकी (f)	laukī
pompoen (de)	कद्दू (m)	kaddū
knolraap (de)	शलजम (f)	shalajam
peterselie (de)	अजमोद (f)	ajamod
dille (de)	सोआ (m)	soa
sla (de)	सलाद पत्ता (m)	salād patta
selderij (de)	सेलरी (m)	selarī
asperge (de)	एस्परैगस (m)	esparaigas
spinazie (de)	पालक (m)	pālak
erwt (de)	मटर (m)	matar
bonen (mv.)	फली (f pl)	falī
maïs (de)	मकई (f)	makī
boon (de)	राजमा (f)	rājama
peper (de)	मिर्च (f)	mirch
radijs (de)	मूली (f)	mūlī
artisjok (de)	अतिशोक (m)	artishok

REGIONALE AARDRIJKSKUNDE

Landen. Nationaliteiten

234. West-Europa

Europa (het)	यूरोप (m)	yūrop
Europese Unie (de)	यूरोपीय संघ (m)	yūropīy sangh
Europeaan (de)	यरोपीय (m)	yaropīy
Europees (bn)	यरोपीय	yaropīy
Oostenrijk (het)	ऑस्ट्रिया (m)	ostriya
Oostenrijker (de)	ऑस्ट्रियाई (m)	ostriyaī
Oostenrijkse (de)	ऑस्ट्रीयाई (f)	ostrīyaī
Oostenrijks (bn)	ऑस्ट्रीयाई	ostrīyaī
Groot-Brittannië (het)	ग्रेट ब्रिटेन (m)	gret briten
Engeland (het)	इंग्लैंड (m)	inglaind
Engelsman (de)	ब्रिटिश (m)	british
Engelse (de)	ब्रिटिश (f)	british
Engels (bn)	अंग्रेज़	angrez
België (het)	बेल्जियम (m)	beljiyam
Belg (de)	बेल्जियाई (m)	beljiyaī
Belgische (de)	बेल्जियाई (f)	beljiyaī
Belgisch (bn)	बेल्जियाई	beljiyaī
Duitsland (het)	जर्मन (m)	jarman
Duitser (de)	जर्मन (m)	jarman
Duitse (de)	जर्मन (f)	jarman
Duits (bn)	जर्मन	jarman
Nederland (het)	नीदरलैंड्स (m)	nīdaralainds
Holland (het)	हॉलैंड (m)	holaind
Nederlander (de)	डच (m)	dach
Nederlandse (de)	डच (f)	dach
Nederlands (bn)	डच	dach
Griekenland (het)	ग्रीस (m)	grīs
Griek (de)	ग्रीक (m)	grīk
Griekse (de)	ग्रीक (f)	grīk
Grieks (bn)	ग्रीक	grīk
Denemarken (het)	डेन्मार्क (m)	denmārk
Deen (de)	डेनिश (m)	denish
Deense (de)	डेनिश (f)	denish
Deens (bn)	डेनिश	denish
Ierland (het)	आयरलैंड (m)	āyaralaind
Ier (de)	आयरिश (m)	āyarish

| Ierse (de) | आयरिश (f) | āyarish |
| Iers (bn) | आयरिश | āyarish |

IJsland (het)	आयसलैंड (m)	āyasalaind
IJslander (de)	आयसलैंडर (m)	āyasalaindar
IJslandse (de)	आयसलैंडर (f)	āyasalaindar
IJslands (bn)	आयसलैंडर	āyasalaindar

Spanje (het)	स्पेन (m)	spen
Spanjaard (de)	स्पेनी (m)	spenī
Spaanse (de)	स्पेनी (f)	spenī
Spaans (bn)	स्पेनी	spenī

Italië (het)	इटली (m)	italī
Italiaan (de)	इतालवी (m)	itālavī
Italiaanse (de)	इतालवी (f)	itālavī
Italiaans (bn)	इतालवी	itālavī

Cyprus (het)	साइप्रस (m)	saipras
Cyprioot (de)	साइप्रस वासी (m)	saipras vāsī
Cypriotische (de)	साइप्रस वासी (f)	saipras vāsī
Cypriotisch (bn)	साइप्रसी	saiprasī

Malta (het)	माल्टा (m)	mālta
Maltees (de)	मोलतिज़ (m)	molatiz
Maltese (de)	मोलतिज़ (f)	molatiz
Maltees (bn)	मोलतिज़	molatiz

Noorwegen (het)	नार्वे (m)	nārve
Noor (de)	नार्वेजियन (m)	nārvejiyan
Noorse (de)	नार्वेजियन (f)	nārvejiyan
Noors (bn)	नार्वेजियन	nārvejiyan

Portugal (het)	पुर्तगाल (m)	purtagāl
Portugees (de)	पुर्तगाली (m)	purtagālī
Portugese (de)	पुर्तगाली (f)	purtagālī
Portugees (bn)	पुर्तगाली	purtagālī

Finland (het)	फ़िनलैंड (m)	finalaind
Fin (de)	फ़िनिश (m)	finish
Finse (de)	फ़िनिश (f)	finish
Fins (bn)	फ़िनिश	finish

Frankrijk (het)	फ़्रांस (m)	frāns
Fransman (de)	फ़्रांसीसी (m)	frānsīsī
Française (de)	फ़्रांसीसी (f)	frānsīsī
Frans (bn)	फ़्रांसीसी	frānsīsī

Zweden (het)	स्वीडन (m)	svīdan
Zweed (de)	स्वीड (m)	svīd
Zweedse (de)	स्वीड (f)	svīd
Zweeds (bn)	स्वीडिश	svīdish

Zwitserland (het)	स्विट्ज़रलैंड (m)	svitzaralaind
Zwitser (de)	स्विस (m)	svis
Zwitserse (de)	स्विस (f)	svis

Zwitsers (bn)	स्विस	svis
Schotland (het)	स्कॉटलैंड (m)	skotalaind
Schot (de)	स्कॉटिश (m)	skotish
Schotse (de)	स्कॉटिश (f)	skotish
Schots (bn)	स्कॉटिश	skotish

Vaticaanstad (de)	वेटिकन (m)	vetikan
Liechtenstein (het)	लिकटेंस्टीन (m)	likatenstīn
Luxemburg (het)	लक्ज़मबर्ग (m)	lakzamabarg
Monaco (het)	मोनाको (m)	monāko

235. Centraal- en Oost-Europa

Albanië (het)	अल्बानिया (m)	albāniya
Albanees (de)	अल्बानियाई (m)	albāniyaī
Albanese (de)	अल्बानियाई (f)	albāniyaī
Albanees (bn)	अल्बानियाई	albāniyaī

Bulgarije (het)	बुल्गारिया (m)	bulgāriya
Bulgaar (de)	बल्गेरियाई (m)	balgeriyaī
Bulgaarse (de)	बल्गेरियाई (f)	balgeriyaī
Bulgaars (bn)	बल्गेरियाई	balgeriyaī

Hongarije (het)	हंगरी (m)	hangarī
Hongaar (de)	हंगेरियाई (m)	hangeriyaī
Hongaarse (de)	हंगेरियाई (f)	hangeriyaī
Hongaars (bn)	हंगेरियाई	hangeriyaī

Letland (het)	लाटविया (m)	lātaviya
Let (de)	लाटवियाई (m)	lātaviyaī
Letse (de)	हंगेरियाई (f)	hangeriyaī
Lets (bn)	लाटवियाई	lātaviyaī

Litouwen (het)	लिथुआनिया (m)	lithuāniya
Litouwer (de)	लिथुआनियन (m)	lithuāniyan
Litouwse (de)	लिथुआनियन (f)	lithuāniyan
Litouws (bn)	लिथुआनियन	lithuāniyan

Polen (het)	पोलैंड (m)	polaind
Pool (de)	पोलिश (m)	polish
Poolse (de)	पोलिश (f)	polish
Pools (bn)	पोलिश	polish

Roemenië (het)	रोमानिया (m)	romāniya
Roemeen (de)	रोमानियाई (m)	romāniyaī
Roemeense (de)	रोमानियाई (f)	romāniyaī
Roemeens (bn)	रोमानियाई	romāniyaī

Servië (het)	सर्बिया (m)	sarbiya
Serviër (de)	सर्बियाई (m)	sarbiyaī
Servische (de)	सर्बियाई (f)	sarbiyaī
Servisch (bn)	सर्बियाई	sarbiyaī
Slowakije (het)	स्लोवाकिया (m)	slovākiya
Slowaak (de)	स्लोवाकियन (m)	slovākiyan

| Slowaakse (de) | स्लोवाकियन (f) | slovākiyan |
| Slowaakse (bn) | स्लोवाकियन | slovākiyan |

Kroatië (het)	क्रोएशिया (m)	kroeshiya
Kroaat (de)	क्रोएशियन (m)	kroeshiyan
Kroatische (de)	क्रोएशियन (f)	kroeshiyan
Kroatisch (bn)	क्रोएशियन	kroeshiyan

Tsjechië (het)	चेक गणतंत्र (m)	chek ganatantr
Tsjech (de)	चेक (m)	chek
Tsjechische (de)	चेक (f)	chek
Tsjechisch (bn)	चेक	chek

Estland (het)	एस्तोनिया (m)	estoniya
Est (de)	एस्तोनियन (m)	estoniyan
Estse (de)	एस्तोनियन (f)	estoniyan
Ests (bn)	एस्तोनियन	estoniyan

Bosnië en Herzegovina (het)	बोस्निया और हर्ज़ेगोविना	bosniya aur harzegovina
Macedonië (het)	मेसेडोनिया (m)	mesedoniya
Slovenië (het)	स्लोवेनिया (m)	sloveniya
Montenegro (het)	मोंटेनेग्रो (m)	montenegro

236. Voormalige USSR landen

Azerbeidzjan (het)	आज़रबाइजान (m)	āzarabaijān
Azerbeidzjaan (de)	आज़रबाइजानी (m)	āzarabaijānī
Azerbeidjaanse (de)	आज़रबाइजानी (f)	āzarabaijānī
Azerbeidjaans (bn)	आज़रबाइजानी	āzarabaijānī

Armenië (het)	आर्मीनिया (m)	ārmīniya
Armeen (de)	आर्मीनियन (m)	ārmīniyan
Armeense (de)	आर्मीनियन (f)	ārmīniyan
Armeens (bn)	आर्मीनियाई	ārmīniyaī

Wit-Rusland (het)	बेलारूस (m)	belārūs
Wit-Rus (de)	बेलारूसी (m)	belārūsī
Wit-Russische (de)	बेलारूसी (f)	belārūsī
Wit-Russisch (bn)	बेलारूसी	belārūsī

Georgië (het)	जॉर्जिया (m)	jorjiya
Georgiër (de)	जॉर्जियन (m)	jorjiyan
Georgische (de)	जॉर्जियन (f)	jorjiyan
Georgisch (bn)	जॉर्जिया	jorjiya

Kazakstan (het)	कज़ाकस्तान (m)	kazākastān
Kazak (de)	कज़ाकी (m)	kazākī
Kazakse (de)	कज़ाकी (f)	kazākī
Kazakse (bn)	कज़ाकी	kazākī

Kirgizië (het)	किर्गीज़िया (m)	kirgīziya
Kirgiziër (de)	किर्गीज़ (m)	kirgīz
Kirgizische (de)	किर्गीज़ (f)	kirgīz
Kirgizische (bn)	किर्गीज़	kirgīz

Moldavië (het)	मोलदोवा (m)	moladova
Moldaviër (de)	मोलदोवियन (m)	moladoviyan
Moldavische (de)	मोलदोवियन (f)	moladoviyan
Moldavisch (bn)	मोलदोवियन	moladoviyan

Rusland (het)	रूस (m)	rūs
Rus (de)	रूसी (m)	rūsī
Russin (de)	रूसी (f)	rūsī
Russisch (bn)	रूसी	rūsī

Tadzjikistan (het)	ताजिकिस्तान (m)	tājikistān
Tadzjiek (de)	ताजिक (m)	tājik
Tadzjiekse (de)	ताजिक (f)	tājik
Tadzjieks (bn)	ताजिक	tājik

Turkmenistan (het)	तुर्कमानिस्तान (m)	turkamānistān
Turkmeen (de)	तुर्कमानी (m)	turkamānī
Turkmeense (de)	तुर्कमानी (f)	turkamānī
Turkmeens (bn)	तुर्कमानी	turkamānī

Oezbekistan (het)	ऊज़्बेकिस्तान (m)	uzbekistān
Oezbeek (de)	ऊज़्बेकी (m)	uzbekī
Oezbeekse (de)	ऊज़्बेकी (f)	uzbekī
Oezbeeks (bn)	ऊज़्बेकि	uzbeki

Oekraïne (het)	यूक्रेन (m)	yūkren
Oekraïner (de)	यूक्रेनी (m)	yūkrenī
Oekraïense (de)	यूक्रेनी (f)	yūkrenī
Oekraïens (bn)	यूक्रेनी	yūkrenī

237. Azië

| Azië (het) | एशिया (f) | eshiya |
| Aziatisch (bn) | एशियई | eshiyī |

Vietnam (het)	वियतनाम (m)	viyatanām
Vietnamees (de)	वियतनामी (m)	viyatanāmī
Vietnamese (de)	वियतनामी (f)	viyatanāmī
Vietnamees (bn)	वियतनामी	viyatanāmī

India (het)	भारत (m)	bhārat
Indiër (de)	भारतीय (m)	bhāratīy
Indische (de)	भारतीय (f)	bhāratīy
Indisch (bn)	भारतीय	bhāratīy

Israël (het)	इसायल (m)	isrāyal
Israëliër (de)	इसाइली (m)	israilī
Israëlische (de)	इसाइली (f)	israilī
Israëlisch (bn)	इसाइली	israilī

Jood (etniciteit)	यहूदी (m)	yahūdī
Jodin (de)	यहूदी (f)	yahūdī
Joods (bn)	यहूदी	yahūdī
China (het)	चीन (m)	chīn

Chinees (de)	चीनी (m)	chīnī
Chinese (de)	चीनी (f)	chīnī
Chinees (bn)	चीनी	chīnī

Koreaan (de)	कोरियन (m)	koriyan
Koreaanse (de)	कोरियन (f)	koriyan
Koreaans (bn)	कोरियन	koriyan

Libanon (het)	लेबनान (m)	lebanān
Libanees (de)	लेबनानी (m)	lebanānī
Libanese (de)	लेबनानी (f)	lebanānī
Libanees (bn)	लेबनानी	lebanānī

Mongolië (het)	मंगोलिया (m)	mangoliya
Mongool (de)	मंगोलियन (m)	mangoliyan
Mongoolse (de)	मंगोलियन (f)	mangoliyan
Mongools (bn)	मंगोलियन	mangoliyan

Maleisië (het)	मलेशिया (m)	maleshiya
Maleisiër (de)	मलेशियाई (m)	maleshiyaī
Maleisische (de)	मलेशियाई (f)	maleshiyaī
Maleisisch (bn)	मलेशियाई	maleshiyaī

Pakistan (het)	पाकिस्तान (m)	pākistān
Pakistaan (de)	पाकिस्तानी (m)	pākistānī
Pakistaanse (de)	पाकिस्तानी (f)	pākistānī
Pakistaans (bn)	पाकिस्तानी	pākistānī

Saoedi-Arabië (het)	सऊदी अरब (m)	saūdī arab
Arabier (de)	अरब (m)	arab
Arabische (de)	अरबी (f)	arabī
Arabisch (bn)	अरबी	arabī

Thailand (het)	थाईलैंड (m)	thaīlaind
Thai (de)	थाई (m)	thaī
Thaise (de)	थाई (f)	thaī
Thai (bn)	थाई	thaī

Taiwan (het)	ताइवान (m)	taivān
Taiwanees (de)	ताइवानी (m)	taivānī
Taiwanese (de)	ताइवानी (f)	taivānī
Taiwanees (bn)	ताइवानी	taivānī

Turkije (het)	तुर्की (m)	turkī
Turk (de)	तुर्क (m)	turk
Turkse (de)	तुर्क (m)	turk
Turks (bn)	तुर्किश	turkish

Japan (het)	जापान (m)	jāpān
Japanner (de)	जापानी (m)	jāpānī
Japanse (de)	जापानी (f)	jāpānī
Japans (bn)	जापानी	jāpānī

Afghanistan (het)	अफ़ग़ानिस्तान (m)	afagānistān
Bangladesh (het)	बांग्लादेश (m)	bāṅglādesh
Indonesië (het)	इण्डोनेशिया (m)	indoneshiya

Jordanië (het)	जॉर्डन (m)	jordan
Irak (het)	इराक़ (m)	irāq
Iran (het)	इरान (m)	irān
Cambodja (het)	कम्बोडिया (m)	kambodiya
Koeweit (het)	कुवैत (m)	kuvait
Laos (het)	लाओस (m)	laos
Myanmar (het)	म्यांमर (m)	myāmmar
Nepal (het)	नेपाल (m)	nepāl
Verenigde Arabische Emiraten	संयुक्त अरब अमीरात (m)	sanyukt arab amīrāt
Syrië (het)	सीरिया (m)	sīriya
Palestijnse autonomie (de)	फिलिस्तीन (m)	filistīn
Zuid-Korea (het)	दक्षिण कोरिया (m)	dakshin koriya
Noord-Korea (het)	उत्तर कोरिया (m)	uttar koriya

238. Noord-Amerika

Verenigde Staten van Amerika	संयुक्त राज्य अमरीका (m)	sanyukt rājy amarīka
Amerikaan (de)	अमरीकी (m)	amarīkī
Amerikaanse (de)	अमरीकी (f)	amarīkī
Amerikaans (bn)	अमरीकी	amarīkī
Canada (het)	कनाडा (m)	kanāda
Canadees (de)	कैनेडियन (m)	kainediyan
Canadese (de)	कैनेडियन (f)	kainediyan
Canadees (bn)	कैनेडियन	kainediyan
Mexico (het)	मेक्सिको (m)	meksiko
Mexicaan (de)	मेक्सिकन (m)	meksikan
Mexicaanse (de)	मेक्सिकन (f)	meksikan
Mexicaans (bn)	मेक्सिकन	meksikan

239. Midden- en Zuid-Amerika

Argentinië (het)	अर्जेंटीना (m)	arjentīna
Argentijn (de)	अर्जेंटीनी (m)	arjentīnī
Argentijnse (de)	अर्जेंटीनी (f)	arjentīnī
Argentijns (bn)	अर्जेंटीनी	arjentīnī
Brazilië (het)	ब्राज़ील (m)	brāzīl
Braziliaan (de)	ब्राज़ीली (m)	brāzīlī
Braziliaanse (de)	ब्राज़ीली (f)	brāzīlī
Braziliaans (bn)	ब्राज़ीली	brāzīlī
Colombia (het)	कोलम्बिया (m)	kolambiya
Colombiaan (de)	कोलम्बियन (m)	kolambiyan
Colombiaanse (de)	कोलम्बियन (f)	kolambiyan
Colombiaans (bn)	कोलम्बियन	kolambiyan
Cuba (het)	क्यूबा (m)	kyūba

Cubaan (de)	क्यूबन (m)	kyūban
Cubaanse (de)	क्यूबन (f)	kyūban
Cubaans (bn)	क्यूबाई	kyūbaī

Chili (het)	चिली (m)	chilī
Chileen (de)	चीलीयन (m)	chīlīyan
Chileense (de)	चीलीयन (f)	chīlīyan
Chileens (bn)	चीलीयन	chīlīyan

Bolivia (het)	बोलीविया (m)	bolīviya
Venezuela (het)	वेनेज़ुएला (m)	venezuela
Paraguay (het)	परागुआ (m)	parāgua
Peru (het)	पेरू (m)	perū
Suriname (het)	सूरीनाम (m)	sūrīnām
Uruguay (het)	उरुग्वे (m)	urugve
Ecuador (het)	इक्वेडोर (m)	ikvedor

Bahama's (mv.)	बहामा (m)	bahāma
Haïti (het)	हाइटी (m)	haitī
Dominicaanse Republiek (de)	डोमिनिकन रिपब्लिक (m)	dominikan ripablik
Panama (het)	पनामा (m)	panāma
Jamaica (het)	जमैका (m)	jamaika

240. Afrika

Egypte (het)	मिस्र (m)	misr
Egyptenaar (de)	मिस्री (m)	misrī
Egyptische (de)	मिस्री (f)	misrī
Egyptisch (bn)	मिस्री	misrī

Marokko (het)	मोरक्को (m)	morakko
Marokkaan (de)	मोरकन (m)	morakan
Marokkaanse (de)	मोरकन (f)	morakan
Marokkaans (bn)	मोरकन	morakan

Tunesië (het)	ट्युनीसिया (m)	tyunīsiya
Tunesiër (de)	ट्युनीसियन (m)	tyunīsiyan
Tunesische (de)	ट्युनीसियन (f)	tyunīsiyan
Tunesisch (bn)	ट्युनीसियन	tyunīsiyan

Ghana (het)	घाना (m)	ghāna
Zanzibar (het)	ज़ैंज़िबार (m)	zainzibār
Kenia (het)	केन्या (m)	kenya
Libië (het)	लीबिया (m)	lībiya
Madagaskar (het)	मडागास्कार (m)	madāgāskār

Namibië (het)	नामीबिया (m)	nāmībiya
Senegal (het)	सेनेगाल (m)	senegāl
Tanzania (het)	तंज़ानिया (m)	tanzāniya
Zuid-Afrika (het)	दक्षिण अफ्रीका (m)	dakshin afrīka

Afrikaan (de)	अफ्रीकी (m)	afrīkī
Afrikaanse (de)	अफ्रीकी (f)	afrīkī
Afrikaans (bn)	अफ्रीकी	afrīkī

241. Australië. Oceanië

Australië (het)	आस्ट्रेलिया (m)	āstreliya
Australiër (de)	आस्ट्रेलियन (m)	āstreliyan
Australische (de)	आस्ट्रेलियन (f)	āstreliyan
Australisch (bn)	आस्ट्रेलियन	āstreliyan
Nieuw-Zeeland (het)	न्यू ज़ीलैंड (m)	nyū zīlaind
Nieuw-Zeelander (de)	न्यू ज़ीलैंडियन (m)	nyū zīlaindiyan
Nieuw-Zeelandse (de)	न्यू ज़ीलैंडियन (f)	nyū zīlaindiyan
Nieuw-Zeelands (bn)	न्यू ज़ीलैंडियन	nyū zīlaindiyan
Tasmanië (het)	तास्मानिया (m)	tāsmāniya
Frans-Polynesië	फ्रेंच पॉलीनेशिया (m)	french polīneshiya

242. Steden

Amsterdam	एम्स्टर्डम (m)	emstardam
Ankara	अंकारा (m)	ankāra
Athene	एथेन्स (m)	ethens
Bagdad	बगदाद (m)	bagadād
Bangkok	बैंकॉक (m)	bainkok
Barcelona	बार्सिलोना (m)	bārsilona
Beiroet	बेरूत (m)	berūt
Berlijn	बर्लिन (m)	barlin
Boedapest	बुडापेस्ट (m)	budāpest
Boekarest	बुखारेस्ट (m)	bukhārest
Bombay, Mumbai	मुम्बई (m)	mumbī
Bonn	बॉन (m)	bon
Bordeaux	बोर्दी (m)	bordo
Bratislava	ब्राटीस्लावा (m)	brātīslāva
Brussel	ब्रसेल्स (m)	brasels
Caïro	काहिरा (m)	kāhira
Calcutta	कोलकाता (m)	kolakāta
Chicago	शिकागो (m)	shikāgo
Dar Es Salaam	दार-एस-सलाम (m)	dār-es-salām
Delhi	दिल्ली (f)	dillī
Den Haag	हेग (m)	heg
Dubai	दुबई (m)	dubī
Dublin	डब्लिन (m)	dablin
Düsseldorf	डसेलडोर्फ (m)	daseladorf
Florence	फ्लोरेंस (m)	florens
Frankfort	फ्रैंकफर्ट (m)	frainkfart
Genève	जेनेवा (m)	jeneva
Hamburg	हैम्बर्ग (m)	haimbarg
Hanoi	हनोई (m)	hanoī
Havana	हवाना (m)	havāna
Helsinki	हेलसिंकी (m)	helasinkī

Hiroshima	हिरोशीमा (m)	hiroshīma
Hongkong	हांगकांग (m)	hāngakāng
Istanbul	इस्तांबुल (m)	istāmbul
Jeruzalem	यरूशलम (m)	yarūshalam
Kiev	कीव (m)	kīv
Kopenhagen	कोपनहेगन (m)	kopanahegan
Kuala Lumpur	कुआला लुम्पुर (m)	kuāla lumpur
Lissabon	लिस्बन (m)	lisban
Londen	लंदन (m)	landan
Los Angeles	लॉस एंजेलेस (m)	los enjeles
Lyon	लिओन (m)	lion
Madrid	मेड्रिड (m)	medrid
Marseille	मासेल (m)	mārsel
Mexico-Stad	मेक्सिको सिटी (f)	meksiko sitī
Miami	मियामी (m)	miyāmī
Montreal	मांट्रियल (m)	māntriyal
Moskou	मॉस्को (m)	mosko
München	म्यूनिख़ (m)	myūnikh
Nairobi	नैरोबी (m)	nairobī
Napels	नेपल्स (m)	nepals
New York	न्यू यॉर्क (m)	nyū york
Nice	नीस (m)	nīs
Oslo	ओस्लो (m)	oslo
Ottawa	ओटावा (m)	otāva
Parijs	पेरिस (m)	peris
Peking	बीजिंग (m)	bījing
Praag	प्राग (m)	prāg
Rio de Janeiro	रिओ डे जैनेरो (m)	rio de jainero
Rome	रोम (m)	rom
Seoel	सियोल (m)	siyol
Singapore	सिंगापुर (m)	singāpur
Sint-Petersburg	सेंट पीटरस्बर्ग (m)	sent pītarasbarg
Sjanghai	शंघाई (m)	shanghaī
Stockholm	स्टॉकहोम (m)	stokahom
Sydney	सिडनी (m)	sidanī
Taipei	ताइपे (m)	taipe
Tokio	टोकियो (m)	tokiyo
Toronto	टोरोन्टो (m)	toronto
Venetië	वीनिस (m)	vīnis
Warschau	वॉर्सों (m)	voraso
Washington	वॉशिंग्टन (m)	voshingtan
Wenen	विएना (m)	viena

243. Politiek. Overheid. Deel 1

politiek (de)	राजनीति (f)	rājanīti
politiek (bn)	राजनीतिक	rājanītik

politicus (de)	राजनीतिज्ञ (m)	rājanītigy
staat (land)	राज्य (m)	rājy
burger (de)	नागरिक (m)	nāgarik
staatsburgerschap (het)	नागरिकता (f)	nāgarikata
nationaal wapen (het)	राष्ट्रीय प्रतीक (m)	rāshtrīy pratīk
volkslied (het)	राष्ट्रीय धुन (f)	rāshtrīy dhun
regering (de)	सरकार (m)	sarakār
staatshoofd (het)	देश का नेता (m)	desh ka neta
parlement (het)	संसद (m)	sansad
partij (de)	दल (m)	dal
kapitalisme (het)	पुंजीवाद (m)	punjīvād
kapitalistisch (bn)	पुंजीवादी	punjīvādī
socialisme (het)	समाजवाद (m)	samājavād
socialistisch (bn)	समाजवादी	samājavādī
communisme (het)	साम्यवाद (m)	sāmyavād
communistisch (bn)	साम्यवादी	sāmyavādī
communist (de)	साम्यवादी (m)	sāmyavādī
democratie (de)	प्रजातंत्र (m)	prajātantr
democraat (de)	प्रजातंत्रवादी (m)	prajātantravādī
democratisch (bn)	प्रजातंत्रवादी	prajātantravādī
democratische partij (de)	प्रजातंत्रवादी पार्टी (m)	prajātantravādī pārtī
liberaal (de)	उदारवादी (m)	udāravādī
liberaal (bn)	उदारवादी	udāravādī
conservator (de)	रूढ़िवादी (m)	rūrhivādī
conservatief (bn)	रूढ़िवादी	rūrhivādī
republiek (de)	गणतंत्र (m)	ganatantr
republikein (de)	गणतंत्रवादी (m)	ganatantravādī
Republikeinse Partij (de)	गणतंत्रवादी पार्टी (m)	ganatantravādī pārtī
verkiezing (de)	चुनाव (m pl)	chunāv
kiezen (ww)	चुनना	chunana
kiezer (de)	मतदाता (m)	matadāta
verkiezingscampagne (de)	चुनाव प्रचार (m)	chunāv prachār
stemming (de)	मतदान (m)	matadān
stemmen (ww)	मत डालना	mat dālana
stemrecht (het)	मताधिकार (m)	matādhikār
kandidaat (de)	उम्मीदवार (m)	ummīdavār
zich kandideren	चुनाव लड़ना	chunāv larana
campagne (de)	अभियान (m)	abhiyān
oppositie- (abn)	विरोधी	virodhī
oppositie (de)	विरोध (m)	virodh
bezoek (het)	यात्रा (f)	yātra
officieel bezoek (het)	सरकारी यात्रा (f)	sarakārī yātra
internationaal (bn)	अंतर्राष्ट्रीय	antarrāshtrīy

| onderhandelingen (mv.) | वार्ता (f pl) | vārtta |
| onderhandelen (ww) | वार्ता करना | vārtta karana |

244. Politiek. Overheid. Deel 2

maatschappij (de)	समाज (m)	samāj
grondwet (de)	संविधान (m)	sanvidhān
macht (politieke ~)	शासन (m)	shāsan
corruptie (de)	भ्रष्टाचार (m)	bhrashtāchār

| wet (de) | कानून (m) | kānūn |
| wettelijk (bn) | कानूनी | kānūnī |

| rechtvaardigheid (de) | न्याय (m) | nyāy |
| rechtvaardig (bn) | न्यायी | nyāyī |

comité (het)	समिति (f)	samiti
wetsvoorstel (het)	विधेयक (m)	vidheyak
begroting (de)	बजट (m)	bajat
beleid (het)	नीति (f)	nīti
hervorming (de)	सुधार (m)	sudhār
radicaal (bn)	आमूल	āmūl

macht (vermogen)	ताकत (f)	tākat
machtig (bn)	प्रबल	prabal
aanhanger (de)	समर्थक (m)	samarthak
invloed (de)	असर (m)	asar

regime (het)	शासन (m)	shāsan
conflict (het)	टकराव (m)	takarāv
samenzwering (de)	साज़िश (f)	sāzish
provocatie (de)	उकसाव (m)	ukasāv

omverwerpen (ww)	तख़्ता पलटना	takhta palatana
omverwerping (de)	तख़्ता पलट (m)	takhta palat
revolutie (de)	क्रांति (f)	krānti

| staatsgreep (de) | तख़्ता पलट (m) | takhta palat |
| militaire coup (de) | फ़ौजी बगावत (f) | faujī bagāvat |

crisis (de)	संकट (m)	sankat
economische recessie (de)	आर्थिक मंदी (f)	ārthik mandī
betoger (de)	प्रदर्शक (m)	pradarshak
betoging (de)	प्रदर्शन (m)	pradarshan
krijgswet (de)	फ़ौजी कानून (m)	faujī kānūn
militaire basis (de)	सैन्य अड्डा (m)	sainy adda

| stabiliteit (de) | स्थिरता (f) | sthirata |
| stabiel (bn) | स्थिर | sthir |

uitbuiting (de)	शोषण (m)	shoshan
uitbuiten (ww)	शोषण करना	shoshan karana
racisme (het)	जातिवाद (m)	jātivād
racist (de)	जातिवादी (m)	jātivādī

| fascisme (het) | फ़ासिवादी (m) | fāsivādī |
| fascist (de) | फ़ासिस्ट (m) | fāsist |

245. Landen. Diversen

vreemdeling (de)	विदेशी (m)	videshī
buitenlands (bn)	विदेश	videsh
in het buitenland (bw)	परदेश में	paradesh men

emigrant (de)	प्रवासी (m)	pravāsī
emigratie (de)	प्रवासन (m)	pravāsan
emigreren (ww)	प्रवास करना	pravās karana

Westen (het)	पश्चिम (m)	pashchim
Oosten (het)	पूर्व (m)	pūrv
Verre Oosten (het)	सुदूर पूर्व (m)	sudūr pūrv

beschaving (de)	सभ्यता (f)	sabhyata
mensheid (de)	मानवजाति (f)	mānavajāti
wereld (de)	संसार (m)	sansār
vrede (de)	शांति (f)	shānti
wereld- (abn)	विश्वव्यापी	vishvavyāpī

vaderland (het)	मातृभूमि (f)	mātrbhūmi
volk (het)	जनता (m)	janata
bevolking (de)	जनता (m)	janata
mensen (mv.)	लोग (m)	log
natie (de)	जाति (f)	jāti
generatie (de)	पीढ़ी (f)	pīrhī
gebied (bijv. bezette ~en)	प्रदेश (m)	pradesh
regio, streek (de)	क्षेत्र (m)	kshetr
deelstaat (de)	राज्य (m)	rājy

traditie (de)	रिवाज़ (m)	rivāz
gewoonte (de)	परम्परा (m)	parampara
ecologie (de)	परिस्थितिकी (f)	paristhitikī

Indiaan (de)	रेड इंडियन (m)	red indiyan
zigeuner (de)	जिप्सी (f)	jipsī
zigeunerin (de)	जिप्सी (f)	jipsī
zigeuner- (abn)	जिप्सी	jipsī

rijk (het)	साम्राज्य (m)	sāmrājy
kolonie (de)	उपनिवेश (m)	upanivesh
slavernij (de)	दासता (f)	dāsata
invasie (de)	हमला (m)	hamala
hongersnood (de)	भूखमरी (f)	bhūkhamarī

246. Grote religieuze groepen. Bekentenissen

| religie (de) | धर्म (m) | dharm |
| religieus (bn) | धार्मिक | dhārmik |

geloof (het)	धर्म (m)	dharm
geloven (ww)	आस्था रखना	āstha rakhana
gelovige (de)	आस्तिक (m)	āstik
atheïsme (het)	नास्तिकवाद (m)	nāstikavād
atheïst (de)	नास्तिक (m)	nāstik
christendom (het)	ईसाई धर्म (m)	īsaī dharm
christen (de)	ईसाई (m)	īsaī
christelijk (bn)	ईसाई	īsaī
katholicisme (het)	कैथोलिक धर्म (m)	kaitholik dharm
katholiek (de)	कैथोलिक (m)	kaitholik
katholiek (bn)	कैथोलिक	kaitholik
protestantisme (het)	प्रोटेस्टेंट धर्म (m)	protestent dharm
Protestante Kerk (de)	प्रोटेस्टेंट चर्च (m)	protestent charch
protestant (de)	प्रोटेस्टेंट (m)	protestent
orthodoxie (de)	ऑर्थीडॉक्सी (m)	orthodoksī
Orthodoxe Kerk (de)	ऑर्थीडॉक्स चर्च (m)	orthodoks charch
orthodox	ऑर्थीडॉक्सी (m)	orthodoksī
presbyterianisme (het)	प्रेस्बिटेरियनवाद (m)	presbiteriyanavād
Presbyteriaanse Kerk (de)	प्रेस्बिटेरियन चर्च (m)	presbiteriyan charch
presbyteriaan (de)	प्रेस्बिटेरियन (m)	presbiteriyan
lutheranisme (het)	लुथर धर्म (m)	luthar dharm
lutheraan (de)	लुथर (m)	luthar
baptisme (het)	बैप्टिस्ट चर्च (m)	baiptist charch
baptist (de)	बैप्टिस्ट (m)	baiptist
Anglicaanse Kerk (de)	अंग्रेज़ी चर्च (m)	angrezī charch
anglicaan (de)	अंग्रेज़ी (m)	angrezī
mormonisme (het)	मॉर्मनवाद (m)	mormanavād
mormoon (de)	मॉर्मन (m)	morman
Jodendom (het)	यहूदी धर्म (m)	yahūdī dharm
jood (aanhanger van het Jodendom)	यहूदी (m)	yahūdī
boeddhisme (het)	बौद्ध धर्म (m)	bauddh dharm
boeddhist (de)	बौद्ध (m)	bauddh
hindoeïsme (het)	हिन्दू धर्म (m)	hindū dharm
hindoe (de)	हिन्दू (m)	hindū
islam (de)	इस्लाम (m)	islām
islamiet (de)	मुस्लिम (m)	muslim
islamitisch (bn)	मुस्लिम	muslim
sjiisme (het)	शिया इस्लाम (m)	shiya islām
sjiiet (de)	शिया (m)	shiya
soennisme (het)	सुन्नी इस्लाम (m)	sunnī islām
soenniet (de)	सुन्नी (m)	sunnī

247. Religies. Priesters

| priester (de) | पादरी (m) | pādarī |
| paus (de) | पोप (m) | pop |

monnik (de)	मठवासी (m)	mathavāsī
non (de)	नन (f)	nan
pastoor (de)	पादरी (m)	pādarī

abt (de)	एब्बट (m)	ebbat
vicaris (de)	विकार (m)	vikār
bisschop (de)	बिशप (m)	bishap
kardinaal (de)	कार्डिनल (m)	kārdinal

predikant (de)	प्रीचर (m)	prīchar
preek (de)	धर्मोपदेश (m)	dharmopadesh
kerkgangers (mv.)	ग्रामवासी (m)	grāmavāsī

| gelovige (de) | आस्तिक (m) | āstik |
| atheïst (de) | नास्तिक (m) | nāstik |

248. Geloof. Christendom. Islam

| Adam | आदम (m) | ādam |
| Eva | हव्वा (f) | havva |

God (de)	भगवान (m)	bhagavān
Heer (de)	ईश्वर (m)	īshvar
Almachtige (de)	सर्वशक्तिशाली (m)	sarvashaktishālī

zonde (de)	पाप (m)	pāp
zondigen (ww)	पाप करना	pāp karana
zondaar (de)	पापी (m)	pāpī
zondares (de)	पापी (f)	pāpī

| hel (de) | नरक (m) | narak |
| paradijs (het) | जन्नत (m) | jannat |

| Jezus | ईसा (m) | īsa |
| Jezus Christus | ईसा मसीह (m) | īsa masīh |

Heilige Geest (de)	पवित्र आत्मा (m)	pavitr ātma
Verlosser (de)	मुक्तिदाता (m)	muktidāta
Maagd Maria (de)	वर्जिन मैरी (f)	varjin mairī

duivel (de)	शैतान (m)	shaitān
duivels (bn)	शैतानी	shaitānī
Satan	शैतान (m)	shaitān
satanisch (bn)	शैतानी	shaitānī

engel (de)	फरिश्ता (m)	farishta
beschermengel (de)	देवदूत (m)	devadūt
engelachtig (bn)	देवदूतीय	devadūtīy

apostel (de)	धर्मदूत (m)	dharmadūt
aartsengel (de)	महादेवदूत (m)	mahādevadūt
antichrist (de)	ईसा मसीह का शत्रु (m)	īsa masīh ka shatru

Kerk (de)	गिरजाघर (m)	girajāghar
bijbel (de)	बाइबिल (m)	baibil
bijbels (bn)	बाइबिल का	baibil ka

Oude Testament (het)	ओल्ड टेस्टार्मेंट (m)	old testāment
Nieuwe Testament (het)	न्यू टेस्टार्मेंट (m)	nyū testāment
evangelie (het)	धर्मसिद्धान्त (m)	dharmasiddhānt
Heilige Schrift (de)	धर्म ग्रंथ (m)	dharm granth
Hemel, Hemelrijk (de)	स्वर्ग (m)	svarg

gebod (het)	धर्मादेश (m)	dharmādesh
profeet (de)	पैग़ंबर (m)	paigambar
profetie (de)	आगामवाणी (f)	āgāmavānī

Allah	अल्लाह (m)	allāh
Mohammed	मुहम्मद (m)	muhammad
Koran (de)	क़ुरान (m)	qurān

moskee (de)	मस्जिद (m)	masjid
moellah (de)	मुल्ला (m)	mulla
gebed (het)	दुआ (f)	dua
bidden (ww)	दुआ करना	dua karana

pelgrimstocht (de)	तीर्थ यात्रा (m)	tīrth yātra
pelgrim (de)	तीर्थ यात्री (m)	tīrth yātrī
Mekka	मक्का (m)	makka

kerk (de)	गिरजाघर (m)	girajāghar
tempel (de)	मंदिर (m)	mandir
kathedraal (de)	गिरजाघर (m)	girajāghar
gotisch (bn)	गोथिक	gothik
synagoge (de)	सीनागोग (m)	sīnāgog
moskee (de)	मस्जिद (m)	masjid

kapel (de)	चैपल (m)	chaipal
abdij (de)	ईसाई मठ (m)	īsaī math
nonnenklooster (het)	मठ (m)	math
mannenklooster (het)	मठ (m)	math

klok (de)	घंटा (m)	ghanta
klokkentoren (de)	घंटाघर (m)	ghantāghar
luiden (klokken)	बजाना	bajāna

kruis (het)	क्रॉस (m)	kros
koepel (de)	गुंबद (m)	gumbad
icoon (de)	देव प्रतिमा (f)	dev pratima

ziel (de)	आत्मा (f)	ātma
lot, noodlot (het)	भाग्य (f)	bhāgy
kwaad (het)	बुराई (f)	buraī
goed (het)	भलाई (f)	bhalaī
vampier (de)	पिशाच (m)	pishāch

heks (de)	डायन (f)	dāyan
demoon (de)	असुर (m)	asur
geest (de)	आत्मा (f)	ātma
verzoeningsleer (de)	प्रायश्चित (m)	prayāshchit
vrijkopen (ww)	प्रायश्चित करना	prayāshchit karana
mis (de)	धार्मिक सेवा (m)	dhārmik seva
de mis opdragen	उपासना करना	upāsana karana
biecht (de)	पापस्वीकरण (m)	pāpasvīkaran
biechten (ww)	पापस्वीकरण करना	pāpasvīkaran karana
heilige (de)	संत (m)	sant
heilig (bn)	पवित्र	pavitr
wijwater (het)	पवित्र पानी (m)	pavitr pānī
ritueel (het)	अनुष्ठान (m)	anushthān
ritueel (bn)	सांस्कारिक	sānskārik
offerande (de)	कुरबानी (f)	kurabānī
bijgeloof (het)	अंधविश्वास (m)	andhavishvās
bijgelovig (bn)	अंधविश्वासी	andhavishvāsī
hiernamaals (het)	परलोक (m)	paralok
eeuwige leven (het)	अमर जीवन (m)	amar jīvan

DIVERSEN

249. Diverse nuttige woorden

achtergrond (de)	पृष्ठिका (f)	prshtika
balans (de)	संतुलन (m)	santulan
basis (de)	आधार (m)	ādhār
begin (het)	शुरू (m)	shurū
beurt (wie is aan de ~?)	बारी (f)	bārī
categorie (de)	श्रेणी (f)	shrenī
comfortabel (~ bed, enz.)	आरामदेह	ārāmadeh
compensatie (de)	क्षतिपुर्ति (f)	kshatipurti
deel (gedeelte)	भाग (m)	bhāg
deeltje (het)	टुकड़ा (m)	tukara
ding (object, voorwerp)	वस्तु (f)	vastu
dringend (bn, urgent)	अत्यावश्यक	atyāvashyak
dringend (bw, met spoed)	तत्काल	tatkāl
effect (het)	प्रभाव (m)	prabhāv
eigenschap (kwaliteit)	गुण (m)	gun
einde (het)	खत्म (m)	khatm
element (het)	तत्व (m)	tatv
feit (het)	तथ्य (m)	tathy
fout (de)	ग़लती (f)	galatī
geheim (het)	रहस्य (m)	rahasy
graad (mate)	मात्रा (f)	mātra
groei (ontwikkeling)	वृद्धि (f)	vrddhi
hindernis (de)	बाधा (f)	bādha
hinderpaal (de)	अवरोध (m)	avarodh
hulp (de)	सहायता (f)	sahāyata
ideaal (het)	आदर्श (m)	ādarsh
inspanning (de)	प्रयत्न (m)	prayatn
keuze (een grote ~)	चुनाव (m)	chunāv
labyrint (het)	भूलभुलैया (f)	bhūlabhulaiya
manier (de)	तरीका (m)	tarīka
moment (het)	पल (m)	pal
nut (bruikbaarheid)	उपयोग (m)	upayog
onderscheid (het)	फ़र्क़ (m)	fark
ontwikkeling (de)	विकास (m)	vikās
oplossing (de)	हल (m)	hal
origineel (het)	मूल (m)	mūl
pauze (de)	विराम (m)	virām
positie (de)	स्थिति (f)	sthiti
principe (het)	उसूल (m)	usūl

probleem (het)	समस्या (f)	samasya
proces (het)	प्रक्रिया (f)	prakriya
reactie (de)	प्रतिक्रिया (f)	pratikriya

reden (om ~ van)	कारण (m)	kāran
risico (het)	जोखिम (m)	jokhim
samenvallen (het)	समकालीनता (f)	samakālīnata
serie (de)	श्रृंखला (f)	shrrnkhala

situatie (de)	स्थिति (f)	sthiti
soort (bijv. ~ sport)	प्रकार (m)	prakār
standaard (bn)	मानक	mānak
standaard (de)	मानक (m)	mānak
stijl (de)	शैली (f)	shailī

stop (korte onderbreking)	विराम (m)	virām
systeem (het)	प्रणाली (f)	pranālī
tabel (bijv. ~ van Mendelejev)	सारणी (f)	sāranī
tempo (langzaam ~)	गति (f)	gati
term (medische ~en)	पारिभाषिक शब्द (m)	pāribhāshik shabd

type (soort)	ढंग (m)	dhang
variant (de)	विकल्प (m)	vikalp
veelvuldig (bn)	बारंबार	bārambār
vergelijking (de)	तुलना (f)	tulana
voorbeeld (het goede ~)	उदाहरण (m)	udāharan

voortgang (de)	उन्नति (f)	unnati
voorwerp (ding)	चीज़ें (f)	chīzen
vorm (uiterlijke ~)	रूप (m)	rūp
waarheid (de)	सच (m)	sach
zone (de)	क्षेत्र (m)	kshetr

250. Beperkende bijwoorden. Bijvoeglijke naamwoorden. Deel 1

accuraat (uurwerk, enz.)	सुव्यवस्थित	suvvavasthit
achter- (abn)	पिछा	pichha
additioneel (bn)	अतिरिक्त	atirikt
anders (bn)	भिन्न	bhinn

arm (bijv. ~e landen)	गरीब	garīb
begrijpelijk (bn)	साफ़	sāf
belangrijk (bn)	महत्वपूर्ण	mahatvapūrn
belangrijkst (bn)	सबसे महत्वपूर्ण	sabase mahatvapūrn

beleefd (bn)	विनम्र	vinamr
beperkt (bn)	सीमित	sīmit
betekenisvol (bn)	महत्वपूर्ण	mahatvapūrn
bijziend (bn)	निकटदर्शी	nikatadarshī
binnen- (abn)	आंतरिक	āntarik

bitter (bn)	कड़वा	karava
blind (bn)	अंधा	andha
breed (een ~e straat)	चौड़ा	chaura

breekbaar (porselein, glas)	नाज़ुक	nāzuk
buiten- (abn)	बाहरी	bāharī
buitenlands (bn)	विदेश	videsh
burgerlijk (bn)	नागरिक	nāgarik
centraal (bn)	केंद्रीय	kendrīy
dankbaar (bn)	आभारी	ābhārī
dicht (~e mist)	घना	ghana
dicht (bijv. ~e mist)	घना	ghana
dicht (in de ruimte)	समीप	samīp
dichtbij (bn)	निकट	nikat
dichtstbijzijnd (bn)	निकटतम	nikatatam
diepvries (~product)	जमा	jama
dik (bijv. muur)	मोटा	mota
dof (~ licht)	धुंधला	dhundhala
dom (dwaas)	बेवकूफ़	bevakūf
donker (bijv. ~e kamer)	अंधेरा	andhera
dood (bn)	मृत	mrt
doorzichtig (bn)	पारदर्शी	pāradarshī
droevig (~ blik)	उदास	udās
droog (bn)	सूखा	sūkha
dun (persoon)	दुबला	dubala
duur (bn)	मेहंगा	mahanga
eender (bn)	समान	samān
eenvoudig (bn)	आसान	āsān
eenvoudig (bn)	सरल	saral
eeuwenoude (~ beschaving)	प्राचीन	prāchīn
enorm (bn)	विशाल	vishāl
geboorte- (stad, land)	देसी	desī
gebruind (bn)	सांवला	sānvala
gelijkend (bn)	मिलता-जुलता	milata-julata
gelukkig (bn)	प्रसन्न	prasann
gesloten (bn)	बंद	band
getaand (bn)	काले मुँख का	kāle munkh ka
gevaarlijk (bn)	खतरनाक	khataranāk
gewoon (bn)	आम	ām
gezamenlijk (~ besluit)	संयुक्त	sanyukt
glad (~ oppervlak)	समंतल	samatal
glad (~ oppervlak)	समतल	samatal
goed (bn)	अच्छा	achchha
goedkoop (bn)	सस्ता	sasta
gratis (bn)	मुफ्त	muft
groot (bn)	बड़ा	bara
hard (niet zacht)	कड़ा	kara
heel (volledig)	पूरा	pūra
heet (bn)	गरम	garam
hongerig (bn)	भूखा	bhūkha

hoofd- (abn)	मुख्य	mukhy
hoogste (bn)	उच्चतम	uchchatam
huidig (courant)	वर्तमान	vartamān
jong (bn)	जवान	javān

juist, correct (bn)	ठीक	thīk
kalm (bn)	शांत	shānt
kinder- (abn)	बच्चों का	bachchon ka
klein (bn)	छोटा	chhota
koel (~ weer)	ठंडा	thanda

kort (kortstondig)	अल्पकालिक	alpakālik
kort (niet lang)	छोटा	chhota
koud (~ water, weer)	ठंडा	thanda
kunstmatig (bn)	कृत्रिम	krtrim

laatst (bn)	आखिरी	ākhirī
lang (een ~ verhaal)	लंबा	lamba
langdurig (bn)	दीर्घकालिक	dīrghakālik
lastig (~ probleem)	कठिन	kathin

leeg (glas, kamer)	खाली	khālī
lekker (bn)	मज़ेदार	mazedār
licht (kleur)	हल्का	halka
licht (niet veel weegt)	हल्का	halka

linker (bn)	बायाँ	bāyān
luid (bijv. ~e stem)	ऊंचा	ūncha
mager (bn)	पतला	patala
mat (bijv. ~ verf)	मैट	mait
moe (bn)	थका	thaka

moeilijk (~ besluit)	मुश्किल	mushkil
mogelijk (bn)	संभव	sambhav
mooi (bn)	सुंदर	sundar
mysterieus (bn)	रहस्यपूर्ण	rahasyapūrn

naburig (bn)	पड़ोस	paros
nalatig (bn)	लापरवाह	lāparavāh
nat (~te kleding)	भीगा	bhīga
nerveus (bn)	बेचैन	bechain
niet groot (bn)	बड़ा नहीं	bara nahin

niet moeilijk (bn)	आसान	āsān
nieuw (bn)	नया	naya
nodig (bn)	ज़रूरी	zarūrī
normaal (bn)	साधारण	sādhāran

251. Beperkende bijwoorden. Bijvoeglijke naamwoorden. Deel 2

onbegrijpelijk (bn)	समझ से बाहर	samajh se bāhar
onbelangrijk (bn)	महत्वहीन	mahatvahīn
onbeweeglijk (bn)	अचल	achal
onbewolkt (bn)	निर्मेघ	nirmegh

ondergronds (geheim)	गुप्त	gupt
ondiep (bn)	उथला	uthala
onduidelijk (bn)	धुंधला	dhundhala
onervaren (bn)	अनुभवहीन	anubhavahīn
onmogelijk (bn)	असंभव	asambhav
onontbeerlijk (bn)	ज़रूरी	zarūrī
onophoudelijk (bn)	निरंतर	nirantar
ontkennend (bn)	नकारात्मक	nakārātmak
open (bn)	खुला	khula
openbaar (bn)	सार्वजनिक	sārvajanik
origineel (ongewoon)	मूल	mūl
oud (~ huis)	पुराना	purāna
overdreven (bn)	अत्यधिक	atyadhik
passend (bn)	उचित	uchit
permanent (bn)	स्थायी	sthāyī
persoonlijk (bn)	व्यक्तिगत	vyaktigat
plat (bijv. ~ scherm)	सपाट	sapāt
prachtig (~ paleis, enz.)	सुंदर	sundar
precies (bn)	ठीक	thīk
prettig (bn)	अच्छा	achchha
privé (bn)	निजी	nijī
punctueel (bn)	ठीक	thīk
rauw (niet gekookt)	कच्चा	kachcha
recht (weg, straat)	सीधा	sīdha
rechter (bn)	दायां	dāyān
rijp (fruit)	पक्का	pakka
riskant (bn)	खतरनाक	khataranāk
ruim (een ~ huis)	विस्तृत	vistrt
rustig (bn)	शांत	shānt
scherp (bijv. ~ mes)	तेज़	tez
schoon (niet vies)	साफ़	sāf
slecht (bn)	बुरा	bura
slim (verstandig)	बुद्धिमान	buddhimān
smal (~le weg)	तंग	tang
snel (vlug)	तेज़	tez
somber (bn)	विषादपूर्ण	vishādapūrn
speciaal (bn)	ख़ास	khās
sterk (bn)	शक्तिशाली	shaktishālī
stevig (bn)	मज़बूत	mazabūt
straatarm (bn)	गरीब	garīb
teder (liefderijk)	नाज़ुक	nāzuk
tegenovergesteld (bn)	उल्टा	ulta
tevreden (bn)	संतुष्ट	santusht
tevreden (klant, enz.)	संतुष्ट	santusht
treurig (bn)	उदास	udās
tweedehands (bn)	इस्तेमाल किया हुआ	istemāl kiya hua
uitstekend (bn)	उत्कृष्ट	utkrsht
uitstekend (bn)	उत्तम	uttam

uniek (bn)	अद्वितीय	advitīy
veilig (niet gevaarlijk)	सुरक्षित	surakshit
ver (in de ruimte)	दूर	dūr

verenigbaar (bn)	अनुकूल	anukūl
vermoeiend (bn)	थकाऊ	thakaū
verplicht (bn)	अनिवार्य	anivāry
vers (~ brood)	ताज़ा	tāza
verschillende (bn)	विभिन्न	vibhinn

verst (meest afgelegen)	सुदूर	sudūr
vettig (voedsel)	चरबीला	charabīla
vijandig (bn)	शत्रुतापूर्ण	shatrutāpūrn
vloeibaar (bn)	तरल	taral
vochtig (bn)	नमी	namī
vol (helemaal gevuld)	भरा	bhara

volgend (~ jaar)	अगला	agala
voorbij (bn)	बीता हुआ	bīta hua
voornaamste (bn)	मूल	mūl
vorig (~ jaar)	पिछला	pichhala

vriendelijk (aardig)	दयालु	dayālu
vriendelijk (goedhartig)	नेक	nek
vrij (bn)	मुक्त	mukt
vrolijk (bn)	हंसमुख	hansamukh
vruchtbaar (~ land)	उपजाऊ	upajaū

vuil (niet schoon)	मैला	maila
waarschijnlijk (bn)	मुमकिन	mumakin
warm (bn)	गरम	garam
wettelijk (bn)	कानूनी	kānūnī
zacht (bijv. ~ kussen)	नरम	naram

zacht (bn)	धीमा	dhīma
zeldzaam (bn)	असाधारण	asādhāran
ziek (bn)	बीमार	bīmār
zoet (~ water)	ताज़ा	tāza
zoet (bn)	मीठा	mītha

zonnig (~e dag)	सूरज का	sūraj ka
zorgzaam (bn)	विचारशील	vichārashīl
zout (de soep is ~)	नमकीन	namakīn
zuur (smaak)	खट्टा	khatta
zwaar (~ voorwerp)	भारी	bhārī

DE 500 BELANGRIJKSTE WERKWOORDEN

252. Werkwoorden A-C

aaien (bijv. een konijn ~)	सहलाना	sahalāna
aanbevelen (ww)	सिफ़ारिश करना	sifārish karana
aandringen (ww)	आग्रह करना	āgrah karana
aankomen (ov. de treinen)	पहुंचना	pahunchana
aanleggen (bijv. bij de pier)	किनारे लगाना	kināre lagāna
aanraken (met de hand)	छूना	chhūna
aansteken (kampvuur, enz.)	जलाना	jalāna
aanstellen (in functie plaatsen)	तय करना	tay karana
aanvallen (mil.)	हमला करना	hamala karana
aanvoelen (gevaar ~)	महसूस करना	mahasūs karana
aanvoeren (leiden)	संचालन करना	sanchālan karana
aanwijzen (de weg ~)	दिखाना	dikhāna
aanzetten (computer, enz.)	चलाना	chalāna
ademen (ww)	साँस लेना	sāns lena
adverteren (ww)	विज्ञापन देना	vigyāpan dena
adviseren (ww)	सलाह देना	salāh dena
afdalen (on.ww.)	उतरना	utarana
afgunstig zijn (ww)	ईष्या करना	īrshya karana
afhakken (ww)	काटना	kātana
afhangen van ...	निर्भर होना	nirbhar hona
afluisteren (ww)	छिपकर सुनना	chhipakar sunana
afnemen (verwijderen)	हटाना	hatāna
afrukken (ww)	फाड़ना	fārana
afslaan (naar rechts ~)	मोड़ना	morana
afsnijden (ww)	काटना	kātana
afzeggen (ww)	रद्द करना	radd karana
amputeren (ww)	अंगविच्छेद करना	angavichchhed karana
amuseren (ww)	मन बहलाना	man bahalāna
antwoorden (ww)	जवाब देना	javāb dena
applaudisseren (ww)	तालियां बजाना	tāliyān bajāna
aspireren (iets willen worden)	... की महत्वाकांक्षा करना	... kī mahattvākānksha karana
assisteren (ww)	मदद करना	madad karana
bang zijn (ww)	डरना	darana
barsten (plafond, enz.)	चीर पड़ना	chīr parana
bedienen (in restaurant)	सेवा करना	seva karana
bedreigen (bijv. met een pistool)	धमकाना	dhamakāna

bedriegen (ww)	धोखा देना	dhokha dena
beduiden (betekenen)	अर्थ बताना	arth batāna
bedwingen (ww)	रोकना	rokana
beëindigen (ww)	ख़त्म करना	khatm karana

begeleiden (vergezellen)	साथ चलना	sāth chalana
begieten (water geven)	सींचना	sīnchana
beginnen (ww)	शुरू करना	shurū karana
begrijpen (ww)	समझना	samajhana
behandelen (patiënt, ziekte)	इलाज कराना	ilāj karāna

beheren (managen)	नेतृत्व करना	netrtv karana
beïnvloeden (ww)	असर डालना	asar dālana
bekennen (misdadiger)	मानना	mānana
beledigen (met scheldwoorden)	अपमान करना	apamān karana

beledigen (ww)	नाराज़ करना	nārāz karana
beloven (ww)	वचन देना	vachan dena
beperken (de uitgaven ~)	पाबंदी लगाना	pābandī lagāna
bereiken (doel ~, enz.)	पाना	pāna

bereiken (plaats van bestemming ~)	पहुंचना	pahunchana
beschermen (bijv. de natuur ~)	रक्षा करना	raksha karana
beschuldigen (ww)	आरोप लगाना	ārop lagāna
beslissen (~ iets te doen)	फ़ैसला करना	faisala karana

besmet worden (met …)	छूत का रोग लगना	chhūt ka rog lagana
besmetten (ziekte overbrengen)	संक्रमित करना	sankramit karana
bespreken (spreken over)	वाद-विवाद करना	vād-vivād karana
bestaan (een ~ voeren)	जीना	jīna

bestellen (eten ~)	ऑर्डर करना	ordar karana
bestraffen (een stout kind ~)	सज़ा देना	saza dena
betalen (ww)	दाम चुकाना	dām chukāna
betekenen (beduiden)	अर्थ होना	arth hona

betreuren (ww)	अफ़सोस करना	afasos karana
bevallen (prettig vinden)	अच्छा लगना	achchha lagana
bevelen (mil.)	हुक्म देना	hukm dena
bevredigen (ww)	संतुष्ट करना	santusht karana

bevrijden (stad, enz.)	आज़ाद करना	āzād karana
bewaren (oude brieven, enz.)	रखना	rakhana
bewaren (vrede, leven)	बचाना	bachāna
bewijzen (ww)	साबित करना	sābit karana

bewonderen (ww)	सराहना	sarāhana
bezitten (ww)	रखना	rakhana
bezorgd zijn (ww)	फ़िक्र होना	fikr hona
bezorgd zijn (ww)	परेशान होना	pareshān hona
bidden (praten met God)	दुआ देना	dua dena
bijvoegen (ww)	और डालना	aur dālana

binden (ww)	बाँधना	bāndhana
binnengaan (een kamer ~)	अंदर आना	andar āna
blazen (ww)	फूंकना	fūnkana
blozen (zich schamen)	चेहरा लाल होना	chehara lāl hona
blussen (brand ~)	बुझाना	bujhāna
boos maken (ww)	क्रोध में लाना	krodh men lāna
boos zijn (ww)	क्रोध में आना	krodh men āna
breken	फटना	fatana
(on.ww., van een touw)		
breken (speelgoed, enz.)	तोड़ना	torana
brengen (iets ergens ~)	लाना	lāna
charmeren (ww)	मोहना	mohana
citeren (ww)	उद्धत करना	uddhat karana
compenseren (ww)	क्षतिपूर्ति करना	kshatipūrti karana
compliceren (ww)	उलझाना	ulajhāna
componeren (muziek ~)	रचना	rachana
compromitteren (ww)	समझौता करना	samajhauta karana
concurreren (ww)	प्रतियोगिता करना	pratiyogita karana
controleren (ww)	नियंत्रित करना	niyantrit karana
coöpereren (samenwerken)	सहयोग करना	sahayog karana
coördineren (ww)	समन्वय करना	samanvay karana
corrigeren (fouten ~)	ठीक करना	thīk karana
creëren (ww)	बनाना	banāna

253. Werkwoorden D-K

danken (ww)	धन्यवाद देना	dhanyavād dena
de was doen	धोना	dhona
de weg wijzen	रास्ता बताना	rāsta batāna
deelnemen (ww)	भाग लेना	bhāg lena
delen (wisk.)	विभाजित करना	vibhājit karana
denken (ww)	सोचना	sochana
doden (ww)	मारना	mārana
doen (ww)	करना	karana
dresseren (ww)	सधाना	sadhāna
drinken (ww)	पीना	pīna
drogen (kleдеren, haar)	सुखाना	sukhāna
dromen (in de slaap)	सपना देखना	sapana dekhana
dromen (over vakantie ~)	सपने देखना	sapane dekhana
duiken (ww)	गोता मारना	gota mārana
durven (ww)	साहस करना	sāhas karana
duwen (ww)	धकेलना	dhakelana
een auto besturen	कार चलाना	kār chalāna
een bad geven	नहाना	nahāna
een bad nemen	नहाना	nahāna
een conclusie trekken	नतीजा निकालना	natīja nikālana

een foto maken (ww)	फ़ोटो खींचना	foto khīnchana
eisen (met klem vragen)	माँगना	māngana
erkennen (schuld)	मानना	mānana
erven (ww)	उत्तराधिकार में पाना	uttarādhikār men pāna
eten (ww)	खाना	khāna
excuseren (vergeven)	माफ़ी देना	māfī dena
existeren (bestaan)	होना	hona
feliciteren (ww)	बधाई देना	badhaī dena
gaan (te voet)	जाना	jāna
gaan slapen	सोने जाना	sone jāna
gaan zitten (ww)	बैठ जाना	baith jāna
gaan zwemmen	तैरना	tairana
garanderen (garantie geven)	गारंटी देना	gārantī dena
gebruiken (bijv. een potlood ~)	उपयोग करना	upayog karana
gebruiken (woord, uitdrukking)	उपयोग करना	upayog karana
geconserveerd zijn (ww)	बचाना	bachāna
gedateerd zijn (ww)	तारीख़ डालना	tārīkh dālana
gehoorzamen (ww)	मानना	mānana
gelijken (op elkaar lijken)	मिलता-जुलता होना	milata-julata hona
geloven (vinden)	विश्वास करना	vishvās karana
genoeg zijn (ww)	बहुत हो जाना	bahut ho jāna
gieten (in een beker ~)	डालना	dālana
glimlachen (ww)	मुस्कुराना	muskurāna
glimmen (glanzen)	चमकना	chamakana
gluren (ww)	छिपकर देखना	chhipakar dekhana
goed raden (ww)	अनुमान लगाना	anumān lagāna
gooien (een steen, enz.)	फेंकना	fenkana
grappen maken (ww)	मज़ाक करना	mazāk karana
graven (tunnel, enz.)	खोदना	khodana
haasten (iemand ~)	जल्दी करना	jaldī karana
hebben (ww)	होना	hona
helpen (hulp geven)	मदद करना	madad karana
herhalen (opnieuw zeggen)	दोहराना	doharāna
herinneren (ww)	याद करना	yād karana
herinneren aan ... (afspraak, opdracht)	याद दिलाना	yād dilāna
herkennen (identificeren)	पहचानना	pahachānana
herstellen (repareren)	ठीक करना	thīk karana
het haar kammen	अपने बालों में कंघी करना	apane bālon men kanghī karana
hopen (ww)	आशा रखना	āsha rakhana
horen (waarnemen met het oor)	सुनना	sunana
houden van (muziek, enz.)	अच्छा लगना	achchha lagana
huilen (wenen)	रोना	rona
huiveren (ww)	सिहर जाना	sihar jāna

huren (een boot ~)	किराये पर लेना	kirāye par lena
huren (huis, kamer)	किराए पर लेना	kirae par lena
huren (personeel)	काम पर रखना	kām par rakhana
imiteren (ww)	नकल करना	nakal karana

importeren (ww)	आयात करना	āyāt karana
inenten (vaccineren)	टीका लगाना	tīka lagāna
informeren (informatie geven)	ख़बर देना	khabar dena
informeren naar ... (navraag doen)	जानकारी पाना	jānakārī pāna
inlassen (invoegen)	डालना	dālana

inpakken (in papier)	लपेटना	lapetana
inspireren (ww)	प्रेरित करना	prerit karana
instemmen (akkoord gaan)	राज़ी होना	rāzī hona
interesseren (ww)	रुचि लेना	ruchi lena

irriteren (ww)	नाराज़ करना	nārāz karana
isoleren (ww)	अलग करना	alag karana
jagen (ww)	शिकार करना	shikār karana
kalmeren (kalm maken)	शांत करना	shānt karana

kennen (kennis hebben van iemand)	जानना	jānana
kennismaken (met ...)	परिचय करना	parichay karana
kiezen (ww)	चुनना	chunana
kijken (ww)	देखना	dekhana

klaarmaken (een plan ~)	तैयार करना	taiyār karana
klaarmaken (het eten ~)	बनाना	banāna
klagen (ww)	शिकायत करना	shikāyat karana
kloppen (aan een deur)	खटखटाना	khatakhatāna

kopen (ww)	खरीदना	kharīdana
kopieën maken	ज़ीरोक्स करना	zīroks karana
kosten (ww)	दाम होना	dām hona
kunnen (ww)	सकना	sakana
kweken (planten ~)	उगाना	ugāna

254. Werkwoorden L-R

lachen (ww)	हंसना	hansana
laden (geweer, kanon)	भरना	bharana
laden (vrachtwagen)	लादना	lādana
laten vallen (ww)	गिराना	girāna

lenen (geld ~)	कर्ज़ लेना	karz lena
leren (lesgeven)	सीखाना	sīkhāna
leven (bijv. in Frankrijk ~)	रहना	rahana
lezen (een boek ~)	पढ़ना	parhana

lid worden (ww)	जुड़ना	jurana
liefhebben (ww)	प्यार करना	pyār karana
liegen (ww)	झूठ बोलना	jhūth bolana

liggen (op de tafel ~)	रखा होना	rakha hona
liggen (persoon)	लेटना	letana
lijden (pijn voelen)	सहना	sahana
losbinden (ww)	ढीला करना	dhīla karana
luisteren (ww)	सुनना	sunana
lunchen (ww)	भोजन करना	bhojan karana
markeren (op de kaart, enz.)	चिह्न लाना	chihn lāna
melden (nieuws ~)	बताना	batāna
memoriseren (ww)	याद करना	yād karana
mengen (ww)	मिलाना	milāna
mikken op (ww)	निशाना लगाना	nishāna lagāna
minachten (ww)	नफ़रत करना	nafarat karana
moeten (ww)	ज़रूर	zarūr
morsen (koffie, enz.)	छलकाना	chhalakāna
naderen (dichterbij komen)	पास आना	pās āna
neerlaten (ww)	नीचे करना	nīche karana
nemen (ww)	लेना	lena
nodig zijn (ww)	आवश्यक होना	āvashyak hona
noemen (ww)	नाम देना	nām dena
noteren (opschrijven)	लिख लेना	likh lena
omhelzen (ww)	गले लगाना	gale lagāna
omkeren (steen, voorwerp)	उलटना	ulatana
onderhandelen (ww)	वार्ता करना	vārtta karana
ondernemen (ww)	ज़िम्मेदारी लेना	zimmedārī lena
onderschatten (ww)	कम आंकना	kam ānkana
onderscheiden (een ereteken geven)	पुरस्कार देना	puraskār dena
onderstrepen (ww)	रेखांकित करना	rekhānkit karana
ondertekenen (ww)	हस्ताक्षर करना	hastākshar karana
onderwijzen (ww)	निर्देश देना	nirdesh dena
onderzoeken (alle feiten, enz.)	विचार करना	vichār karana
ongerust maken (ww)	परेशान करना	pareshān karana
onmisbaar zijn (ww)	ज़रूरी होना	zarūrī hona
ontbijten (ww)	नाश्ता करना	nāshta karana
ontdekken (bijv. nieuw land)	खोजना	khojana
ontkennen (ww)	नकारना	nakārana
ontlopen (gevaar, taak)	टालना	tālana
ontnemen (ww)	वंचित करना	vanchit karana
ontwerpen (machine, enz.)	डिज़ाइन बनाना	dizain banāna
oorlog voeren (ww)	युद्ध करना	yuddh karana
op orde brengen	ठीक करना	thīk karana
opbergen (in de kast, enz.)	रख देना	rakh dena
opduiken (ov. een duikboot)	पानी की सतह पर आना	pānī kī satah par āna
openen (ww)	खोलना	kholana
ophangen (bijv. gordijnen ~)	टांगना	tāngana

ophouden (ww)	बंद करना	band karana
oplossen (een probleem ~)	हल करना	hal karana
opmerken (zien)	देखना	dekhana
opmerken (zien)	देख लेना	dekh lena
opscheppen (ww)	डींग मारना	dīng mārana
opschrijven (op een lijst)	दर्ज करना	darj karana
opschrijven (ww)	लिखना	likhana
opstaan (uit je bed)	उठना	uthana
opstarten (project, enz.)	शुरू करना	shurū karana
opstijgen (vliegtuig)	उड़ना	urana
optreden (resoluut ~)	करना	karana
organiseren (concert, feest)	आयोजित करना	āyojit karana
overdoen (ww)	दोबारा करना	dobāra karana
overheersen (dominant zijn)	विजयी होना	vijayī hona
overschatten (ww)	ज़्यादा आंकना	zyāda ānkana
overtuigd worden (ww)	यकीन आना	yakīn āna
overtuigen (ww)	यकीन दिलाना	yakīn dilāna
passen (jurk, broek)	फिट करना	fit karana
passeren (~ mooie dorpjes, enz.)	गुज़रना	guzarana
peinzen (lang nadenken)	ख्यालों में गुम रहना	khyālon men gum rahana
penetreren (ww)	घुसना	ghusana
plaatsen (ww)	रखना	rakhana
plaatsen (zetten)	रखना	rakhana
plannen (ww)	योजना बनाना	yojana banāna
plezier hebben (ww)	आनंद उठाना	ānand uthāna
plukken (bloemen ~)	तोड़ना	torana
prefereren (verkiezen)	तरजीह देना	tarajīh dena
proberen (trachten)	कोशिश करना	koshish karana
proberen (trachten)	कोशिश करना	koshish karana
protesteren (ww)	विरोध करना	virodh karana
provoceren (uitdagen)	उकसाना	ukasāna
raadplegen (dokter, enz.)	सलाह करना	salāh karana
rapporteren (ww)	रिपोर्ट करना	riport karana
redden (ww)	बचाना	bachāna
regelen (conflict)	सुलझाना	sulajhāna
reinigen (schoonmaken)	साफ़ करना	sāf karana
rekenen op …	भरोसा रखना	bharosa rakhana
rennen (ww)	दौड़ना	daurana
reserveren (een hotelkamer ~)	बुक करना	buk karana
rijden (per auto, enz.)	जाना	jāna
rillen (ov. de kou)	कांपना	kāmpana
riskeren (ww)	जोखिम उठाना	jokhim uthāna
roepen (met je stem)	बुलाना	bulāna
roepen (om hulp)	बुलाना	bulāna

237

ruiken (bepaalde geur verspreiden)	गंध देना	gandh dena
ruiken (rozen)	सूंघना	sūnghana
rusten (verpozen)	आराम करना	ārām karana

255. Verbs S-V

samenstellen, maken (een lijst ~)	संकलन करना	sankalan karana
schieten (ww)	गोली चलाना	golī chalāna
schoonmaken (bijv. schoenen ~)	साफ़ करना	sāf karana
schoonmaken (ww)	साफ़ करना	sāf karana
schrammen (ww)	खरोंचना	kharonchana
schreeuwen (ww)	चिल्लाना	chillāna
schrijven (ww)	लिखना	likhana
schudden (ww)	हिलाना	hilāna
selecteren (ww)	चुनना	chunana
simplificeren (ww)	सरल बनाना	saral banāna
slaan (een hond ~)	पीटना	pītana
sluiten (ww)	बंद करना	band karana
smeken (bijv. om hulp ~)	प्रार्थना करके मनाना	prārthana karake manāna
souperen (ww)	भोजन करना	bhojan karana
spelen (bijv. filmacteur)	अभिनय करना	abhinay karana
spelen (kinderen, enz.)	खेलना	khelana
spreken met ...	से कहना	se kahana
spuwen (ww)	थूकना	thūkana
stelen (ww)	चुराना	churāna
stemmen (verkiezing)	मतदान डालना	matadān dālana
steunen (een goed doel, enz.)	समर्थन करना	samarthan karana
stoppen (pauzeren)	रुकना	rukana
storen (lastigvallen)	बाधा डालना	bādha dālana
strijden (tegen een vijand)	लड़ना	larana
strijden (ww)	झगड़ना	jhagarana
strijken (met een strijkbout)	इस्तरी करना	istarī karana
studeren (bijv. wiskunde ~)	पढ़ना	parhana
sturen (zenden)	भेजना	bhejana
tellen (bijv. geld ~)	गिनना	ginana
terugkeren (ww)	लौटाना	lautāna
terugsturen (ww)	वापस भेजना	vāpas bhejana
toebehoren aan ...	स्वामी होना	svāmī hona
toegeven (zwichten)	मान जाना	mān jāna
toenemen (on. ww)	बढ़ना	barhana
toespreken (zich tot iemand richten)	संबोधित करना	sambodhit karana

| toestaan (goedkeuren) | अनुमति देना | anumati dena |
| toestaan (ww) | अनुमति देना | anumati dena |

toewijden (boek, enz.)	अर्पित करना	arpit karana
tonen (uitstallen, laten zien)	दिखाना	dikhāna
trainen (ww)	प्रशिक्षित करना	prashikshit karana
transformeren (ww)	रूप बदलना	rūp badalana

trekken (touw)	खींचना	khīnchana
trouwen (ww)	शादी करना	shādī karana
tussenbeide komen (ww)	घुलना-मिलना	ghulana-milana
twijfelen (onzeker zijn)	शक करना	shak karana

uitdelen (pamfletten ~)	बांटना	bāntana
uitdoen (licht)	बुझाना	bujhāna
uitdrukken (opinie, gevoel)	प्रकट करना	prakat karana
uitgaan (om te dineren, enz.)	बाहर जाना	bāhar jāna
uitlachen (bespotten)	मज़ाक उड़ाना	mazāk urāna

uitnodigen (ww)	आमंत्रित करना	āmantrit karana
uitrusten (ww)	तैयारी करना	taiyārī karana
uitsluiten (wegsturen)	बर्ख़ास्त करना	barakhāst karana
uitspreken (ww)	उच्चारण करना	uchchāran karana

uittorenen (boven ...)	ऊँचा होना	ūncha hona
uitvaren tegen (ww)	डाँटना	dāntana
uitvinden (machine, enz.)	आविष्कार करना	āvishkār karana
uitwissen (ww)	साफ़ करना	sāf karana

vangen (ww)	पकड़ना	pakarana
vastbinden aan ...	बांधना	bāndhana
vechten (ww)	झगड़ना	jhagarana
veranderen (bijv. mening ~)	बदलना	badalana

verbaasd zijn (ww)	हैरान होना	hairān hona
verbazen (verwonderen)	हैरान करना	hairān karana
verbergen (ww)	छिपाना	chhipāna
verbieden (ww)	मना करना	mana karana

verblinden (andere chauffeurs)	अंधा करना	andha karana
verbouwereerd zijn (ww)	सटपटाना	satapatāna
verbranden (bijv. papieren ~)	जलाना	jalāna
verdedigen (je land ~)	रक्षा करना	raksha karana

verdenken (ww)	शक करना	shak karana
verdienen (een complimentje, enz.)	लायक होना	lāyak hona
verdragen (tandpijn, enz.)	सहना	sahana
verdrinken (in het water omkomen)	डूबना	dūbana

verdubbelen (ww)	दुगुना करना	duguna karana
verdwijnen (ww)	ग़ायब होना	gāyab hona
verenigen (ww)	संयुक्त करना	sanyukt karana
vergelijken (ww)	तुलना करना	tulana karana

vergeten (achterlaten)	छोड़ना	chhorana
vergeven (ww)	क्षमा करना	kshama karana
vergroten (groter maken)	बढ़ाना	barhāna
verklaren (uitleggen)	समझाना	samajhāna

verklaren (volhouden)	स्वीकार करना	svīkār karana
verklikken (ww)	आरोप लगाना	ārop lagāna
verkopen (per stuk ~)	बेचना	bechana
verlaten (echtgenoot, enz.)	छोड़ना	chhorana
verlichten (gebouw, straat)	प्रकाश करना	prakāsh karana

verlichten (gemakkelijker maken)	आसान बनाना	āsān banāna
verliefd worden (ww)	प्रेम में पड़ना	prem men parana
verliezen (bagage, enz.)	खोना	khona
vermelden (praten over)	उल्लेख करना	ullekh karana

vermenigvuldigen (wisk.)	गुणा करना	guna karana
verminderen (ww)	कम करना	kam karana
vermoeid raken (ww)	थकना	thakana
vermoeien (ww)	थकाना	thakāna

256. Verbs V-Z

vernietigen (documenten, enz.)	तबाह करना	tabāh karana
veronderstellen (ww)	अंदाज़ा लगाना	andāza lagāna
verontwaardigd zijn (ww)	गुस्से में आना	gusse men āna
veroordelen (in een rechtszaak)	सज़ा देना	saza dena

veroorzaken ... (oorzaak zijn van ...)	की वजह होना	kī vajah hona
verplaatsen (ww)	सरकाना	sarakāna
verpletteren (een insect, enz.)	कुचलना	kuchalana
verplichten (ww)	विवश करना	vivash karana
verschijnen (bijv. boek)	छापना	chhāpana

verschijnen (in zicht komen)	सामने आना	sāmane āna
verschillen (~ van iets anders)	फ़र्क़ होना	fark hona
versieren (decoreren)	सजाना	sajāna
verspreiden (pamfletten, enz.)	बाँटना	bāntana

verspreiden (reuk, enz.)	निकलना	nikalana
versterken (positie ~)	दृढ़ करना	drrh karana
verstommen (ww)	चुप होना	chup hona
vertalen (ww)	अनुवाद करना	anuvād karana

| vertellen (verhaal ~) | बताना | batāna |
| vertrekken (bijv. naar Mexico ~) | चला जाना | chala jāna |

vertrouwen (ww)	यकीन करना	yakīn karana
vervolgen (ww)	जारी रखना	jārī rakhana
verwachten (ww)	आशा करना	āsha karana
verwarmen (ww)	गरमाना	garamāna
verwarren (met elkaar ~)	उलट-पलट करना	ulat-palat karana
verwelkomen (ww)	स्वागत करना	svāgat karana
verwezenlijken (ww)	पूरा करना	pūra karana
verwijderen (een obstakel)	हटाना	hatāna
verwijderen (een vlek ~)	धब्बा मिटाना	dhabba mitāna
verwijten (ww)	ताने देना	tāne dena
verwisselen (ww)	बदलाना	badalāna
verzoeken (ww)	कहना	kahana
verzuimen (school, enz.)	ग़ैरहाज़िर होना	gairahājir hona
vies worden (ww)	मैला होना	maila hona
vinden (denken)	सोचना	sochana
vinden (ww)	ढूँढ लेना	dhūnrh lena
vissen (ww)	मछली पकड़ना	machhalī pakarana
vleien (ww)	चापलूसी करना	chāpalūsī karana
vliegen (vogel, vliegtuig)	उड़ना	urana
voederen (een dier voer geven)	खिलाना	khilāna
volgen (ww)	पीछे जाना	pīchhe jāna
voorstellen (introduceren)	प्रस्तुत करना	prastut karana
voorstellen (Mag ik jullie ~)	परिचय कराना	parichay karāna
voorstellen (ww)	प्रस्ताव करना	prastāv karana
voorzien (verwachten)	भविष्य देखना	bhavishy dekhana
vorderen (vooruitgaan)	आगे बढ़ना	āge barhana
vormen (samenstellen)	बनाना	banāna
vullen (glas, fles)	भरना	bharana
waarnemen (ww)	देखना	dekhana
waarschuwen (ww)	चेतावनी देना	chetāvanī dena
wachten (ww)	इंतज़ार करना	intazār karana
wassen (ww)	धोना	dhona
weerspreken (ww)	एतराज़ करना	etarāz karana
wegdraaien (ww)	मुड़ना	murana
wegdragen (ww)	ले जाना	le jāna
wegen (gewicht hebben)	वज़न करना	vazan karana
wegjagen (ww)	भगा देना	bhaga dena
weglaten (woord, zin)	छोड़ना	chhorana
wegvaren (uit de haven vertrekken)	फेंक देना	fenk dena
weigeren (iemand ~)	इन्कार करना	inkār karana
wekken (ww)	जगाना	jagāna
wensen (ww)	चाहना	chāhana
werken (ww)	काम करना	kām karana
weten (ww)	मालूम होना	mālūm hona

willen (verlangen)	चाहना	chāhana
wisselen (omruilen, iets ~)	बदलना	badalana
worden (bijv. oud ~)	हो जाना	ho jāna
worstelen (sport)	कुश्ती लड़ना	kushtī larana
wreken (ww)	बदला लेना	badala lena
zaaien (zaad strooien)	बोना	bona
zeggen (ww)	कहना	kahana
zich baseerd op	आधारित होना	ādhārit hona
zich bevrijden van ... (afhelpen)	छुटकारा पान	chhutakāra pān
zich concentreren (ww)	ध्यान देना	dhyān dena
zich ergeren (ww)	नाराज़ होना	nārāz hona
zich gedragen (ww)	बरताव करना	baratāv karana
zich haasten (ww)	जल्दी करना	jaldī karana
zich herinneren (ww)	याद करना	yād karana
zich herstellen (ww)	ठीक हो जाना	thīk ho jāna
zich indenken (ww)	सोचना	sochana
zich interesseren voor ...	रुचि लेना	ruchi lena
zich scheren (ww)	शेव करना	shev karana
zich trainen (ww)	प्रशिक्षण करना	prashikshan karana
zich verdedigen (ww)	रक्षा करना	raksha karana
zich vergissen (ww)	ग़लती करना	galatī karana
zich verontschuldigen	माफ़ी मांगना	māfī māngana
zich vervelen (ww)	ऊबना	ūbana
zijn (ww)	होना	hona
zinspelen (ww)	इशारा करना	ishāra karana
zitten (ww)	बैठना	baithana
zoeken (ww)	तलाश करना	talāsh karana
zondigen (ww)	पाप करना	pāp karana
zuchten (ww)	आह भरना	āh bharana
zwaaien (met de hand)	हाथ हिलाना	hāth hilāna
zwemmen (ww)	तैरना	tairana
zwijgen (ww)	चुप रहना	chup rahana